KB123302

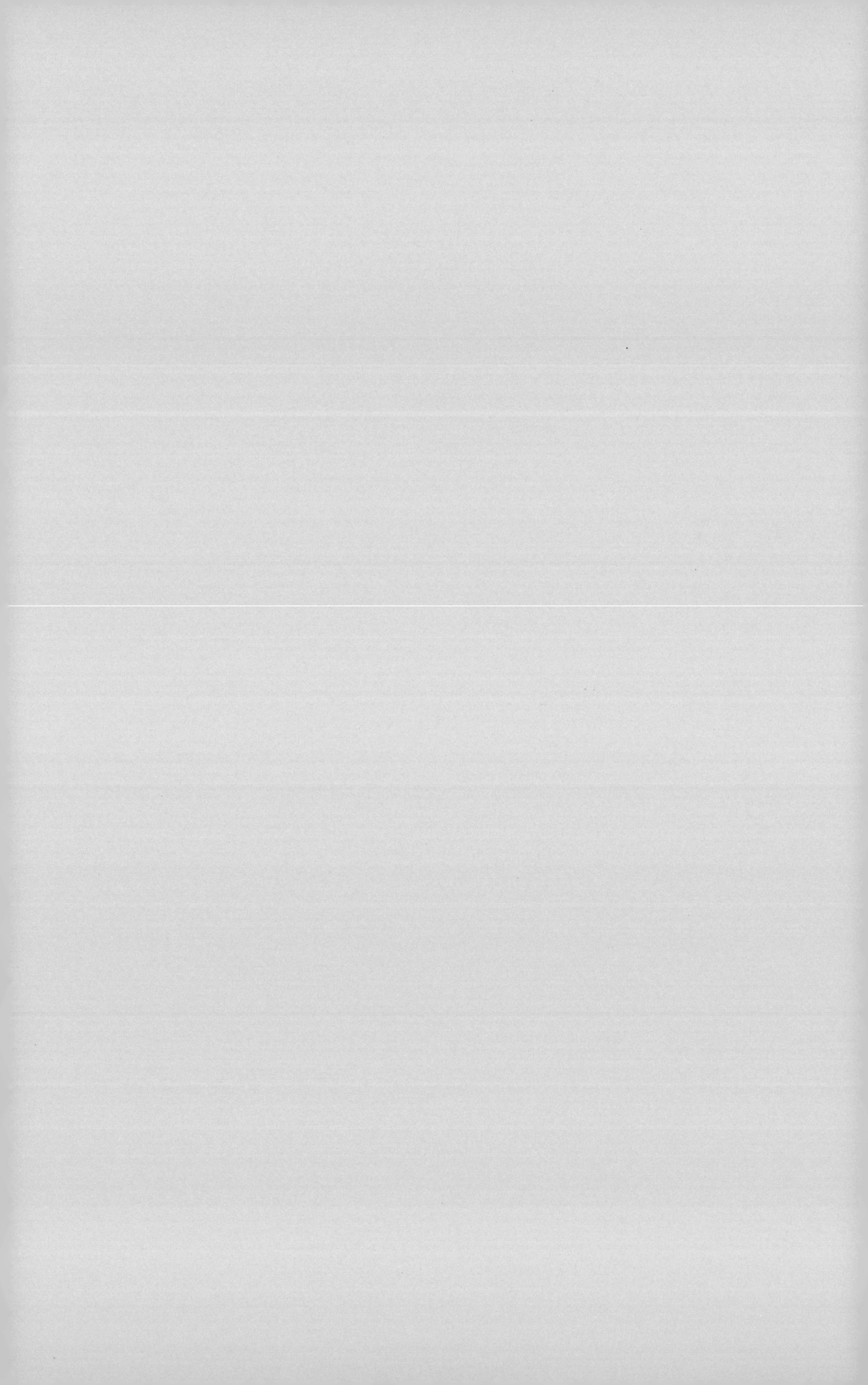

무등역사연구회총서 3

인물로 본 전라도역사

무등역사연구회총서 3

인물로 본 전라도역사

초판 1쇄 인쇄 2016년 8월 10일
초판 1쇄 발행 2016년 8월 20일

저　자 | 무등역사연구회
발행인 | 윤관백
발행처 | 도서출판 선인

영　업 | 김현주

등　록 | 제5-77호(1998.11.4)
주　소 | 서울시 마포구 마포동 324-1 곶마루 B/D 1층
전　화 | 02) 718-6252/6257
팩　스 | 02) 718-6253
E-mail | sunin72@chol.com

정가 15,000원
ISBN 978-89-5933-631-9 93900

무등역사연구회총서 3

인물로 본 전라도역사

무등역사연구회

| 서문

이 책은 무등역사회에서 1996년 출판한 『변혁기의 인물과 역사』의 내용을 수정하고 제목을 고치어 낸 것이다. 한국 사회는 매해 매시기 격동기라고 부르지 않을 때가 없을 만큼 변화 속에서 숨차게 전개되고 있다. 1997년 IMF 재정원조와 경제 위기 이후 그 변화는 조금 암울하게 전개되고 있다. 지역갈등의 심화, 세대간의 갈등과 격차, 젊은이들의 좌절과 궁핍 등은 우리 사회가 해결해 갈 과제이다. 이러한 과제를 해결하기 위해 우리는 과거에서 현재를 파악하려고 한다.

우리 사회의 과제를 해결하기 위하여 먼저 과거인물들을 주목하고자 한다. 과거 격동기를 치열하게 살다간 이들의 발자취를 더듬어 봄으로써 그 시기의 역사를 보다 생동감있게 이해하고 현재 사회를 이해하고자 이 책을 편찬하였다.

편찬 대상의 인물로는 격동기를 살다간 인물 가운데 광주 · 전남 지역의 인물이다. 그리고 『변혁기의 인물과 역사』의 인물들 가운데 일부를 빼고 새로운 인물을 조금 추가하였다. 대체로 고대와 중세 인물을 빼고, 근현대 인물에서는 추가하였다. 윤상원의 경우가 그것이다. 현대 한국사회에 가장 큰 영향을 끼친 사건은 5 · 18광주민중항쟁과 6 · 10민주항쟁이기에 이 책에서는 5 · 18광주민중항쟁에서 큰 활동을 하였던 윤상원을 수록함으로서 5 · 18광주민중항쟁을 기억하고자 한다. 6 · 10민주항쟁의 인물은 다음을 기약하겠다.

지난 책에 비해 인물 수는 조금 줄었다. 기존에 수록된 인물들의 글도 일부 수정하였고, 『변혁기의 인물과 역사』 때와 필자가 바뀐 인물과 새로이 추가된 인물은 완전히 새롭게 글쓰기 작업이 진행되었다.

이 작업은 2014년 하반기부터 논의가 시작되어 채희숙, 정청주, 류선영, 김덕진, 홍영기, 김명현, 박태선, 이계표, 주철희 등 9명의 회원들에 의하여 이루어졌다. 이들의 덕분에 이 책은 새롭게 재창조되었다. 그렇지만 다수의 집필자들이 참여한 관계로 서술에 일관성이 부족하다는 점은 시인한다. 독자들의 가르침과 비판을 바란다.

| 목차

1. 신창동유적의 주인공

- 2,000여 년 전의 타임캡슐이 열리기 시작하다

1. 신창동유적의 주인공
– 2,000여 년 전의 타임캡슐이 열리기 시작하다

신창동 유적은 광주시 광산구 신창동의 반월촌과 반촌 사이에서 발견되었다. 이 유적에서는 원삼국시대의 생산과 생활 모습을 알려주는 귀중한 유물이 많이 출토되었다. 원삼국시대는 고고학적인 시대구분인데, 삼국시대의 원초기라는 의미로 우리나라 남부지방에 국한해서 사용되는 명칭이다. 원삼국시대가 삼한시대와 거의 일치하므로 고고학계 일부에서는 원삼국시대를 삼한시대라고 부르기도 한다. 그 중 원삼국시대 초기인 기원전후 시기, 즉 청동기시대가 끝나가고 철기문화가 유입되던 시기의 생활상을 가장 잘 알려주는 유적이 광주 신창동유적과 경남 창원의 다호리유적이다.

신창동유적은 1960년 봄에 한 주민의 제보로 처음 알려지게 되어, 1961년 서울대학교 박물관에 의해 조사가 시작되었다. 이 때 구릉상의 대지에 넓게 분포한 무덤들 가운데 53기를 발굴하였다. 고등학교 교과서(천재교육, 리베르스쿨)에 나오는 '광주 광산 출토 독무덤'이 이 유적에서 출토된 것이다.

신창동유적은 1992년 국립광주박물관에 의해 재발굴 조사가 시작되었으며, 지금도 발굴 조사가 진행되고 있다. 2014년 7월 22일 국립광주박물관은 '광주 신창동유적 언론 공개회'를 열고 2013~2014년 발굴 조사 결과를 공개했다. 다음은 2014년 7월 23일자 광주일보에 보도된 내용이다.

사적 375호 광주 신창동 유적은 국내에서 본격적으로 저습지 발굴이 시작된 곳이다. 1992년 본격적인 발굴이 시작된 이후 지금까지 모두 14차례에 걸쳐 발굴 조사가 진행됐고, 또 유물들이 연구되고 있다. 단일 유적에 대해 20년 이상 발굴이 진행된 사례는 국내외에서도 유례를 찾기 힘들다. 쏟아지는 유물도 현악기, 천조각 등 이른바 우리나라에서 '최초', '최고', '최대'를 자랑해 이른바 '3최' 유적이라고 일컫기도 한다. 2,000년 전 영산강변 고대사회의 실상을 그대로 보여주는 유적들이다.

…… (중략) ……

출토된 유물은 칠궁(漆弓) 및 현악기 일부 등 목기를 비롯해 점토대토기(점토띠토기) 등 무문토기, 오이씨, 탄화미, 가래, 도토리 등 자연유물이다. 수종 분석 결과 현악기는 벚나무 속으로, 활은 느릅나무 속으로 만든 것으로 추정됐다. 칠궁(90.7㎝)은 처음으로 출토됐다. 신창동 유적에서 칠이 되지 않은 활이 출토된 적은 있지만 칠궁이 발견된 것은 이번이 처음이다. 박물관은 "전체 길이가 170㎝ 정도에 이를 것으로 추정되며, 옻칠의 흔적이 인상적이다"며 "아직도 유물의 탄성이 그대로 남아 있다"고 설명했다.

…… (하략) ……

이 기사만으로도 신창동유적이 갖고 있는 의미를 짐작할 수 있을 것이다. 하지만 20년 이상 발굴 조사가 이루어졌음에도 불구하고 아직도 새로운 유물이 출토되고 있고 새로운 유적지가 발견되고 있기 때문에, 이 유적이 갖고 있는 의미를 드러내기에는 부족하다고 생각된다. 따라서 이 글에서는 발굴 과정과 신창동유적의 역사적 의의에 대해 좀 더 상세하게 살펴보겠다. 그리고 지금까지의 연구 성과를 바탕으로 2,000여 년 전의 신창동 사람들의 생활모습을 복원해 보고자 한다.

신창동유적의 발굴 과정

신창동은 광주 북서쪽을 흐르는 극락강(영산강 지류)가에 자리한 마을이다. 신창동유적이 주민의 제보로 1961년 조사가 시작되었음은 이미 앞에서 언급하였다. 이 때 서울대학교 박물관 팀이 53기의 무덤을 발굴하였다. 53기의 무덤 중 2기(외독널 1기, 삼옹식 1기)를 제외하고는 모두가 이음독널이었다. 독널(옹관)의 크기는 60~70㎝가 가장 많았으나 45㎝의 작은 것도 있었고 가장 큰 것은 130㎝에 이르며 대부분 동-서로 길게 묻혀 있었다. 이처럼 크기가 다양한 것으로 보아 이들 무덤은 어린이를 위한 매장시설이었던 듯하다. 이 무덤들에서는 껴묻거리(부장품)로 후기 민무늬토기에 해당되는 단지와 목항아리 외에 쇠조각 1점이 출토되었다. 그리고 둘레에서는 청동제의 칼자루끝장식(劍把頭飾)과 돌도끼 · 돌살촉 · 숫돌 · 쇠조각들이 채집되었다. 따라서 이 유적이 청동기시대가 끝나가고 철기문화가 유입되던 기원 전후에 이루어진 것임을 알 수 있었다.

그런데 신창동유적은 1차 발굴 조사가 이루어지고 30여 년이 지난 후 뜻하지 않았던 계기로 인해 사람들의 주목을 받게 되었다. 1992년 국도 1호선 개량공사로 광주-장성 구간 도로를 일직선으로 설계하면서 도로가 유적의 중심부를 관통하게 된 것이다. 이에 국립광주박물관 조현종 학예연구사가 공사 현장인 신창동을 찾아갔다. 그는 농경지 유적의 가능성이 있는 퇴적층의 모래와 흙을 채집하여 연구실로 가져왔는데, 예상대로 볍씨와 토기편들이 확인되었다. 국립광주박물관은 유적조사가 끝나면 도로를 개설한다는 전제로 1992년 발굴을 시작하였다.

발굴이 시작되자 신창동유적은 예상보다 더 가치가 높은 유물을 수없이 쏟아냈다. 초기철기시대의 생활상을 보여주는 고고학의 보고가 그동안 감춰져있었던 것이다. 구릉지대에서는 기원전 1~2세기 환호(외부의 침입을 막기 위해 주거지 외곽을 따라 돌려가며 파놓은 구덩이로 안에 물을 채우거나 무기를 설치하고 지표면을 위장함)와 토기를 굽던 가마, 밭, 집터들이 확인되었다. 그리고 극락강가 평야에서는 두텁게 퇴적된 습지 유적이 우리나라에서 처음으로 발견되었다. 이 습지에서는 나무로 만든 머리빗과 굽다리접시(다리가 높은 그릇), 칠기(옻나무 껍질과 목재 사이에서 스며 나오는 적갈색 액체, 즉 옻칠을 바른 후 적당한 온도와 습도에서 말린 그릇으로, 당시 칠기 제작은 최첨단 산업이었음), 다양한 나무 농기구, 통발 같은 고기잡이 도구 그리고 두터운 벼껍질층 등이 발견되었다. 지금까지 우리나라에서 출토된 유물들과는 성격이 확연히 다른 생활유물들이 출토된 것이다. 10m×10m에 불과한 좁은 면적의 저습지유적에서 2,000여 년 전 농촌마을에서 사용되었던 생활유물이 종합선물세트처럼 고스란히 드러난 것이다.

출토 유물이 보고되자 국내 학계는 물론 일본 연구자들까지 발굴 현장에 찾아왔다. 이렇게 다양한 목제 유물과 식물 자료들이 온전하게 출토된 것은 드문 일이었기 때문이다. 신창동은 담양 가마골 용소에서 발원한 영산강이 넓은 들녘을 유유히 흐르다가 양옆 구릉 때문에 다시 좁아진 협곡에 해당한다. 이런 지형은 빠른 물살이 많은 흙모래를 실어 날라 자연제방이 발달하게 된다. 또 홍수 때는 물이 범람하여 배후습지가 생겨난다. 신창동 유적은 이러한 배후습지성 호소(湖沼)에 다시 흙모래가 쌓이면서 육지로 바뀐 곳이다. 신창동유적이 온전한 상태로 보존된 것은 사람이 살던 문화층 위에 두터운 퇴적층이 쌓여있었기 때문이다. 그리고 물이 공기 중의 산소를 차단함으로써 해충이나 곰팡이 같은 미생물이 번식하는 걸 막아주었기 때문에 유기물질로 된 유물이 형태를 유지할 수 있었던 것이다.

고고학계에서는 신창동유적에 대한 본격적이고 광범위한 발굴 조사에 들어가야 한다고 주장했다. 그러자 도로 개발과 유적 보존을 둘러싸고 논란이 일어났는데, 결국은 도로를 우회하고 체계적으로 유적 전체를 조사하기로 결정되었다. 그러나 습지 유적에 대한 조사방법, 출토될 유기물에 대한 보존처리체계 등 우리나라에서는 처음 시도되는 여러 발굴 조건 때문에 잠정적으로 발굴을 중단할 수밖에 없었다. 습지 조사는 건조지 조사와는 도구와 방법 모두에서 차이가 난다. 습지에 묻혀 있던 유물은 공기에 노출되면 빠르게 산화가 진행되기 때문이다. 따라서 햇볕과 공기를 차단해서 습기를 유지해야 하고 미생물로부터 유물을 보호할 약품과 장비가 필요했다. 이로써 도로 공사는 중단되었고 습지 유적은 다시 메워졌다.

그 후 2년여의 준비를 거쳐 1995년 5월 습지 유적에 대한 2차 조사가 시작되었다. 이 곳 유적에서는 벼껍질이 압력에 눌려 생겨난 흑갈색 유기물층이 조사 구역 전체에 걸쳐 80~155m 정도의 두께로 쌓여 있었다. 흑갈색 유기물층 아랫부분에서는 재첩, 우렁이, 다슬기 등의 민물조개류와 갖가지 물고기 뼈가 발견되었다. 유기물층 윗부분에서는 토기를 굽고 난 재와 숯, 불에 탄 흙과 토기조각들이 섞여 있었다. 그리고 발화구, 문짝, 신발골, 목검과 칼집, 괭이, 절구공이, 삿자리, 새끼줄, 빗자루 등이 출토되었는데, 그 모양이 농촌마을에서 흔히 볼 수 있는 생활도구들과 다를 바가 없었다.

신창동유적 조사는 1997년에 3, 4차 조사를 거쳐 지금까지 계속되고 있다. 그동안 출토된 대표적인 유물을 살펴보면, 칠기를 만드는 데 쓰이는 옻 담는 그릇, 괭이 등에 끼우던 나무자루, 베틀에 딸린 바디와 실감개, 수레 부속품인 수레바퀴 축, 바퀴살, 가로걸이대 등이다. 이 가운데 바디는 동아시아에서 출토된 유물 가운데 가장 완벽하게 보존된 형태로 국보급 유물이었다. 또 수레의 존재는 이 지역에 부족을 이끄는 실력자가 존재했고, 말이나 소를 능숙하게 다룰 수 있었으며, 넓은 길이 닦이고 활발한 교역이 이루어졌음을 알게 해준다.

하지만 사람들의 이목을 집중시켰던 유물은 현악기였다. 발굴된 현악기는 벚나무로 만들어졌으며 길이 77.2Cm, 너비 15.9Cm(원래 너비는 최대 28.4Cm로 추정)였는데, 현은 10줄로 추정되었다. 『삼국지』 위지 동이전에는 한(韓)지역의 사람들이 "가무와 음주를 좋아하는 풍속이 있다. 슬이라는 악기가 있는데 그 모양이 중국 현악기인 축과 같다. 이것을 타면 소리와 곡조가 나온다."라는 내용이 있다. 이것으로 보아 이 현악기는 슬일 가능성이 높다고 생각된다. 그 후 이 곳 유적에서는 타악기로 보이는 유물도 출토되었다. 또한 최근에도 새로운 현악기 조각이 출토되었음은 이미 앞에서 언급했는데, 기존에 발굴된 현악기와 약간 다른 형태의 악기로 추정되고 있다.

지금까지 계속되고 있는 발굴 조사를 통해 우리는 신창동 습지 퇴적층의 형성과정과 규모 등을 알게 되었다. 특히 중요한 것은 신창동 유적을 통해 2,000여 년 전의 생활모습과 사회체계를 어느 정도 짐작할 수 있게 되었다는 점이다.

신창동유적의 역사적 의의

우리의 역사연구에 있어서 기원전후 시기의 생활모습은 많은 부분이 공백으로 남아 있었다. 역사연구를 퍼즐 맞추기에 비유한다면, 기원전후 시기는 잃어버린 퍼즐 조각이 너무 많았던 것이다. 고고학과 문헌사학 모두 자료의 빈약으로 인해 퍼즐을 맞출 엄두를 내지 못했다고 할 수 있다. 그런데 신창동유적의 발굴 조사로 우리는 이 시대의 생활모습을 생생하게 들여다볼 수 있게 되었다.

우리나라에서 초기 철기시대의 농사기술과 방법에 대해 알려주는 고고학적인 증거는 많지 않은 편이다. 반면 일본은 규슈(九州)지방을 중심으로 비슷한 시기인 야요이(彌生)시대에 속하는 많은 농경 관련의 고고학적 증거가 확보되어 있다. 이들 농경유적은 토기 · 석기 · 청동기 등의 공반유물을 볼 때 우리 나라 남부지방의 농경문화가 전래되어 이루어진 것으로 추정되었다. 따라서 그동안 일본측 자료를 통해서 남한지방에서는 초기 철기시대에 농업생산량을 증가시키기 위해 땅을 일구는 기경구(起耕具)에서부터 곡물을 추수하는 수확구에 이르기까지 다양한 종류의 농경구가 개발된 것은 물론, 벼농사에 새로운 수전경영법(水田經營法)이 도입된 것으로 추정해 왔다. 그런데 신창동유적에서 벼낟가리와 함께 목제농기구가 발견됨으로써 그 실체를 확인할 수 있게 되었다.

개간된 농경지를 일구는 기경구로는 따비 · 가래 · 괭이 등이 있다. 초기 철기시대의 따비는 실물자료가 전하지 않으나 대전에서 출토된 농경문청동기를 통해서 그 존재를 확인할 수 있었다. 방패처럼 생긴 청동기 앞뒷면에 무늬가 장식되어 있는데, 앞면에는 각각 따비와 괭이로 밭을 가는 사내가 표현되어 있다. 한편 기원전 1세기경으로 편년되는 창원 다호리 목관묘와 그보다 늦은 울산 하대 72호 목곽묘에서 부장품으로 발견된 따비라고 주장되는 철기유물이 있는데, 발을 디딜 답판이 없어, 따비라기보다는 괭이에 가깝다. 목제 기경구는 신창동유적에서 발견되었는데, 날의 상단에 구멍이 있어 곧은 자루를 직각으로 끼워 맞추게 되어 있는 평괭이(鍬)와 날 상단에 꼬다리가 있어 굽은 자루를 장착하게 된 곡병괭이(曲柄鍬)가 있다. 평괭이는 외날과 세 다리 형식이 있고, 곡병괭이 날은 전체 길이가 48cm로 두 다리를 가진 것이다.

『삼국지』 위지 동이전에 “해마다 5월이면 씨뿌리기를 마치고 귀신에게 제사를 지낸다. …… (중략) …… 10월에 농사일을 마치고 나서도 이렇게 한다. 귀신을 믿기 때문에 국읍(國邑)에 각각 한 사람씩을 세워서 천신(天神)의 제사를 주관하게 하는데, 이를 천군(天君) 이라 부른다. 나라마다 각각 소도(蘇塗)라 부르는 별읍(別邑)이 있는데 큰 나무를 세우고 방울과

북을 매달아 귀신을 섬긴다"는 기록이 있다. 대전에서 출토된 농경문청동기의 뒷면에는 두 마리 새가 앉아 있는 나뭇가지가 장식되어 있어, 소도에 큰 나무를 세웠다는 기록을 입증해준다. 그리고 나무장대 위에 앉은 새는 솟대를 연상시키는데, 그 솟대의 자료가 실물로 드러난 것은 신창동유적이 처음이다. 신창동유적에서 출토된 목제유물 가운데 긴 새머리 모양을 한 목기 1점이 있었다. 이 목기는 길이 21cm 정도로 단면은 원형에 가까운 타원형으로서 가운데가 굵고, 한쪽 끝은 뾰족하다. 반대편은 잘라서 마무리되었는데, 편평한 밑면 가운데에 지름 0.9cm 가량인 철편이 반원형으로 박혀 있어서, 원래 다른 나무에 부착되었던 것임을 알 수가 있다.〈그림1〉

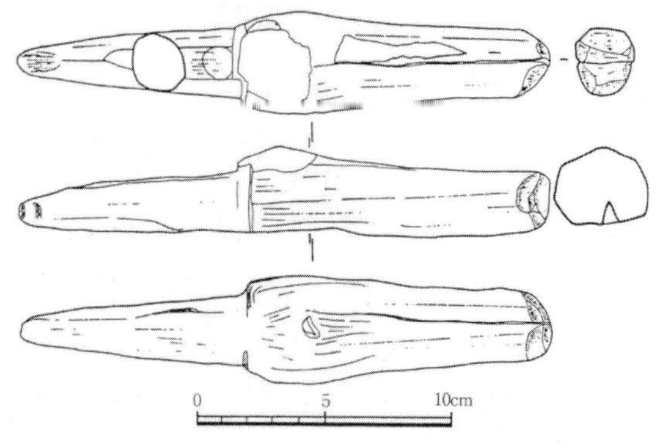

〈그림1〉 광주 신창동 출토 새 모양 목기

이 시대의 예술활동은 주로 조형물과 암각화 등을 통해 미술 분야에 대해 추정할 수 있었다. 그러나 앞에서 서술한 것처럼 신창동유적에서 우리나라 고유의 대표적인 악기로 알려진 가야금의 원형 실물이 발견되어 음악에 대한 접근도 다소나마 가능하게 되었다. 몸체를 보면 가야금이 긴 장방형인 것과 달리 양이두(羊耳頭, 가야금 부들을 매는 부분으로 양의 귀와 같이 양쪽으로 비죽 나왔다고 하여 양이두라고 함) 쪽이 반원형을 이루고

폭에 비해 길이가 짧은 것이 특징이다. 음통 역할을 하는 몸체만 발견되고 현을 받치고 매는 현침(絃枕)이나 안족(雁足)이 출토되지 않아 정확한 전체모양을 알 수 없으나, 아랫면이 우묵하게 파내어져 소리통 또는 향공(響孔)이 마련되고, 윗면은 다소 불룩한 것이 오늘날의 가야금과 같다.

그리고 옷감 짜는 바디와 북 등의 직조 도구가 출토되어 크게 주목받고 있다. 그 중에서 실을 촘촘하게 하는 일종의 위타구(緯打具)로 사용된 바디는 길이 77cm, 폭 8cm로서 모서리에 수십 선의 실자국이 선명하게 나 있다. 이 유물들은 "누에를 기르고 뽕나무를 가꿀 줄 알고 면포(綿布)를 만들었다."는 〈삼국지〉의 기록을 뒷받침해준다.

이와 같이 신창동유적은 우리가 잘 알지 못했던 초기철기시대의 생활모습을 우리에게 실물로 생생하게 드러내 보여주었다는 점에서 중요한 의미를 갖고 있다. 이 유적을 통해 우리는 삼한의 역사를 복원하고 마한사람들의 생활모습을 복원하는데 한 걸음 더 다가갈 수 있게 된 것이다.

유물을 통해 상상해 본 2,000여 년 전 신창동 사람들의 생활모습

신창동 사람들은 주변을 경계하기 좋은 양지바른 산등성이에 억새와 갈대로 이엉을 얹은 집을 짓고 살았다. 마당이나 부엌 근처에는 싸리나무를 칡으로 동여 만든 빗자루가 두어 개쯤 널려있고, 여기저기 농기구도 세워놓았다. 그들은 발화구로 언제나 필요한 불을 간단히 얻을 수 있었다.

그들은 마을 아래 들녘에 논을 만들고 물길을 냈다. 논에서는 벼가 자라고 있었으며, 나무자루가 달린 낫으로 벼를 수확하였다. 그들은 그물로 물고기를 잡고 활로 노루와 같은 멧짐승을 사냥했다. 더불어 농한기에는 마을의 공방에 모여 크고 작은 자귀나 도끼로 나무를 다듬어 나무그릇과 칠기를 만들었다. (유적의 습지 가장자리에 박혀 있던 지름 30Cm 정도의 나무기둥들은 공방 건물의 기둥이었을 가능성이 높다.) 특히 칠기 제작법은 당시에 가장 뛰어난 기술이었으며 주변 부족들과 교역을 하는데 큰 몫을 담당했을 것이다. 또한 신발골로 다양한 크기의 신발을 제작하였다.

이처럼 뛰어난 기술을 바탕으로 잉여생산물을 축적한 그들은 부족의 실력자를 중심으로 질서를 유지하며 다른 부족과 활발하게 교류했다. 수레로 많은 생산물을 한꺼번에 실어 나르기도 했다. 그리고 씨앗을 뿌리거나 수확할 때, 또는 마을의 안녕을 기원하는 의례 등의 행사에서 현악기와 타악기를 연주하며 춤과 노래로 하늘에 제사를 지내고 잔치를 벌였다.

물론 우리가 상상한 그들의 생활모습은 과장되거나 잘못된 부분이 있을 수도 있다. 하지만 신창동유적에서 출토된 유물들은 지금 우리의 농촌에서 쓰고 있는 생활도구들과 크게 다르지 않은 것들이 많았다. 즉 그들은 우리가 생각하는 것보다 훨씬 풍성하고 다양하게 삶을 꾸려가고 있었음을 알게 해주었다. 신창동은 발굴해야 할 유적지가 아직도 많이 남아있다. 습지 유적뿐만 아니라 주변 구릉지대에서는 또 어떤 새로운 유물들이 나올지 기대가 된다. 신창동유적에서 초기 철기시대의 모습을 밝혀줄 더 많은 퍼즐 조각을 찾을 수 있을 것으로 기대된다.(채희숙)

〈참고문헌〉

조현종, 신상효, 장제근, 『광주 신창동 저습지유적 Ⅰ』, 국립광주박물관, 1997.

이청규, 「철기시대의 사회와 경제」, 『한국사』 3, 국사편찬위원회, 1997.

조현종, 「2천년 전의 타임캡슐」, 『천번의 붓질 한번의 입맞춤』, 진인진, 2009.

이계표, 「지석묘와 광주 신창동 유적」, 『전라도 역사 이야기』, 도서출판선인, 2013.

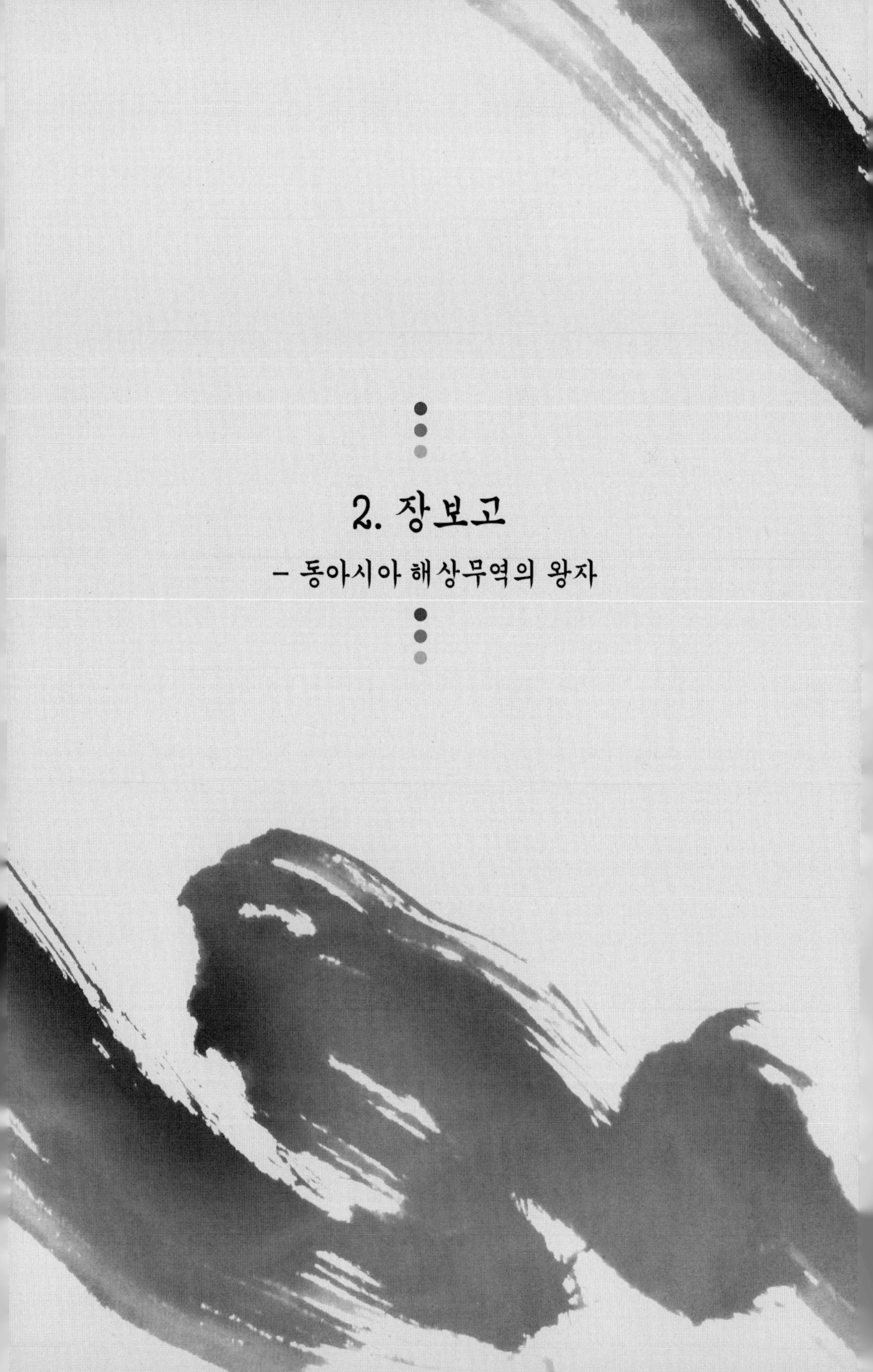

2. 장보고

– 동아시아 해상무역의 왕자

2. 장보고
- 동아시아 해상무역의 왕자

9세기 동아시아의 국제적 인물

9세기 전반기에 활약하였던 장보고는 한국사에 있어서 특별히 주목할 만한 영웅적이고 진취적인 인물이다. 그는 생존 당시에 이미 한·중·일 삼국에서 해상교역의 왕자로서 널리 알려진 국제적인 인물이었다.

장보고(張保皐)는 9세기 신라인의 해외진출과 무역활동을 대표하는 가장 흥미로운 인물이다. 미국 하버드대학의 일본사 교수인 랴이샤워는 이 해상왕국을 "상업제국"(commercial empire)이라는 이름으로 불렀고, 그 지배자인 장보고를 "상인군주"(merchant prince)라고 표현하였다. 신라의 엄격한 신분제인 골품체제 속에서 전혀 정치적인 출세를 바랄 수 없는 처지에 있었던 장보고는 오직 자신의 각고의 노력에 의하여 이룩한 해상활동의 성공에 힘입어 이처럼 눈부시게 한 시대의 영웅적인 인물로 떠올랐던 것이다.

장보고의 눈부신 성공의 이야기는 당시에 중국인 사이에서도 널리 알려져 있었다. 특히 같은 시대 당의 저명한 시인이었던 두목(杜牧, 803-852)

이 그에 대하여 크나큰 관심과 흥미를 갖고 「장보고 · 정년전」을 지은 것은 너무나 유명한 사실이다. 두목의 장보고에 대한 주된 관심은 그의 인간적인 위대함, 즉 그의 한없이 넓은 도량(度量)과 불타는 의협심(義俠心)에 있었다. 이처럼 장보고는 당시 중국인들의 눈에도 경이로운 존재로 보였던 것이 사실이다.

장보고 영정

또한 장보고는 일본의 구법승(求法僧) 엔닌(圓仁, 793-864)의 기행문 『입당구법순례행기(入唐求法巡禮行記)』와 일본의 공식 역사기록인 『속일본후기(續日本後紀)』에도 그의 이름이 자주 등장할 정도로 널리 알려진 인물이었다. 아마도 한국사에서 이처럼 이웃 나라에까지 널리 알려진 인물은 그 외에는 달리 찾아보기 어려울 것이다.

장보고의 출신과 당에서의 활동

장보고의 전 생애는 많은 부분이 명확하지 않은데, 특히 그가 당(唐)에 가서 활동하기 이전까지의 초년 시절은 거의 알려져 있지 않다. 그의 가계나 출생지, 출생 년도는 전혀 알 길이 없다.

장보고의 성명은 『삼국사기(三國史記)』 신라본기에는 궁복(弓福)으로 기록되어 있고, 『삼국유사(三國遺事)』에는 궁파(弓巴)로 기록되어 있다. 궁복이나 궁파에는 성(姓)이 없는데, 이는 그의 신분이 귀족에 속하지 않고 일반 백성이라는 것을 알려 준다. 그가 성(姓)을 갖게 된 것은 당에서 활동할 때 여느 중국인과 마찬가지로 성을 칭할 필요가 있었기 때문이었을 것으로 짐작된다. 장보고(張保皐)라는 성명은 당의 시인 두목의 「장보고 · 정년전」에서 표기된 것이다. 두목의 글은 『신당서(新唐書)』 동이전(東夷傳), 『삼국사기』 열전(列傳)에 옮겨졌다. 이리하여 장보고라는 성명이 널리 알려지게 되었다.

장보고의 가문은 잘 알 수 없다. 그가 그의 딸을 문성왕의 왕비로 삼으려 할 때 조정의 신하들이 반대한 이유로 그가 본디 미천(微賤)했다는 점을 들고 있는데, 이는 그가 평인(平人) · 백성(百姓) 이하의 하층계급 출신이었다는 것을 말하여 준다.

장보고의 출신지는 섬으로 짐작된다. 그러나 그가 정확히 어떤 섬 출신인지는 알 수 없다. 그런데 그가 청해진을 설치할 때 서남해안의 많은 섬 중에서 어느 곳을 선택하더라도 좋았을 터인데, 그가 특별히 완도를 선택한 것은 어떤 의미가 있었을 것이다. 아마도 완도가 그의 출신지이거나 연고지였기 때문에 그 많은 섬 중에서 완도를 선택했을 것이다.

장보고는 젊어서 중국에 건너가 해안지대에 가까운 서주(徐州)의 무녕군(武寧軍)에서 장교로 근무하였다. 그는 무녕군에서 30세 때에 '군중소장'(軍中小將)이 되었다. 군중소장은 당시의 사료에 나오지 않은 관직이기 때문에 그 정확한 지위를 알 수 없다. 다만 최근의 한 연구에 의하면, 소장은 군사 1천 명을 지휘하였다고 한다. 결국 장보고는 군사 1천 명을 거느리는 높은 지위의 지휘관이었다고 이해된다.

그가 당으로 건너간 이유는 확실하지 않다. 당시에 신라는 민중들에 대한 조세의 징수와 부역의 징발을 한층 강화하였고, 이에 따라 민중의 부담은 가중되었다. 또한 당시에는 기근이 자주 발생하여 민중의 삶이 피폐하여졌고, 도적이 자주 횡행하였다. 그리하여 민중들 가운데는 스스로 삶의 길을 개척하기 위하여 해외로 떠나는 자들이 많았다. 장보고도 이런 사람들 중의 한 사람이 아니었을까 생각된다. 장보고는 골품제도라는 속박 속에서 고국에서는 전혀 정치적인 출세를 바랄 수 없는 처지에 있었다. 그리하여 그는 미지의 세계인 당으로 건너가서 자신의 꿈을 실현하고자 하였던 것이다.

청해진과 해상왕국

당에서 무녕군의 고위 지휘관으로 복무하던 장보고는 그러한 직위를 버리고 귀국하였다. 그가 당에서의 안정된 삶과 출세를 포기하고 귀국한 동기는 무엇일까. 그는 무녕군의 장교로 복무하면서 동포들이 중국 해적선에 의해 강제로 끌려와 중국의 해안지대에서 매매되는 현실을 목격하고 이에 분노하였다. 그는 신라의 해안에 출몰하여 신라인을 약탈하여 노예로 팔아 넘기는 중국인 노예무역선을 소탕하기 위하여 귀국하였다. 또한 이러한 해적선의 횡행으로 신라인의 해상무역활동이 지장을 받는 것을 방지하기 위하여 귀국하였다.

그는 828년(흥덕왕 3) 4월에 흥덕왕을 알현하고 "중국 도처에는 신라인이 잡혀와서 노비가 되어 있습니다. 만약 청해에 진을 설치한다면 해적들이 사람을 잡아갈 수 없을 것입니다"라고 요청하였다. 이에 흥덕왕은 그에게 사졸(士卒) 1만 명을 주어 청해진(淸海鎭)을 설치하게 하였다. 그런데 당시 신라 조정의 형편으로 1만 명의 정도의 군사력을 제공한다는 것은 거의 불가능한 일이었다. 그러므로 이 1만 명은 완도를 중심으로 한 연해안 및 도서의 토착주민 중에서 동원할 수 있는 군정(軍丁)으로 이해하는 것이 타당할 것 같다.

그런데 최근의 한 연구에 의하면 장보고는 824년 무렵에 교역활동을 시작하였다고 한다. 그렇다면 그는 청해진을 설치하기 이전에 이미 완도지방에서 자신의 세력기반을 구축한 후에, 국왕을 알현하여 자신의 세력을 신라조정으로부터 정식으로 인정받았을 가능성이 있다. 그러니까 그는 828년에 청해진이 설치되기 이전에 이미 완도를 근거지로 하여 해상무역활동을 실질적인 주도하고 있었던 것으로 짐작된다. 그가 828년 이전에 청해라는 명칭을 사용했는지는 알 수 없으나, 대사(大使)라는 직명은 사용하였던 것으로 보인다. 이러한 배경에서 청해진이 설치되었기 때문에, 그후에 청해진이 국가의 공식기구라기 보다는 장보고의 사병집단과 같은 성격을 강하게 띠게 되었던 것으로 생각된다.

청해진에서 장보고가 사용한 직명은 대사(大使)였는데, 이는 본래 신라의 관직제도에는 없는 직명이다. 따라서 청해진의 대사라는 관직명은 신라의 역사에서 장보고 한 사람에 한하여 사용된 매우 특수한 관직명이다. 그것은 골품제도나 관등제도의 규정에 구애받지 않은 일종의 예외적인 관직으로서, 어쩌면 중앙정부의 행정적 통제의 대상에서 벗어난 특수한 자격을 가진 장보고 개인에 의해서 사용되고, 또 조정에서는 이를 인정하였던 것으로 생각된다. 대사는 당시 당의 변방의 독립적인 군진의 우두머리인 절도대사(節度大使) 즉 절도사(節度使)에서 유래한 것으로, 변방 해안지대에 독자적인 세력기반을 갖춘 장보고에게 어울리는 직명으로 보인다.

청해진이 설치된 이후에 그 동안 한반도 서남해안에 출몰하던 해적선의 노예무역은 완전히 퇴치되었다. 이는 장보고가 서남해안 일대의 해상권을 장악하여, 해적선을 직접 소탕하였을 뿐만 아니라 해적선의 노예무역에 연결된 소규모의 여러 해상 세력가들을 철저히 단속하였기 때문에 가능한 일이었다. 이리하여 서남해안지방에 안정과 평온이 찾아들었다.

장보고의 해상권 장악은 해적선의 소탕에만 그치지 않았다. 그는 신라 당 일본 3국간의 교통과 무역을 독점하여 명실상부한 동아시아 국제무역의 왕자가 되었다.

장보고는 당과 교역하기 위하여 수시로 대당매물사(大唐賣物使)라는 교역사절단을 파견하였는데, 그 무역선은 교관선(交關船)이라 일컬어졌다.

당시 장보고의 중국에서의 교역활동의 거점은 산동반도의 끝에 위치한 등주(登州) 적산포(赤山浦)였다. 그는 이곳을 거점으로 하여 그 남쪽의 초주(楚州) 연수(漣水) 양주(揚州) 등지에서 활동하고 있던 신라의 무역상들을 하나의 교역망 속에 편제하여, 그들을 실질적으로 그의 영향하에 두었다.

이처럼 장보고가 중국과의 교역활동을 할 수 있었던 원동력은 당에 거주하고 있던 수많은 신라인들이었다. 당시 신라인들은 당의 수도 장안(長安)을 비롯하여 중국 전역에 걸쳐서 거주하고 있었는데, 특히 중국의 연안지대에 집단적으로 거주하고 있었다. 그들은 독자적인 거류지와 자치단체를 구성하여 거의 치외법권적(治外法權的)인 특권을 누리고 있었다. 신라인의 집단거류지는 신라방(新羅坊)이라 불려졌다. 그곳에는 구당신라소(勾當新羅所)라는 특수한 행정기관이 있었는데 그 책임자에는 신라인이 임명되었다. 이로 보아 구당신라소는 신라인 사회의 자치기구였음을 알 수 있다.

장보고는 당에 여러 해 동안 체류했던 경험이 있었으므로 누구보다도 현지 사정을 잘 이해하고 있었으며, 한편 신라 국왕의 권위에 의해서 청해진에 대한 지배권을 보증 받고 있었다. 이런 위치에 있었던 그는 이들 당의 신라인 사회를 하나의 체계 속에 조직화하여 그의 교역활동에 활용하였을 것이다. 이것은 그가 교역활동의 거점이었던 적산포에 적산법화원(赤山法花院)이라는 사찰을 창건한 데서 알 수 있다. 이 법화원에는 1년에 쌀 5백석을 생산해내는 토지를 가지고 있었다. 이곳에서 법화경(法華經)과 금광명경(金光明經)을 강의하는 법회가 열렸는데, 매일 40명 내외의 신라인 신도들이 모였고 어떤 날에 200명 이상의 신도들이 모이기도 하였다.

장보고는 당의 물품을 구입하여 일본에 판매하는 중개무역을 본격화하였다. 그가 일본에 보낸 무역사절단은 회역사(廻易使)라 불려졌다. 당시 일본의 중국 물품에 대한 욕구가 매우 컸었는데, 이는 장보고의 중개무역에 의하여 충족되었다. 그는 사무역(私貿易)을 행하면서 한편으로는 공무역(公貿易)의 길을 열려고 시도하였다. 그는 840년에 태재부(太宰府: 일본의 대륙과의 외교사무를 관장하는 기관으로 규우슈우에 있었다)에 사절을 보냈다. 이 사절은 태재부에 의해서 거부되었는데, 그 이유는 이 사절이 "신하되는 자가 외교를 할 수 없다"는 종래의 국제관계의 관례에 어긋난다는 것이었다. 그러나 장보고의 사절이 가져온 무역품에 대해서는 자유로운 교역을 허용하였다. 장보고의 일본과의 교역은 빈번히 이루어졌고 그 규모는 상당히 방대한 것이었다.

이러한 장보고의 무역활동은 장보고 개인의 세력 확장에 그치지 않고 신라의 국제적 지위를 향상시켰고 동아시아 3국의 경제 · 문화교류에도 적지 않은 공헌을 하였다.

골품체제에 대한 도전

장보고의 이러한 성공은 그의 중앙정치에의 개입을 초래하였다. 836년 12월에 흥덕왕이 죽은 후, 균정(均貞)과 그의 조카 제륭(悌隆)이 왕위계승 쟁탈전을 벌였다. 여기서 제륭은 김명(金明)의 도움을 받아 승리하여 희강왕(僖康王)으로 즉위하였고, 균정은 죽었다. 균정의 아들 우징(祐徵)은 왕위계승전에서 패배한 후 청해진으로 와서 장보고에게 의지하면서 그의 군사적 지원을 기대하고 있었다. 한편 희강왕을 옹립한 김명은 정치의 실권을 장악하고 있었는데, 838년 1월에 군사를 일으켜 희강왕을 핍박하여 자살하게 한 다음에 민애왕(閔哀王)으로 즉위하였다.

이러한 민애왕의 찬탈소식을 들은 우징은 '임금과 아버지의 원수'인 민애왕에 복수하는 일에 도와줄 것을 장보고에게 요청하였다. 이 때 우징은 장보고에게 왕위에 오르게 될 경우에 그의 딸을 왕비로 삼겠다고 약속하였다고 한다. 본디 의협심이 남달리 강했던 장보고는 왕위찬탈자를 응징해야 한다는 대의명분에 끌려 "의로운 일을 보고 가만히 있는 것은 용기가 없는 것이다"라고 말하면서 우징을 도와주었다.

장보고는 5천명의 군사를 동원하여 민애왕을 축출하고 우징을 신무왕(神武王)으로 옹립하는 데 결정적인 역할을 하였다. 이로써 2년 이상 끌어온 왕위계승 쟁탈전이 끝나게 되었다. 이에 신무왕은 장보고의 공로를 인정하여 그를 감의군사(感義軍使)로 삼고 식읍(食邑) 2천 호를 주었다. 이는 완도를 중심으로 한 주변 지역의 주민에 대한 장보고의 실제적인 지배력을 인정해 준 것으로 볼 수 있다.

이처럼 장보고는 신라 중앙정치에서도 중요한 업적을 남겼다. 신무왕은 즉위 후 6개월 만에 죽고 태자인 경응(慶膺)이 문성왕(文聖王)으로 즉위하였다. 문성왕은 장보고의 딸을 그의 왕비로 맞으려고 하였다. 이에 조정의 신하들은 장보고의 신분이 미천하다는 이유로 반대하였고, 마침내 문성왕은 장보고의 딸을 왕비로 맞아들이지 않았다. 장보고가 그의 딸을 왕비로 삼으려고 시도한 것은, 골품제도에 기초한 진골 중심의 신라 지배체제에 대한 정면도전을 의미하는 것이었다. 그것은 또한 해상무역으로 인한 경제력과 청해진의 군사력을 바탕으로 한 장보고의 세력이 경주에까지 확대되는 것을 의미하는 것이었다. 이에 신라 조정은 장보고의 그러한 시도를 꺾었는데, 이로써 신무왕과 장보고와의 약속은 깨어지고 말았다. 이에 대하여 장보고는 원망을 품고 있었고, 이러한 장보고의 존재는 신라 조정에 커다란 정치적 부담이 되었다.

못다 핀 해상왕국의 꿈

이런 사정으로 인하여 신라 조정에서는 841년(문성왕 3년)에 염장(閻長)을 보내어 장보고를 암살하였다. 장보고를 암살한 명분은 그가 반란을 도모하였다는 것이었다. 『삼국사기』 신라본기에는 그가 반란을 일으켰다고 단정되어 있으나, 『삼국유사』에는 그가 반란을 일으킬 뜻이 있었을 뿐이라고 기록되어 있다. 『삼국유사』의 기록이 얼마간 진상을 전하여 주는 것으로서 신라정부에서 그를 암살하면서 '반란을 일으킬 뜻이 있었다'라는 따위의 애매한 죄명을 붙였던 것이다. 어쨌든 장보고는 안정복(安鼎福)이 적절히 평가한 바와 같이 신라 조정의 음모에 의하여 도살(盜殺)당한 것으로 생각된다.

염장은 어떠한 인물일까. 그는 무주의 중심지인 현 광주 인근지역 출신으로 생각된다. 염장은 무슨 이유로 장보고를 암살하였을까. 그는, 당시 장보고의 중앙정계로의 세력 확장을 막으려는 중앙귀족의 사주를 받은 것 같다. 그후 염장은 장보고를 살해한 공으로 제6관등인 아찬에 오르고, 이어 무주의 차관직인 별가(別駕)에 임명되었다. 이와 같이 그는 신라정부의 고위 지방관이 되어 청해진을 중심으로 한 해상세력을 통제하였다. 이에 장보고의 부장(副將)이었던 이창진(李昌珍) 등이 염장의 통제에 저항하여 반란을 일으키려 했으나 염장에 의하여 진압되었다. 그후 청해진의 장보고 잔여세력은 염장의 통제를 피하여 일본에까지 망명하는 자가 많았는데, 염장은 이전에 장보고의 부하였던 이소정(李少貞) 등을 일본에 파견하여 청해진 주민의 일본 망명을 방지하기 위하여 노력하였다.

그렇지만 장보고계의 해상세력인 청해진 주민은 염장의 압제에 끊임없이 저항하였고, 이는 당국의 가중된 탄압을 초래하였던 것으로 생각된다. 그리하여 851년(문성왕 13년) 2월에 신라정부는 청해진을 폐지하고 그곳의 주민들을 내륙의 벽골군(현 김제)으로 집단 이주시켰다. 그리하여 장보고가 암살된 이후에도 10년 동안이나 계속된 청해진의 장보고 잔여세력에 대한 통제가 완료되었다. (정청주)

〈참고문헌〉

김상기, 「고대의 무역형태와 나말의 해상발전에 취하야 – 청해진대사 장보고를 주로 하야 –」, 『진단학보』 1 · 2, 1934 · 1935.

포생경자, 「신라말기의 장보고의 대두와 반란」, 『조선사연구회논문집』 16, 1979.

김광수, 「장보고의 정치사적 위치」, 『장보고의 신연구』, 1985.
이기동, 「장보고와 그의 해상왕국」, 『장보고의 신연구』, 1985.
정청주, 「신라말 · 고려초의 서남해안지역 호족의 동향」, 『신라말고려초 호족연구』, 1996.

3. 박영규와 김총

– 신라말 · 고려초 순천 · 여수지역의 호족

3. 박영규와 김총
– 신라말 · 고려초 순천 · 여수지역의 호족

신라말 전남동부지역 : 견훤의 세력기반

우리 나라의 역사에서 신라말 · 고려초의 시기는 흔히 "호족(豪族)의 시대"라고 불려진다. 호족은 신라말에 지방사회에서 새로운 사회세력으로 등장하여 일정한 지역을 정치적 · 군사적 · 경제적으로 지배하던 독자적인 지방세력으로서 신라말 · 고려초의 사회변동을 주도한 세력이었다.

신라말 특히 진성여왕대 이후 전국 각지에는 호족이 대두하여 해당 지역을 독자적으로 지배하고 있었다. 전남지역도 마찬가지였다. 순천을 중심으로 한 전남동부지역을 지배한 호족은 박영규(朴英規)와 김총(金惣)이었다.

신라말에 전남의 모든 지역이 견훤의 후백제에 속한 것으로 흔히들 이해되고 있다. 그러나 정확한 실상은 그렇지 않다. 견훤은 당시 전남의 동남지역만을 지배했고, 나주를 중심으로 한 전남의 서남지역은 지배하지 못하였다.

견훤이 892년에 후백제를 건국할 때 전남의 동남지역 즉 곡성 · 구례 · 순천 · 여수 · 광양 · 보성 · 고흥 등의 지역이 견훤에게 투항하여 귀부(歸附)하였다. 이들 지역 중에서 곡성을 제외한 지역은 현재 "동부 6군"으로 통칭되고 있듯이 하나의 권역으로 묶어질 수 있는 지역이었다. 전남의 동남지역은 후백제 건국의 모태(母胎)와 같은 곳으로서 견훤의 중요한 정치적 근거지가 되었다. 반면에 전남의 서남지역은 견훤에게 귀부하지 않고 태봉의 궁예에게 귀부하였다. 당시 왕건은 나주에 진주해 있으면서 나주의 유력한 호족인 나주오씨 가계의 장화왕후와 혼인하여 고려 2대왕인 혜종을 낳기도 하였다.

이처럼 신라말에 전남동부지역은 견훤의 중요한 세력기반이었다. 견훤은 서남해(西南海)에서 방수군(防戍軍)으로 근무하였는데, 서남해는 아마도 여수반도나 그 인근의 해안이었을 것으로 추측된다. 박영규와 김총은 견훤이 전남동부지역의 해안에 근무할 때부터 그와 연결을 맺어 호족으로 성장하였고 후백제 건국 이후에도 그의 핵심세력이 되었다고 생각된다.

박영규 : 순천의 해상세력 출신 호족

박영규(朴英規)는 순천 출신으로 견훤의 사위였다. 그는 견훤의 딸과 혼인하였고, 이어 견훤의 장군(將軍)이 되었다. 이러한 사실은, 그가 순천지역을 정치적 · 군사적 · 경제적으로 지배한 유력한 호족이었다는 것을 말해 준다. 당시 순천은 여수 · 광양을 속현(屬縣)으로 거느린 주현(主縣)이다. 따라서 이 글에서 순천은 협의로는 현재의 순천지역을, 광의로는 순천 · 여수 · 광양을 포함한 지역을 의미한다.

박영규는 해상세력 출신의 호족(豪族)이었다. 당시 여수 · 순천지역은 강과 바다를 연결하는 해상교통의 요충지로서 해상활동(海上活動)을 전개하는 데 매우 적합한 지리적 여건을 갖추고 있었다. 이러한 여수 · 순천지역의 지리적 여건으로 미루어 보아, 해상활동이 활발했던 시기인 신라말 · 고려초에 여수 · 순천지역에도 해상무역에 종사하는 해상세력(海上勢力)이 존재했을 것이 분명하다.

박영규를 해상세력이라고 단정할 만한 직접적인 사료는 없지만, 그가 해상세력이었을 가능성은 충분하다. 1784년(정조 8)에 순천의 유생 조현범(趙顯範)이 저술한 『강남악부(江南樂府)』에 의하면, "박영규는 …… 이 땅(此土)의 군장(君長)이었고 도리(道里) 해룡산(海龍山) 아래 홍안동(鴻雁洞)에 웅거(雄據)하고 있었다."고 한다. 박영규는 해룡산에 웅거하고 있던 이 땅(此土) 즉 순천지역의 군장이었다. 군장은 호족을 의미한다. 그러므로 그가 순천지역의 군장이었다는 기록은, 그가 순천지역에서 상당한 세력을 형성하고 있던 유력한 호족이었다는 것을 말하여 준다. 홍안동은 현재의 순천시 홍내동이다. 홍내동에 있는 해발 75m의 낮은 야산이 해룡산이다. 해룡산 인근에 조양포(潮陽浦)라는 포구가 있었는데, 그곳에 고려시대에 해룡창(海龍倉)이 있었다. 해룡산과 그 주변 지역은 조운(漕運)과 같은 해상교통 · 해상무역 · 해상방어 등의 해상활동의 주요한 요충지였고, 각지에서 독자적인 지방세력이 등장하던 신라말 · 고려초의 시기에는 해상세력이 대두할 만한 근거지였다.

박영규는 이러한 조양포 · 해룡창 인근의 해룡산을 근거지로 삼아 호족으로 성장하였다. 이것은 그가 해룡산의 지리적 · 경제적 · 군사적 여건으로 말미암아 성장한 해상세력이었다는 것을 말하여 준다. 그가 직접 해상활동에 종사하지 않았다고 하더라도, 그는 휘하에 군소 해상세력을 거느리고 있었을 것이다. 그런데 신라말 · 고려초에는 해상활동이 매우 활발하였으므로, 그 휘하의 군소 해상세력은 여수 · 순천의 인근지역에서뿐만 아니라 섬진강의 수운(水運)이 가능하였던 전남동부의 내륙지방에서도 무역활동을 하였을 것으로 사료된다. 이러한 군소 해상세력을 장악하여 해상무역의 이익을 차지함으로써, 그는 상당한 부를 축적하여 경제적 기반을 확고히 하면서 여수 · 순천지역을 지배하는 유력한 호족으로 성장하였을 것이다. 그리하여 그는 해룡산 인근, 현재의 순천만 인근의 여수 · 순천지역을 정치적 · 군사적 · 경제적으로 지배할 수 있었던 것이다.

이후 박영규는 견훤의 사위가 되었다. 견훤이 그와 혼인을 통하여 연합한 것은 전남동부지역을 후백제의 확고한 영역으로 확보하고자 하였기 때문이었다. 892년 견훤이 무주(현 광주)를 점령하였을 때 무주 동남(東南)의 군현(郡縣)이 귀부한 이래로 현재의 전남동부지역은 후백제의 주요한 정치적 기반이 되었다. 한편 박영규는 견훤의 딸과 혼인함으로써 견훤의 주요한 정치세력이 되었다. 그리하여 박영규는 후백제에서 정치적으로 출세할 수 있었을 뿐만 아니라 여수 · 순천지역에 대한 지배권을 안정적으로 유지할 수 있었다.

박영규는 견훤의 사위로서 그의 측근 인물이 되어 제반 정치적 사안에 대하여 자문하는 역할을 수행하였다. 또한 그는 장군이었는데, 장군은 후백제의 상설 무관직으로서 단위 부대의 최고위 지휘관이었다. 당시는 후삼국을 통일하기 위한 전쟁이 치열하게 전개되던 시기로서 군사와 정치가 구분되어 있지 않았다. 그런 만큼 박영규는 견훤정권에서 중요한 군사적 내지는 정치적 역할을 수행하였을 것이 분명하다. 그는 후삼국통일전쟁에 종사하였다.

박영규는 견훤정권 말기에는 금강계(金剛系)의 정치세력에 속하였다. 당시 금강계는 신검계(神劍系)와의 왕위쟁탈전에서 패배하였다. 935년 3월 신검이 왕위에 오르게 되자 견훤은 후백제를 탈출하여 왕건에게 귀부하였다. 박영규는 견훤의 측근 인물로서 신검에 반대하는 정치세력이었다. 그는 936년 2월 왕건에게 귀부하였다.

박영규가 고려에 귀부하자 왕건은 그를 매우 극진하게 대우하였다. 왕건은 박영규를 형으로 섬길 것을 약속하였고, 그에게 좌승(左承)이라는 높은 관계를 수여하였고 전(田) 1,000경(頃)과 말 30필을 하사하였고, 그의 가족을 개경으로 맞아들이고 두 아들에게도 관직을 주었다. 이로써 박영규의 가문은 개경에 거주하면서 중앙의 관직체제에 편입되었고, 동시에 중앙의 귀족이 되었다.

박영규는 세 딸을 각각 왕건의 부인(동산원부인)과 정종의 왕후(문공왕후, 문성왕후)로 들여보냈다. 이렇게 왕실과 중첩된 혼인관계를 맺음으로써 그의 정치적 지위를 높일 수 있었던 것은, 단지 그가 후백제 멸망에 큰 기여를 하였다는 것만으로는 설명될 수 없고, 그가 전남동부지역에 강력한 세력기반을 가지고 있던 호족이었기 때문에 가능했다. 사실 당시에 호족 중에서 세 명의 딸을 왕실에 부인이나 왕후로 들여보낸 사례는 박영규가 유일하다. 이 세 건의 혼인은 물론 왕건의 의도로 이루어졌다. 이 혼인에는 왕건이 후백제계열의 호족들을 포섭하여 왕권을 안정시키고자 하는 의도가 반영되어 있다. 이것은, 박영규가 고려초(태조 · 혜종 · 정종대)에 유력한 정치인으로 활동하였다는 것을 웅변해 준다.

이후 광종대에 호족에 대한 대규모의 숙청이 이루어졌을 때 정종의 아들 경춘원군(慶春院君)이 죽임을 당하였다. 그는 문성왕후의 소생 즉 박영규의 외손이었다. 경춘원군의 죽음은 그의 어머니의 가문 즉 박영규 가문의 정치적 몰락을 가져왔을 것이다. 이는 박영규 이후로 그의 후손이 중앙정계에 진출한 사례가 없는 데서 알 수 있다. 이와 같이 박영규 가문은 광종의 호족에 대한 대대적인 숙청의 과정에서 정치적으로 몰락하였다.

박영규는 순천박씨(順天朴氏)의 시조이다. 박영규는 죽어서 해룡산 산신(山神)이 되었다. 순천지역의 주민들은 박영규를 해룡산 산신으로 받들어서 해룡산사(海龍山祠)에 모시고 제사를 지냈다. 그의 후손들은 고려후기에 중앙정계에 진출한 이래 조선왕조에 들어와서 유명한 가문으로 성장하였다. 박팽년이 그 대표적 인물이다. 한편 순천지역에서 박난봉(朴鸞鳳)이 무인정권 시기 이후 토착세력으로 성장하였다. 그는 죽어서 인제산(麟蹄山) 산신으로 받들어 모셔졌다.

박영규는 신라말 · 고려초에 순천 해룡산을 근거지로 하여 순천만 · 여자만을 중심으로 한 여수반도 인근의 바다에서 해상교통 · 해상무역 · 해상방어에 종사한 해상세력이었다. 그는 여수 · 순천지역에서 해상활동을 통하여 호족으로 성장하여 이 지역을 정치적 · 군사적 · 경제적으로 지배한 해양 영웅이었다.

김총 : 여수의 해양세력 출신 호족

김총(金摠)은 여수지역 출신으로서 견훤을 섬겨 인가별감(引駕別監)이라는 관직에 올랐고, 죽어서는 여수 · 순천지역의 성황신(城隍神)이 되었된 인물이다. 이러한 사실로 미루어, 김총이 견훤정권에서 상당한 역할을 담당했던 인물이었다는 것을 알 수 있다. 김총이 맡았다고 하는 인가별감이 구체적으로 어떠한 임무를 담당하는 관직이었다는 것을 알려주는 기록은 없다. 인가(引駕)의 의미로 보면 견훤의 호위 내지는 의장(儀丈)의 임무를 맡았던 관직으로 여겨지고, 별감(別監)이라는 직위로 보면 견훤의 친위부대의 장(長)이라는 성격을 가진 관직으로 생각된다. 이와 같이 인가별감은 군사적인 성격이 강한 관직으로 생각된다. 따라서 인가별감은 견훤의 호위를 담당하는 친위부대의 장으로서 상당한 군사적인 실권을 가졌을 것으로 이해하면 좋을 것 같

김총 영정

다. 이러한 관직에 임명되었던 김총은 견훤의 신임을 받는 견훤의 핵심적인 측근 인물이었을 것이다.

이와 같이 김총은 여수지역 출신으로서 군사적인 성격을 가진 인가별감의 관직에 있으면서 견훤의 측근 인물로서 활약하였다. 그런데 견훤이 방수군(防戍軍)으로 근무하였다고 하는 서남해(西南海)는 순천만 · 여자만과 광양만 · 여수만을 끼고 있는 여수 · 순천지역이었다고 이해되고 있다. 그렇다면, 김총은 순천만 · 여자만과 광양만 · 여수만 일대에서 군사활동을 하던 견훤의 휘하에서 그와 동고동락하던 방수군 출신이었다고 보는 것이 타당할 것 같다. 결국 김총은 견훤의 초기 핵심병력이었던 방수군 출신의 군인이었기 때문에, 견훤정권이 성립된 후에도 계속 견훤에게 충성을 바치면서 그의 측근 인물로서 중요한 군사적인 임무를 띠고 활약하였다고 이해된다.

김총의 출신지는 그를 모신 성황사(城隍祠)가 위치한 진례산(進禮山) 인근으로 추측된다. 그런데 진례산은 옛 진례부곡(進禮部曲)에 위치하고 있었다. 진례부곡은 현재 여수시 상암동(上岩洞)의 진북 · 진남(進南 · 進北) 마을에 위치하고 있었다. 진남 · 진북의 두 마을은 합하여 진례(進禮) 마을로 통칭되고 있다. 그러므로 진례산은 진례 마을의 인근에 위치하는 산으로 현재도 진례산으로 불려지고 있다. 이 진례산은 해발 510m로 그 동안 국립지리원 지도에 영취산으로 잘못 기록되어 오다가 몇 년 전에 진례산으로 정정되었다. 영취산은 흥국사 바로 뒤에 위치하는 해발 439m의 산이다. 이와 같이 김총은 현재 여수시 상암동 인근, 달리 말하면, 진례산 인근의 어느 곳에서 출생하여 성장하고 활동한 인물이었다.

김총이 성장하고 활동했던 여수지역은 위쪽으로는 순천시, 서쪽으로는 고흥반도, 동쪽으로는 남해도와 인접해 있고, 섬진강의 수운(水運)에 의하여 내륙으로 연결되는 지역으로서, 해상교통 · 해상무역 · 해상방어 등의 해상활동(海上活動)이 활발하게 이루어질 수 있는 천혜의 지리적 조건을 갖추고 있는 곳이다. 이러한 여수지역에서는 전근대시기에 해상활동이 활발하게 이루어졌다. 그러므로 우리 역사상 해상활동이 매우 활발했던 시기인 신라말 · 고려초에는 여수지역이 해상활동의 가장 중요한 근거지 중의 하나가 되었다. 그렇다면 당시 여수지역에서는 해상무역에 종사하거나 해적 소탕을 임무로 하는 해상세력(海上勢力)이 대두하였을 가능성이 높다. 앞에서 견훤이 순천만 · 여자만과 광양만 · 여수만을 끼고 있는 여수 · 순천지역에서 방수군으로 근무하였고, 김총은 견훤 휘하의 방수군 출신이었다고 이해하였다. 따라서 김총은 여수 · 순천지역에서 해상활동에 종사하던 중에 견훤 휘하의 방수군이 되어 근무하다가 군사적 능력을 인정받아 그의 측근 인물이 되었다고 생각된다. 이상과 같은 사실로 미루어, 김총은 해상세력 출신의 호족(豪族)이었다고 추론하여도 지나치지는 않다고 여겨진다.

김총이 견훤의 인가별감이었다는 사실 이외에는 그의 활동이 어떠했다고 구체적으로 알려 주는 기록은 없다. 그런데 김총은 죽은 뒤에 지역 주민들에 의하여 성황신으로 받들어져서 진례산에 위치한 성황사에서 제사의 대상이 되었다. 지역 주민들은 조선후기에 이르기까지 그를 성황사에서 봄과 가을에 제사지냈다. 이처럼 그는 죽은 후에도 지역 주민들로부터 대단한 추앙을 받았던 인물이었다. 그렇다면 그는 생존시에도 평소부터 지역 주민들로부터 대단한 추앙을 받고 있던 인물이었다고 보아도 좋을 것 같다. 그가 생존시에 지역 주민들로부터 추앙을 받을 수 있었던 것은 여수지역에서의 뛰어난 방수군 활동 내지는 해상활동, 그리고 중앙으로 진출하여 견훤의 인가별감으로 활동한 것에 말미암았을 것으로 생각된다. 이렇게 그가 생존 당시부터 지역 주민들의 추앙을 받았다면 여수지역에는 그를 추종하는 세력이 있었다고 추정하여도 지나치지는 않을 것 같다. 그러한 세력으로 쉽게 떠올릴 수 있는 것은 김총의 가문이다. 당시에 김총의 가문은 여수지역의 토착세력으로서 상당한 세력을 형성하여 여수지역을 실질적으로 지배하고 있었을 것으로 여겨진다. 그의 가문은 고려말에 중앙정계에 진출한 김유정(金惟精)과, 조선 태종대에 병조판서의 지위에 오른 그의 아들 김승주(金承霔), 단종대에 좌의정의 지위에 오른 김종서(金宗瑞) 등에 의해서 유력한 가문으로 성장하게 된다. 이 가문이 순천김씨(順天金氏)이고, 그 시조는 김총이다. 이러한 사실로 미루어 보아 김총은 여수지역에 토착적 세력기반을 가지고 있었다고 생각된다.

이와 같이 김총은 여수지역을 실질적으로 지배하고 있던 해상세력 출신의 호족이었다. 그는 견훤 휘하의 방수군 출신으로서 견훤의 인가별감이 되어 군사적인 임무를 띠고 활약하였다고 이해된다. 그는 견훤의 핵심적인 측근 인물로서 그를 섬기는 데 일생을 바친 후백제의 인물로서 후백제의 멸망 이전에 죽은 것으로 여겨진다. 김총은 여수지역의 바다에서 해적을 퇴치하는 방수군으로 활동했던 해양 영웅이었다.

조선 정조대 순천의 유생 조현범은 『강남악부』에서 김총을 '영웅인(英雄人)'으로 묘사하면서 다음과 같이 노래하였다.

김별가(金別駕 : 김총)는 영웅다운 사람(英雄人)이네.
살아서 평양(平陽 : 순천)의 군장(君長)이 되지는 못했어도
죽어서 성황신(城隍神)이 되었다네.
신의 음덕이 후손들에게 전해져 보살펴 주시니,
대대로 문관과 무관에서 어진 신하가 많구나.
그대는 보지 못하였는가?
진례산(進禮山)이 높고 높아 오래도록 무너지지 않은 것을.
지금까지 봄과 가을에 제사 드린다네.(정청주)

〈참고문헌〉

정청주, 「신라말 · 고려초 순천지역의 호족」, 『전남사학』 18, 2002.

변동명, 「고려시기 순천의 산신 · 성황신」, 『역사학보』 174, 2002.

변동명, 「김총의 성황신 추앙과 여수 · 순천」, 『전남사학』 22, 2004.

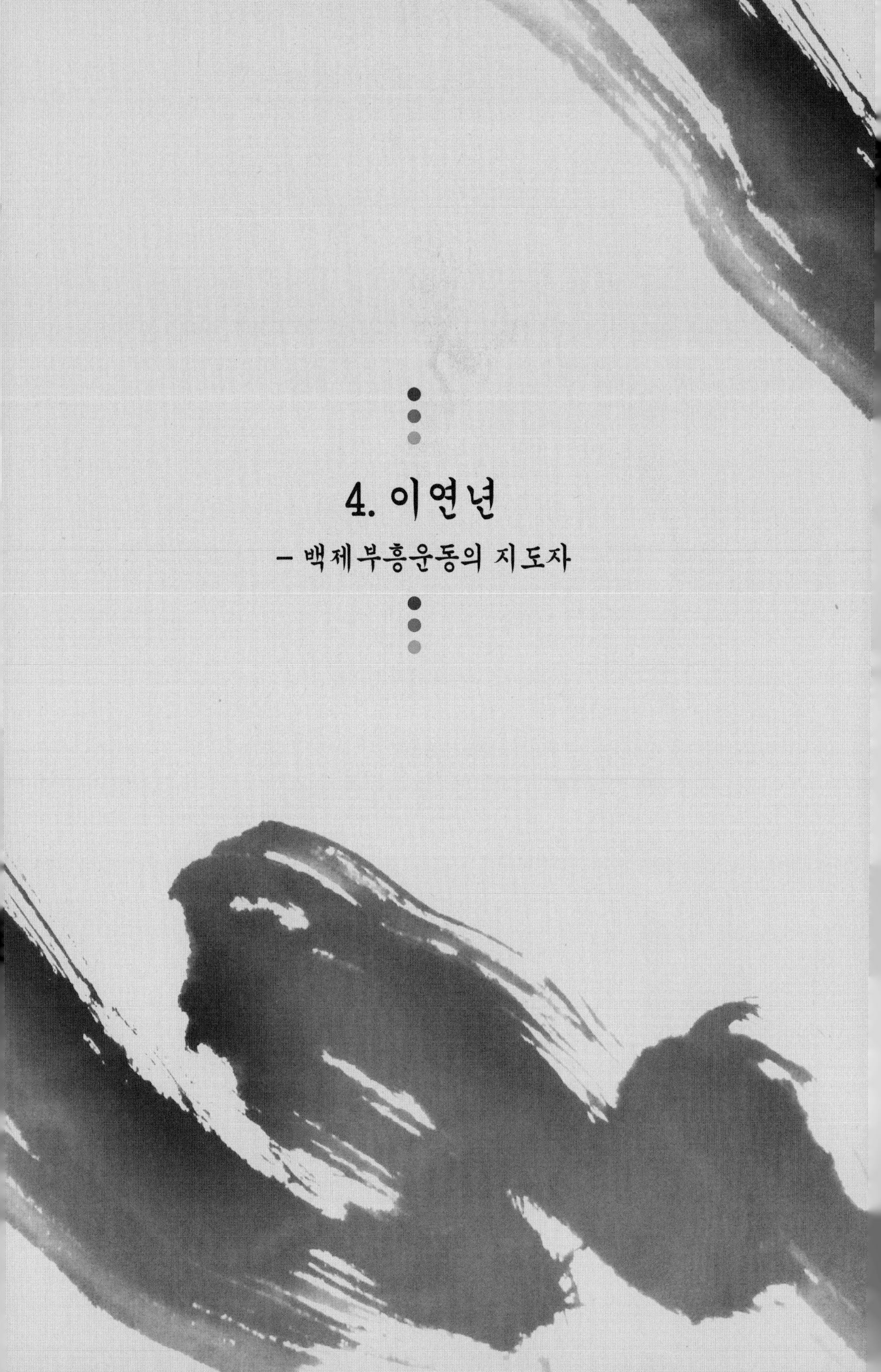

4. 이연년

– 백제부흥운동의 지도자

4. 이연년
– 백제부흥운동의 지도자[1)]

이연년은 고려 무인정권 시기에 일어났던 백제부흥운동의 주모자였다. 백제부흥운동은 고종 23년(1236) 말엽에 전라도 원율현(오늘날 전남 담양군 금성면과 용면 일대)에서 일어났다. 백제가 멸망한 지 500년도 더 지난 상황에서 이들이 백제의 부흥을 내세웠다는 것은 쉽게 이해되지 않는다. 하지만 이미 신종 5년(1202) 무렵 경주를 중심으로 신라 부흥운동이 일어났으며, 고종 4년(1217)에는 서경에서 고구려의 부흥을 표방한 봉기가 있었다.

삼국의 부흥을 내세운 봉기가 일어났던 무인정권기는 고려 사회가 급격한 변화를 겪으면서 농민.천민의 봉기가 전국으로 확대되던 시기였다. 이자겸의 난과 묘청의 난으로 동요하기 시작한 중앙통치체제가 무인들의 정권 장악이후 제기능을 발휘하지 못하였으며, 신분제가 흔들리고 지방관들의 수탈까지 심해졌기 때문이다. 따라서 무인정권기에 일어난 삼국의 부흥운동은 당시의 농민.천민 봉기의 한 형태로 볼 수 있다.

1) 이 글은 『변혁기의 인물과 역사』의 〈이연년-고려 무인정권기 백제부흥운동〉을 중심으로 작성하였다.

이 글에서는 무인정권기에 전라도 원율에서 시작된 백제의 부흥운동과 이를 주도한 이연년의 출신과 그 정치적 성격, 그리고 백제부흥운동의 의의 등을 살펴보겠다. 이를 통해 급격하게 변화하고 있던 무인정권기의 전라도 사회, 더 나아가 이시기의 고려 사회를 더 잘 이해할 수 있을 것으로 생각한다.

이연년의 백제부흥운동

백제부흥운동은 전라도 원율현에서 이연년 형제가 '이가당(李家黨)'이라 불리던 세력을 규합하면서 시작되었다. 그들은 '무뢰한 무리' 혹은 '산림(山林)'이라 불리던 사람들, 즉 지배체제로부터 이탈한 사람들을 모아 상당한 세력을 형성했던 듯하다. 역사기록에는 이연년 등이 스스로 '백적도원수(百賊都元帥)'라 했다고 나타난다. 하지만 이것은 백제도원수(百濟都元帥)가 잘못 전해진 것이거나 혹은 관군측의 악의적인 변조였을 것으로 생각된다. 따라서 이연년 등은 백제도원수라 자칭하면서 백제의 부흥을 내세운 거사를 도모했다고 이해되어 왔다.

백제부흥운동은 고종 23년(1236) 말엽에 일어난 것으로 추정된다. 거사가 일어난 정확한 시기는 기록에 남아있지 않지만, 백제부흥운동을 진압한 시기가 고종 24년(1237) 봄이었고, "나라의 해묵은 치욕을 씻었다."라는 표현으로 볼 때 그러한 추측이 가능하다. 그런데 당시는 고려 조정이 몽고의 침입을 피하여 강화도로 천도(고종 19년, 1232)한 후였다. 특히 백제부흥운동이 시작된 것으로 추정되는 고종 23년 말엽은 몽고군이 처음으로 전라도지역에까지 침입했었던 때다. 고려에 침입한 몽고군(제3차)이 전주와 고부에 나타난 것이 고종 23년(1236) 10월이었다. 따라서 이연년 형제는 몽고군이 전라도 일부 지역까지 침입했다가 철수하는 전란기를 이용하여 거사를 단행했다고 짐작된다.

백제부흥운동이 처음 일어난 곳은 전라도 원율현이었다. 그런데 이연년 형제의 백제부흥운동세력을 '금성적(金城賊)'이라고 표현한 서신이 남아있다. '금성에서 일어난 반적'이라는 의미로 보이는데, 여기에서 금성이 어디인지 궁금하다. 이와 관련하여 주목되는 곳이 현재 담양군의 금성면과 용면 일대에 남아 있는 금성산성(金城山城)이다. 이연년 형제가 처음 거사를 도모했던 원율현이 바로 담양군의 금성면과 용면 일대인데, 지금도 현지에는 원율리라는 지명이 남아 있고, 그 북쪽에 금성산성이 있다. 금성산성은 전북 무주의 적상산성(赤裳山城), 전남 장성의 입암산성(笠岩山城)과 더불어 호남의 3대산성으로 일컬어질 만큼 군사적 기능이 중시되던 요충지였다. 이러한 금성산성 지역은 원율현 출신의 이연년 형제가 사람들을 불러 모아 세력을 형성하기에 가장 알맞은 곳이었을 것이다. 따라서 그들을 당시 '금성적'이라 불렀던 것으로 여겨진다.

금성산성 전경(내외남문), 전남 담양군 금성면(사적 제353호)
(출전 네이버 문화원형백과)

금성산성을 거점으로 세력을 모은 이연년 형제는 원율현에서 시작하여 곧 담양까지 휩쓸었으며, 뒤이어 해양(海陽: 현재의 광주)까지 점거하면서 그 위세를 크게 떨치었다. 그들은 백제의 부흥을 표방하면서 주군(州郡)에 격문을 보낸 다음 군사를 이끌고 공격하였다. 당시의 관리들 중에는 그들에게 음식을 대접하는 자가 있었는가 하면, 피해버린 관리들도 있었다고 한다. 이와 같이 백제부흥운동 세력은 담양과 광주, 나주 지역을 휩쓸면서 고려 조정의 통치력에 치명적인 타격을 입혔다.

백제의 부흥을 내세우며 봉기한 이들은 초적(草賊)이라 불리던 농민 봉기군으로서 '짚신을 신은 촌민(村民)'들이 그 대부분을 차지하였다. 무력을 바탕으로 강압적인 통치를 펴던 최씨무인정권 아래에서 과중한 부담을 이겨내지 못하고 농토로부터 이탈한 농민들이, 이연년 형제의 주도하에 봉기하였던 것이다.

당시 최씨정권은 전라도에서 농민들을 가혹하게 수탈하고 있었다. 전남 화순(和順)의 쌍봉사(雙峰寺)에 주지(主持)하면서 횡포를 부리던 만전(萬全)은 그 대표적인 사례이다. 최씨정권의 제2대 집권자인 최이(崔怡)의 아들로서 승려가 되었던 그는, 전라도 각지에 농장을 개설하고 그 문도(門徒)를 파견하여 많은 폐해를 끼쳤었다(萬全은 뒤에 환속하여 崔沆으로 이름을 바꾸고 최씨정권의 제3대 집권자가 되었다). 따라서 전라도 지역 농민들이 최씨정권의 수탈을 견디지 못하고 이연년의 지휘아래 봉기했던 것이다. 한편 백제부흥운동에는 일부 승려들도 가담하였는데, 만전의 주도 아래 전라도 지방의 사원 세력이 재편될 때 피해를 입었던 승려들, 즉 반최씨무인정권적인 성향을 지닌 승려들이었을 것으로 여겨진다.

백제부흥운동 세력의 위세에 크게 놀란 강화도의 고려조정은 김경손(金慶孫)을 토벌군의 사령관으로 파견하였다. 앞서 고려조정에서는 군대를 파견하여 봉기군을 토벌하려고 한 적이 있었다. 그러나 관군이 패배를 거듭함으로써, 오히려 백제부흥운동이 더욱 위세를 떨치도록 도와준 격이 되고 말았다. 결국 중앙정부에서는 몽고의 제1차 침입 때에 박서(朴犀)와 함께 귀주성(龜州城) 승리의 주역으로 이름이 높던 김경손을 지휘사로 파견한 것이다. 한편 김경손은 명장으로서 뿐만 아니라 최씨정권측에서도 믿고 맡길 만한 조건을 갖추고 있었다. 김경손의 형 김약선(金若先)이 당시 집권무인이었던 최이(崔怡)의 사위였기 때문이다. 더구나 김약선은 최이의 뒤를 이을 후계자로 지목되어 있었다.

중앙에서 내려온 김경손은 아직 농민군의 수중에 들어가지 않은 나주(羅州)로 갔다. 한창 기세를 올리고 있던 농민봉기군도 이 소식을 듣고 나주로 향하였다. 이연년이 대병력으로 나주성을 공격하자, 아직 소수의 군사들밖에 거느리지 못하고 있던 김경손은 주위의 만류를 무릅쓰고 성문을 나가 대적하였다. 승리를 확신한 이연년은 그의 부하들에게, "지휘사는 귀주에서 공을 세운 장군으로 인망이 매우 높은 분이다. 내가 마땅히 사로잡아 도통(都統)으로 삼을테니, 활을 쏘지 말라."고 하였다. 그는 활과 화살을 쓰지 않은 채 단병전(短兵戰)을 꾀하였다. 싸움이 시작되자 이연년이 곧바로 다가가 김경손의 말고삐를 잡고 나가려 하였다. 김경손이 칼을 뽑아 싸움을 독려하자, 그가 별초(別抄)로 뽑아 이끌고 나온 30명의 군사가 죽기로 싸워 마침내 이연년의 목을 베었다. 이로써 승리의 기회를 잡은 관군이 후퇴하는 농민군을 수십리나 뒤쫓아 궤멸시켰다.

백제부흥을 내세운 농민봉기군은 국가의 통치력이 약화된 상황을 이용하여 담양과 해양 등의 여러 주와 군을 점거하였지만, 고을을 차지한 주력부대가 다른 곳으로 이동하면 그것으로 점거가 끝나는 일과성의 것이었다. 그러므로 나주를 공격하다가 백제도원수를 자처하던 이연년이 전사하자 이들 농민봉기군은 와해되어 버렸고, 이로써 백제부흥운동도 막을 내리게 되었다.

이연년의 출신과 그 정치적 성격

이연년의 본관은 전라도 원율현이었다. 담양의 속현(屬縣)이었던 원율현에는 박(朴).이(李).문(文).배(裵).오(吳)의 다섯 토성(土姓)이 있었다. 고려시대의 토성은 토착지배세력과 밀접한 관련이 있는 성씨로 알려져 왔다. 따라서 원율현의 토성이었던 이씨는 신라말 고려초 토착 호족세력이었을 것으로 생각된다. 즉 이연년은 원율현에 세력기반을 가지고 있던 호족세력의 후손이었을 것이다.

그러나 이외에 이연년의 가문이나 성장 과정 혹은 활동 내용 등은 전혀 알 수가 없다. 현재 남아있는 기록은 '초적 이연년 형제가 원율.담양 여러 군의 무뢰배를 모아 해양 등 주현을 공격하였다'(고려사 열전16 김경손), '원율인 이연년이 스스로 백적도원수라고 하며 산림을 불러모아 주군을 공격하여 약탈하였다'(고려사 열전12 최유청 부 최린) 등이 전부라고 할 수 있다. 즉 이연년 또는 이연년 형제가 원율현에서 봉기를 주도했다는 것 외에는 기록이 남아있지 않은 것이다. 따라서 원율현과 관련된 다른 인물을 통해 그의 정치적 성격을 유추해보겠다.

원율현과 관련된 고려시대의 가장 대표적인 인물은 문종대(1046~1083)에 활동했던 이영간(李靈幹 혹은 李令幹)이다. 참지정사(參知政事, 正2品)에까지 올랐던 그는 어렸을 때 원율현의 연동사(烟洞寺)에서 기이한 체험을 하였던 것으로 전해진다. 즉 동국여지승람에

> 이영간(李靈幹)이 어려서 연동사에서 공부를 하였는데, 하루는 영간이 혼자 나가서 서쪽 산령(山嶺)에 올라 한 동자와 바위 위에 같이 앉아 장기를 두었다. 그런데 큰 호랑이가 바위 가에 엎드려 있는 것이었다. 영간이 장기를 둔 후 돌아와 그 일을 모두 말하였다. 중이 기이하게 여기고 가서 보니 동자와 호랑이는 간 곳이 없고 다만 바위 위에 장기판이 있고 바위 아래는 호랑이 발자취만이 남겨져 있었다. 이로 인해서 그 바위를 소년암(少年巖)이라 하는데, 지금까지 장마비를 겪으면서도 이

끼가 끼지 않고 그 자리는 완연히 어제 일처럼 남아있다. 또 전하는 이야기에, 영간이 그곳에서 공부할 때 중이 술을 빚으면, 술이 익은 후 꼭 훔쳐 마시는 자가 있었다. 중이 영간을 의심하여 매질을 여러 번 하였다. 영간이 몰래 살펴보니 늙은 삵괭이가 와서 마시는 것이었다. 영간이 이를 잡아 죽이려 하니 삵이 사람의 말로 "그대가 만약 나를 따라오면 평생 이용할 기묘한 술수를 얻으리라." 하는 것이었다. 때마침 푸른 옷을 입은 동자가 책 한 권을 던져 주거늘 영간이 삵괭이를 놓아주고 그 책을 가져와서 마침내 비술(祕術)에 통하게 되었다. 그가 조정에서 한 일 중에는 이상한 일이 많았다.

는 기록이 전한다. 고려사에도 이영간이 문종을 수행하던 중 있었던 신이한 행적이 구체적으로 기록되어 있다. 개경의 박연폭포에 구경갔던 문종이 폭포 아래 연못의 가운데 바위에 올라갔는데, 갑자기 비바람이 몰아치면서 바위가 흔들렸다. 이에 국왕을 수행하던 이영간이 폭포의 용(龍)을 꾸짖는 글을 써서 연못에 던지자 폭포에 살던 용이 모습을 드러냈다. 영간이 용의 등을 곤장으로 치자 연못의 물이 온통 붉게 물들었다고 한다.

이와 같이 신이한 행적을 보인 이영간은 담양 이씨(潭陽 李氏) 출신으로 알려져 있다. 원율 출신이 아니다. 그럼에도 불구하고 그를 원율과 관계되는 대표적인 인물로 거론하는 것은, 그의 신이한 행적이 모두 원율 지역과 연관되어 나타나고 있기 때문이다. 따라서 그가 원율 이씨는 아니지만, 원율 이씨와 관련되었을 가능성은 높다고 생각된다. 원율은 담양의 속현이었는데, 주현과 속현의 관계에 있던 지역의 성씨간에는 원래 그 뿌리를 같이 하는 경우가 있었기 때문이다. 더구나 이영간이 어려서부터 공부를 한 곳은 담양이 아니라 원율 지역이었다. 그와 원율 지역의 이러한 연고를 생각하면, 그가 원율 이씨와 관련이 있을 가능성은 더 높아진다. 그렇다면 이영간은 백제부흥운동을 일으켰던 이연년 형제와 전혀 무관한 사이는 아니지 않았을까 여겨진다.

이영간의 담양 이씨가 후백제와 관련되어 있었던 중소호족이었다는 사실은 〈유방헌묘지명(柳邦憲墓誌銘)〉을 통해 알 수 있다. 후백제와 관련되었던 세력들은 주로 광종대(949~975)에 중앙 관리로 진출하였는데, 이영간의 가문 역시 그 때 정계에 진출했을 것으로 생각된다. 그 당시 중앙으로 진출했던 가문 중 일부는 개경의 귀족으로 성장하였다. 아마 이영간의 담양 이씨도 그러한 가문 중 하나가 아닌가 한다. 비록 최고의 귀족 가문으로 성장하지는 못했지만 이영간이 재상에 올랐던 것으로 보아 중앙에서 어느 정도 기반을 갖춘 것만은 확실하기 때문이다.

그런데 의종 24년(1170)에 일어난 무신란으로 고려의 귀족 가문들은 가혹한 시련을 겪게 되었다. 무신들의 쿠데타로 기존의 질서가 무너지면서, 고려 사회를 주도해오던 귀족 가문들은 대부분 제거될 운명에 처하게 된 것이다. 이에 신변에 위협을 느낀 많은 귀족들은 난을 피하여 연고지로 낙향하였다. 이영간의 가문도 이 때 낙향했을 가능성이 높다고 생각된다.

이연년 형제의 집안 역시 이와 비슷한 처지였을 것으로 여겨진다. 그들이 이영간 가문과 조금이라도 관련이 있다면 그러한 가능성은 충분하다고 생각된다. 이것은 이연년의 행적을 통해서도 추측이 가능하다. 이연년은 중앙의 고위 관직자였던 토벌군 사령관 김경손에 대해 잘 알고 있었으며, 김경손을 맞아들여 자신들의 지휘자로 삼으려 하였다. 또 그가 전라도 지방의 각 주에 격문을 띄워 자신들의 정당성을 호소하고 동조자를 규합하려 할 정도의 학문적 능력과 포부를 지니고 있었던 점에서도 그러하다. 따라서 이연년 형제가 단순히 불만 농민의 대표자로서 봉기한 것이 아니라, 무신란에 의해 피해를 입은 계층이거나 혹은 그와 관련되어 봉기한 것이 아닌가 생각된다.

이러한 추측이 크게 잘못된 것이 아니라면 그들의 정치적 성향을 추정하는 것도 어느 정도 가능할 것 같다. 그들은 우선 반무인정권적(反武人

政權的) 성향을 지니고 있었을 것으로 생각된다. 더 나아가 그들은 무인정권을 타도하여 과거에 누리던 혜택을 되찾으려는 의도를 갖고 있었다고도 여겨진다. 이연년 형제의 그와 같은 태도는 반고려조정적인 그들의 성향과도 관련이 있다. 당시의 고려 국왕은 허수아비와 같은 존재로서 최씨무인정권을 지탱해주는 도구에 불과했다. 따라서 최씨정권을 반대하는 그들에게 고려왕조는 최씨무인정권과 더불어 타도되어야 할 대상에 불과했을 것이다.

이연년의 백제부흥운동의 의의

이연년 형제는 최씨무인정권의 수탈로 과중한 부담에 시달리던 농민들을 불러 모아 정치.사회적인 변혁을 꾀하였다. 그들은 가혹한 수탈과 몽고의 침략이라는 이중고에 시달리던 농민들에게 이러한 고통에서 벗어나게 해주겠다고 약속했을 것이다. 그들이 농토를 이탈하여 떠돌고 있던 농민들, 즉 '무뢰한 무리' 혹은 '산림'을 불러 모았다든지 몽고와의 전투에서 승리하여 명성을 떨치고 있던 김경손을 맞아들이려 했던 사실들을 통해 짐작할 수 있다.

이연년 형제가 백제의 부흥을 내세웠던 것은 당시까지 이 지역 주민들이 백제에 대한 회고의 감정을 갖고 있었기 때문이다. 지금도 담양에는 고려가 건국된 이후 건립되었던 백제계통의 석탑들이 남아 있다. 이연년이 백제의 부흥을 내세웠던 것은 이 지역 주민들의 이러한 정서를 이용하기 위해서였을 것이다. 물론 이미 살펴본 것처럼 이연년의 선조가 후백제와 관련되어 있었을지도 모른다. 하지만 이 지역 주민의 정서를 고려할 때 백제의 부흥을 내세우는 것이 세력을 결집하고 거사를 일으키는데 유리하다는 점이 더 크게 작용했을 것이다.

그러나 이연년 형제의 거사는 실패로 끝났다. 농민들의 변혁지향적 열기를 등에 업고 새로운 사회로 나아가고자 하였던 그들의 포부는, 고려왕조의 권위를 이겨낼 만한 역량이나 주변 여건의 미성숙으로 인하여 중도에 좌절되고 말았다. 그렇지만 그에 대한 지역 주민들의 안타까운 심정은 설화의 형태로 지금까지 전래되어 오고 있다.

담양의 읍지(邑誌)에 원율 출신으로 나오는 전우치(田禹治)에 대한 설화가 그러한 예이다. 설화의 주인공 전우치는 실재했던 인물로 알려져 있다. 그러나 전우치의 도술이나 의협 행각에는 그 이전 시대의 여러 인물들의 모습이 겹쳐져 있다. 그가 도술을 익히는 과정 가운데, 앞서 언급하였던 이영간의 설화와 유사한 부분이 많은 것이 그러한 예이다. 따라서 지방관의 부패상을 폭로하고 빈민을 구제하는 등 그의 활약 내용에는, 어쩌면 실패자 이연년에 대한 원율 주민들의 보상 심리가 내재되어 있는지도 모를 일이다. 원율현 사리역(沙里驛)의 용마(龍馬) 설화도 그와 마찬가지가 아닌가 한다. 원율현을 설치할 때의 일인데 용마가 날아들었다가 고갯마루에 숨었다고 한다. 이후 원율현에서 이인(異人).술사(術士)가 많이 나왔는데, 이로 인하여 결국 원율현이 폐지되어 담양에 합쳐졌다는 것이다. 이와 같은 설화에는 뛰어난 이인.술사가 출현하여 자신들을 구제해 주기를 바라는 민중들의 염원이 깃들어 있다. 뿐만 아니라 과거에 그러한 이인.술사---예컨대 이연년과 같은---가 나타나 현실을 개혁하려다 실패한 것에 대해 민중들이 아쉬워하는 감정도 들어있다고 생각된다.

그런데 이연년의 백제부흥운동이 실패한 이후 우리 역사에서 백제의 부흥을 내세운 봉기는 더 이상 일어나지 않았다. 따라서 우리는 지역 주민들의 그처럼 안타까워하는 감정이 이후 백제의 부흥과 연결되어 나타나지 않았다는 사실에 주목할 필요가 있다. 즉 이연년의 실패를 아쉬워하는 의도가, 백제의 부흥에 대한 염원에서가 아니라 가혹한 수탈 등으로부터 벗어나게 해줄 구제자의 출현을 기대하는 마음에서였던 것이다.(채희숙)

〈참고문헌〉

김당택, 「최씨정권과 국왕」, {『고려무인정권연구』, 1987.

민현구, 「고려중기 삼국부흥운동의 역사적 의미」, 『한국사시민강좌』 5, 1989.

박종기, 「무인정권하의 농민항쟁」, 『한국사시민강좌』 8. 1991.

김광식, 「최항의 쌍봉사 사원세력 구축과 이연년란」, 『박영석화갑기념논총(상)』, 1992.

5. 정지

– 왜구의 침입을 물리친 장군

5. 정지
– 왜구의 침입을 물리친 장군

고려는 충정왕 때부터 빈번해진 왜구의 침입으로 크게 어려움을 겪고 있었다. 왜구는 고종 10년(1223)부터 침입하기 시작했는데, 그 침입이 심해진 것은 충정왕 2년(1350) 부터였다. 공양왕 4년(1392)까지 42년 동안 연평균 12회나 될 정도로 왜구의 침입은 극심했다. 왜구의 침입은 우왕 9년(1383)을 정점으로 줄어들게 되는데, 이것은 왜구의 토벌과 관련이 있었다.

고려 말 왜구를 토벌하여 큰 성과를 거둔 대표적인 전투로는 우왕 2년(1376) 최영(崔瑩)의 홍산대첩(鴻山大捷), 우왕 6년(1380) 나세(羅世) · 최무선(崔茂宣)의 진포전투(鎭浦戰鬪)와 이성계의 황산대첩(荒山大捷), 우왕 9년(1383) 정지(鄭地)의 (남해대첩)南海大捷 등을 들 수 있다.

우왕 9년 남해의 관음포에서 왜구를 물리쳐 큰 성과를 거둔 정지는 나주인 이었다. 정지는 앞의 서술에서 알 수 있듯이 고려 말 최영, 이성계 등과 견줄 수 있는 인물이었다. 그러나 최영과 이성계, 최무선 등과 달리, 정지는 우리에게 많이 알려져 있지 않다. 따라서 이 글에서는 정지의 왜구 토벌을 중심으로 하여 그의 정치적 활동과 출신, 정치적 성격 등을 살펴보고자 한다.

정지의 왜구 토벌

고려 말 왜구의 침입이 심해진 것은 충정왕 2년(1350)부터였는데, 이것은 당시 일본의 국내 사정과도 관련이 있다. 충정왕 2년 무렵 일본은 남북쟁란(南北爭亂)이 격화되던 시기로 중앙통치권이 지방에까지 미치지 못하였고, 혼란을 틈타 무사들은 소유 영지를 확대시키려고 하였다. 이러한 상황에서 농지를 잃은 농민과 경제적으로 무력해진 하급무사들, 그리고 토지가 적고 척박해서 기근을 면하기 어려웠던 대마(對馬)·일기(壹岐)·송포(松浦) 등 3도(島)지방의 주민들이 고려의 연안을 침입했기 때문이다. 즉 당시의 일본은 극심한 혼란기로 치안이 불안하고 질서가 문란해진 상황에서 궁핍한 변방민들의 해외 활동을 통제하지 못했던 것이다. 한편 고려는 왜구의 침입에 대비하여 연해의 방비에 힘을 기울여 왔으나 충정·공민왕 때에 남쪽의 방비가 허술해진 상황이었다.

충정왕 2년 2월부터 침입하기 시작한 왜구는 4월에는 100여 척으로 순천·남원·구례·장흥 등 전라도지방에 침입하여 조운선을 약탈하였다. 5월에는 66척이 다시 순천에 침략하였으며, 6월에는 20척이 합포에 침입하여 합포영에 불을 질렀다. 그리고 6월에는 장흥부, 11월에 동래군에 침입하였다. 이렇게 왜구의 침입이 심해지자 고려는 진도현을 내륙지방으로 옮기는 지경에까지 이르게 된다. 이렇게 충정왕 2년에 남해연안을 황폐하게 만들었던 왜구는 다음해에는 북상하여 지금의 인천 앞바다에 나타났다. 왜구의 침입은 그 후에도 계속되었는데, 공민왕 원년에는 개경까지 침입하였다. 공민왕의 전시대를 통하여 왜구의 침입이 없었던 시기는 동왕 5년과 17년 두 해뿐일 정도였다.

그런데 왜구의 침입이 더욱 심해진 것은 공민왕 23년(1374)부터였다. 이 때부터는 침입지역도 연해지방에서 내륙까지 확대되었고, 기병부대를 중심으로 전투를 전개했다. 이성계가 황산대첩에서 포획한 말이 1,600여 필이라는 것으로도 이 때의 왜구들이 내륙지방의 전투를 위해 기병화한 사실을 알 수 있다.

고려는 왜구의 침입에 대해 처음에는 대수롭지 않은 해적으로 취급했으나, 왜구의 규모가 커지고 왜구로 인해 국정이 문란해지자 강경하게 대응하였다. 왜구 토벌에서 처음으로 크게 성과를 거둔 것은 우왕 2년 최영의 홍산대첩이었다. 우왕 6년 나세의 진포싸움과 이성계의 황산대첩은 특히 중요하다고 할 수 있는데, 이 후 왜구의 기세가 약화되었을 뿐만 아니라, 진포싸움에서는 화약이라는 새로운 병기를 처음 사용했기 때문이다.

왜구를 격퇴하는데 있어서 이들 전투 못지않게 중요한 전투가 정지의 남해대첩이었다. 정지는 우왕 8년부터 해도원수가 되어 수군을 지휘하고 있었다. 그러나 전함과 무기가 보잘 것 없어 이듬해 5월에야 겨우 전함 47척을 마련하여 나주와 목포를 경비하고 있었다. 그 때 합포원수 박만수가 왜선 120척이 경상도 해안에 들어와 연해의 주군을 크게 소란하게 만들고 있다는 보고를 올렸다. 이에 정지는 전함을 이끌고 출병하였는데 관음포에 이르러 적을 만나 이를 추격하여 박두양(朴頭洋)에서 크게 무찔렀다. 이 전투로 적의 시체가 바다를 뒤덮었고, 또 화포를 쏘아 적선 17척을 불태웠다. 이 싸움에서 적은 큰 배 17척과 2,000여 명의 인명피해를 입었다. 정지는 싸움이 끝난 후 곁에 있던 장수들에게 "내가 일찍이 적을 격파한 것이 많았지만 오늘처럼 통쾌한 적은 없었다."라고 말할 정도였다.

정지는 관음포전투 이전에도 여러 전투에서 왜구를 격퇴하였다. 공민왕 23년(1374) 왜구를 평정할 대책을 건의하여 전라도안무사로 등용된 이래 우왕 3년(1377) 순천과 낙안 등지에 침입한 왜구를 물리쳤으며, 동왕

4년에는 영광과 광주 등지에 침략한 왜구를 크게 무찔러 포상을 받았다. 또 담양현에 침입한 왜구를 물리치고 전라도순문사로 임용되었으며, 우왕 8(1382)년에는 해도원수가 되어 진포에 침입한 왜구를 격퇴하고 군산도까지 추격하여 적선 4척을 포획하였다. 정지는 우왕 9년 관음포전투 이후 병으로 사직하였으나 곧 지문하부사로 임명되었다. 이에 그는 각 도에서 전함을 만들어 왜적에 대비할 것을 건의하여 왕의 윤허를 받았으며, 곧바로 해도도원수.양광.전라.경상.강릉도도지휘처치사(海道都元帥 · 楊廣 · 全羅 · 慶尙 · 江陵道都指揮處置使)가 되었다. 이후 우왕 10년(1384)에 문하평리로 임명되었고, 13년에는 왜구의 침입을 근본적으로 막기 위해 동정(東征)을 건의하는 상소를 올리기도 하였다.

이러한 전투 외에 또 높게 평가받고 있는 승리가 우왕 14년(1388) 남원에 침입한 왜구를 격퇴한 것이다. 왜구는 고려가 요동을 공격하기 위해 출병한 틈을 타 3도 연안에 침입하여 살육과 약탈을 일삼았으나 주군의 장수와 수령들이 이들을 방어하지 못하였다. 이에 왜구 토벌에 이름을 떨친 정지를 양광.전라.경상도도지휘사에 임명하여 여러 장군과 함께 왜구를 치게 하였다. 왜구는 함양으로 들어와 운봉을 넘어 남원으로 침입했는데 도순문사 최운해, 부원수 김종연 등을 거느리고 합동작전을 펴서 적을 물리쳤다. 그 때 사람들이 "이번 전투가 아니었다면 3도의 백성들이 거의 다 없어졌을 것이다."라고 평하였다 한다. 이 전투의 공로로 조선이 건국된 후 정지가 태어난 집에는 정표가 세워지기도 했다. 태조 3년 전라도 도관찰사 조박이 "전라도 경내에 들어와서 노인들의 말을 들으니, 죽은 판개성부사 정지가 처음으로 전함을 만들어서 능히 왜구를 막아내었으되 장포(長浦)의 승리와 남원의 승첩에 그 공이 커서 한때 유명하였고, 그 덕택으로 지금 바닷가에 있는 백성들이 옛날과 같이 생업을 회복하였다 하오니, 그 집을 정표(旌表)하여 후세를 권장하소서." 라고 건의하였기 때문이다.

정지가 이와 같이 여러 전투에서 왜구를 격퇴할 수 있었던 것은 선군(船軍)을 강화하고 전함을 건조하는 등 철저하게 대비했기 때문이다. 그가 우왕 9년 지문하부사로 임명된 후 각 도에서 전함을 만들어 왜구에 대비하도록 한 것은 이미 살펴보았다. 이는 조선이 건국된 후 "정지가 처음으로 병선(兵船)을 만들어서 백성에게 공이 있었는데", "죽은 판개성부사 정지가 처음으로 전함을 만들어서 능히 왜구를 막아내었으되"라고 평했던 것으로도 그의 공로를 짐작할 수 있다.

정지는 공민왕 23년 왜구를 토벌하기 위해 선군의 강화를 주장하였다. 고려 초기의 해군은 진명(鎭溟, 지금의 원산)을 거점으로 하여 동북해적(東北海賊) 즉 동여진의 경계에 주력하였으나, 중기 이후로는 동여진 해적과 관련한 국방상의 긴장상태가 없었기 때문에 쇠약해져 있었다. 그런데 고려 말 왜구의 침략으로 해군력의 문제가 드러나자 이를 강화하자는 건의가 있었다. 공민왕 원년(1352) 3월에 이색은 연해의 백성으로 해군을 다시 강화시킬 것을 진언했고, 동왕 21년 10월에는 우현보 등이 상소를 올려 전함을 건조하고 장비를 구비하여 해군력을 강화할 것을 역설하였다. 그러나 이러한 주장들은 거의 채택되지 못하였다. 그러다가 공민왕 말엽 왜구의 침입이 격심해지고 피해가 커지자 이희와 정지의 의견을 받아들여 마침내 선군을 다시 정비하였던 것이다. 공민왕 23년 정월 이희·정지 등은 연해와 섬 출신자들이나 배부리는 데 익숙한 자로서 스스로 자원한 사람들을 거느리고 싸우면 5년 안에 왜구를 깨끗이 소탕할 수 있다고 하였다. 이에 이들을 양광도순무사 겸 왜인추포만호(楊廣道巡撫使兼倭人追捕萬戶)와 전라도순무사 겸 왜인추포만호(全羅道巡撫使兼倭人追捕萬戶)에 임명하고 그들의 휘하 군사들에게는 첨설직과 공명첩을 주었다. 즉 이 때 실시된 선군 강화책은 일반 군사가 아닌 섬 출신자를 선군에 충당시키고, 그들을 위해 첨설직과 공명첩 등의 특전을 주었으며, 선군의 지휘관을 위하여 순무사겸만호의 직함이 만들어졌다는데 그 특징이 있다.

정지는 이와 같이 선군을 강화하고 전함을 만들어 수전에서 왜구를 토벌하는데 큰 공을 세웠다. 그러나 정지는 이에 만족하지 않고 왜구의 소굴을 정벌하여 왜구를 근절시키고자 하였다. 비록 실행에 옮기지는 못했지만, 이러한 그의 주장은 후일 박위의 쓰시마섬 정벌에 영향을 주었을 것으로 생각된다.

위화도회군과 정지의 회군공신책봉

우왕 14년(1388) 명이 철령위 설치를 정식으로 통고해오자 우왕은 최영과 함께 요동공격을 실행해 옮기기 위해 비상사태를 선언하였다. 우왕 14년(1388) 5월 7일 요동정벌군은 위화도에 주둔하였는데 이곳에서 이성계는 조민수와 더불어 회군의 필요성을 역설하는 건의문을 서울로 보냈다. 당시 그들이 내세운 회군의 이유는 ① 앞으로 요동성까지는 하천이 많고 빗물이 넘쳐 강을 건너기가 어렵다. ② 작은 나라로서 대국을 섬기는 것이 보국의 길이라는 점, ③ 견명교섭사 박의중이 아직 돌아오기도 전에 큰 나라를 침범하는 것은 사직과 백성을 보호하는 길이 아니며, ④ 지금 장마로 활이 풀리고 갑옷이 무거워 군사와 말이 모두 곤핍한데 이러한 군사를 몰아 堅城을 치는 것은 이기기 어렵다는 점, 끝으로 ⑤ 만약 군량까지 제대로 공급되지 못한다면 진퇴양난에 빠질 것이라는 것이었다.

그러나 우왕과 최영은 이러한 요구를 무시하고 환자 김완을 과섭찰리사(過涉察理使)로 파견해 진군을 독촉하였다. 이에 이성계 등은 김완을 잡아 '공요불가(攻遼不可)'의 상소를 올렸으나 관철되지 않자 5월 22일 군사를 돌려 압록강을 건너 되돌아 왔다. 6월 초하루, 개경에 도착한 회군파와 정부군의 싸움은 불가피했는데 그 수와 패기에서 열세였던 정부군은 제대로 싸우지도 못하고 붕괴되었다.

회군을 성공리에 마친 이성계는 우시중, 조민수는 좌시중이 되고 조준은 첨서밀직사사 겸 대사헌(簽書密直司事兼大司憲)이 되었다. 최영과 그 휘하에 있던 안소 · 정승가 · 인원보 · 안주 · 김약채 · 정희계 등은 모두 유배되었으며, 우왕은 폐위되고 그의 아들 창(昌)이 왕위를 계승하였다. 비록 창왕 옹립은 이성계의 뜻과 상반된 것이었지만 이후 이성계는 도총중외제군사(都摠中外諸軍事)로 실권을 장악하였다.

이와 같이 우왕 14년(1388) 이성계에 의한 위화도회군은 신흥무장세력 이성계로 하여금 정치권력을 장악하게 한 중요한 사건이며 이는 곧 고려왕조 멸망의 분기점이 되었다. 따라서 이성계의 위화도회군이 우리 역사에서 큰 의미를 갖는 만큼 그 협조 세력에 대해서 관심이 모아졌는데, 정지도 이에 협력한 무장 중의 한명이었다.

이성계세력의 구체적인 모습은 무진회군공신에 책봉된 인물들을 중심으로 살펴볼 수 있는데, 기존의 연구성과를 중심으로 정리해보면 다음과 같다. 첫째, 이성계 군사집단의 중심을 이루고 있었던 동북면 세력으로 이화 · 이원계 · 조온 · 조인벽 · 조인옥 · 이두란 · 황희석 · 김인찬 · 육려 · 유만수 · 윤호 등을 들 수 있다. 이들은 이성계의 명령에 의해서 행동하는 사병과 같은 존재들이었으며 또 개인적으로는 이성계와 혈연관계에 있거나(이화 · 이원계), 혼인을 통해 결속된 자들이었다(한양조씨 조온 등). 또 친인척은 아니지만 이성계와 함께 여러 전쟁에 참여하여 그의 심복이 된 무장들로 회군에 적극 동조한 자들이었다(황희석 · 육려 · 김인찬 · 유만수 등). 이외에도 이성계의 휘하는 아니지만 회군에 적극 동조하고 후에 원종공신에까지 된 인물로 이승원 · 최단 · 최운해 · 윤사덕 · 구성로 등이 있었다.

둘째, 요동원정에 참여하였다가 회군에 협조 내지 동조한 인물로 심덕부 · 배극렴 · 지용기 · 박위 · 정지 · 황보림 등을 들 수 있다. 이들은 이성계와 마찬가지로 공민왕~우왕대 여러 전투에 참여하여 군공을 세운 기성 무장들이지만 당시 중앙의 정치권력에서 소외되었던 공통점을 지니고 있었다. 이들이 이성계의 회군에 적극 동조했던 것은 이러한 불만 때문이었을 것으로 보인다.

끝으로 무장은 아니지만 회군의 명분을 제공한 신진사대부 계층을 들 수 있다. 남은 · 윤소종 · 조준 등이 바로 그들이다. 남은은 조인옥과 함께 이성계의 핵심참모였다. 조준은 일찍부터 윤소종 · 조인옥 · 허금 · 유원정 · 백군령 등과 친밀한 관계를 맺고 우왕대의 정치현실에 불만을 토로했던 인물로 우왕 10년(1384) 이후 4년 동안 정계에서 물러나 있었는데, 위화도회군으로 이성계가 실권을 장악한 이후 정계에 복귀하여 일련의 개혁상소를 통해 개혁을 적극 주도해간 인물이었다.

이성계의 세력 기반은 크게 세 집단으로 나누어 볼 수 있는데, 정지는 회군에 동조한 기성무장세력으로 공양왕 3년 회군공신 책봉 때 2등공신으로 책봉되었다. 그런데 정지는 공양왕 원년 11월 김저 사건에 연루되어 유배되었다. 또 회군공신으로 책봉된 다음 달인 공양왕 2년 5월에는 윤이. 이초 사건에 연루되어 청주옥에 갇히기도 하였다. 이에 대해서는 다음 장에서 살펴보겠다.

정지의 출신과 그 정치적 성격

정지는 충목왕 3년(1347) 나주에서 리(履)의 외아들로 태어났다. 정지의 선조는 본래 하동에서 살았는데, 그의 조부 성(盛)이 나주로 이주한 후 나주를 본관으로 하였다. 정지의 아버지인 리는 공민왕 11년 병과 1위로 급제하여 관직이 판군기시사(判軍器寺事)에 이르렀던 인물이다. 정지의 처음 이름은 준제였는데, 용모가 단정하고 장대하였으며 큰 뜻을 가져 어려서부터 열심히 책을 읽어 많은 서적에 능통하였다 한다. 정지가 어떤 경로로 관직에 진출했는지는 기록이 없어 알 수 없다. 그에 대한 기록은 공민왕 23년 중랑장으로 왜구 토벌책을 건의한 때부터 나타나고 있다.

정지는 중랑장과 전라도안무사 등 무관직을 역임했지만 유학적 소양을 갖추고 있었던 것으로 보인다. 그를 '유장(儒將)'이라고 표현한 기록이 남아있고, 그가 어려서부터 책읽기를 좋아하여 대의에 통달하였으며 더 나아가 사람들에게 해설을 하면 사람들의 의문이 명쾌하게 풀렸다고 하니, 그의 학문이 꽤 높은 경지에 이르렀음을 알 수 있기 때문이다. 이러한 유학적 소양을 바탕으로 정지는 문신들과 교류하면서 긴밀한 관계를 맺고 있었던 듯하다. 공민왕에게 정지를 추천한 유원정, 위화도회군이후 정지를 통해 이성계에게 『곽광전』을 바친 윤소종, 그리고 정지와 교우관계에 있었던 조준, 허금, 조인옥, 백군녕 등이 모두 문신이었던 것으로 보아 그러하다. 그리고 윤소종의 예로 알 수 있듯이, 정지는 이러한 친분 관계를 이용하여 이들 문신들이 무신 이성계와 만나는 가교 역할을 하지 않았을까 생각된다.

정지가 위화도회군에 협력한 공로로 회군공신에 책봉된 것은 이미 서술한 바 있다. 그런데 정지는 공양왕 원년 11월 김저 사건에 연루되어 유배되었다. 또 회군공신으로 책봉된 다음 달인 공양왕 2년 5월에는 윤이.이초 사건에 연루되어 청주옥에 갇혔다. 이 때 정지는 줄곧 억울함을 호소하였는데, "대성(臺省)과 형조(刑曹)에서, 정지가 변안열과 같은 일당이라 하여 죄를 받은 것은 기실 억울한 모함이라고 간언해 마침내 풀려나게 되었다."고 한다. 정지가 옥에서 풀려난 정확한 시기는 알 수 없지만, 그가 공민왕 3년 9월 판개성부사로 임명된 것으로 보아 그 이전에는 풀려난 것으로 생각된다.

정지가 김저 사건과 윤이.이초 사건에 실제로 연루되었는지는 확실치 않다. 더구나 대성과 형조에서 정지가 억울하게 모함을 받은 것이라고 하여 풀려났다는 것은, 정지가 두 사건과 관련이 없었을 가능성이 높다는 것을 의미한다. 또한 두 사건 모두 이성계파에 의해 조작되었을 가능성도 제기되고 있는 상황을 고려하면, 오히려 왜구 토벌에 큰 공을 세워 백성들에게 높이 평가되고 있었던 정지를 견제하기 위해서였다는 해석이 타당해 보인다. 또 한편으론 위화도회군 때 이성계에 협력했던 정지가 그 이후 이성계파의 정치적 야망에 반대하는 입장으로 돌아섰기 때문에 제거 대상이 되지 않았을까 생각된다. 정지는 윤이.이초 사건으로 청주옥에 갇혔을 때 "사람이 나서 한 번은 죽는 법이니 목숨이 무어 그리 아깝겠느냐? 다만 왕씨가 다시 왕위에 올랐는데도 억울하게 죽는 것이 비통할 따름이다." 라고 하였다. 그리고 조준, 윤소종 등과 교류하면서 왕씨를 중흥시키려고 비밀리에 맹세했었다고 한다. 이와 같이 정지는 공양왕의 즉위로 왕씨가 다시 왕위에 오른 것에 큰 의미를 부여하고 있었고, 이러한 정지가 이성계 일파에게는 큰 부담으로 작용했을 것이다. 특히 정지에 대한 백성들의 신망이 두터웠기 때문에 더욱 그러했을 것이다. 따라서 정지를 김저 사건이나 윤이.이초 사건에 연루시켜 제거할려고 하지 않았나 생각된다.

정지는 전함을 건조하고 수군을 강화하여 왜구 토벌에 큰 공을 세운 고려 말의 대표적인 무장이었다. 그는 무장이었음에도 불구하고 유원정, 조준 등 문신 관료들과 긴밀한 관계를 맺고, 우왕을 몰아내고 왕씨를 다시 옹립해야한다는 면에서 뜻을 같이하고 있었다. 정지가 이성계의 위화도회군에 협력한 것도 이런 의도에서였을 것으로 생각된다. 따라서 공양왕이 즉위할 즈음 정지는 이성계일파와는 그 정치적으로 추구하는 바가 달라졌던 것으로 보인다. 그것 때문에 김저 사건이나 윤이.이초의 옥에 연루되어 고초를 겪게 된 것이 아닌가 한다. 그런데 정지가 공양왕대에 정치적으로 어려움에 처한 것과 달리, 백성들로부터는 상당한 신망을 얻고 있었다.

남원 승리 이후 당시 사람들이 "이번 전투에 이기지 못했다면 삼도의 백성은 거의 다 죽었을 것이다."라고 할 정도였다. 우리 역사에서 정지의 남해대첩, 남원의 승리 등이 큰 의미를 갖는 것은 왜구의 침입으로 극심한 고통을 겪고 있었던 백성들의 삶을 안정시키는 데 기여했기 때문이다. 이러한 정지의 공로는 조선이 건국된 후 그가 태어난 집에 정표가 세워지고 그 아들이 서용되는 등 높게 추앙되었던 것으로도 알 수 있다.(채희숙)

정지 장군 예장석묘
광주광역시 기념물 제2호. 광주 북구 망월동 경렬사 소재.
출처: 한국민족문화대백과

〈참고문헌〉

宋正炫, 「鄭地將軍 硏究」, 『호남문화연구』 25집, 전남대학교 호남문화연구소, 1997.

박한남 · 박천식, 「고려왕조의 멸망」, 『한국사』 19, 국사편찬위원회, 1996.

나종우, 「홍건적과 왜구」, 『한국사』 20, 국사편찬위원회, 1994.

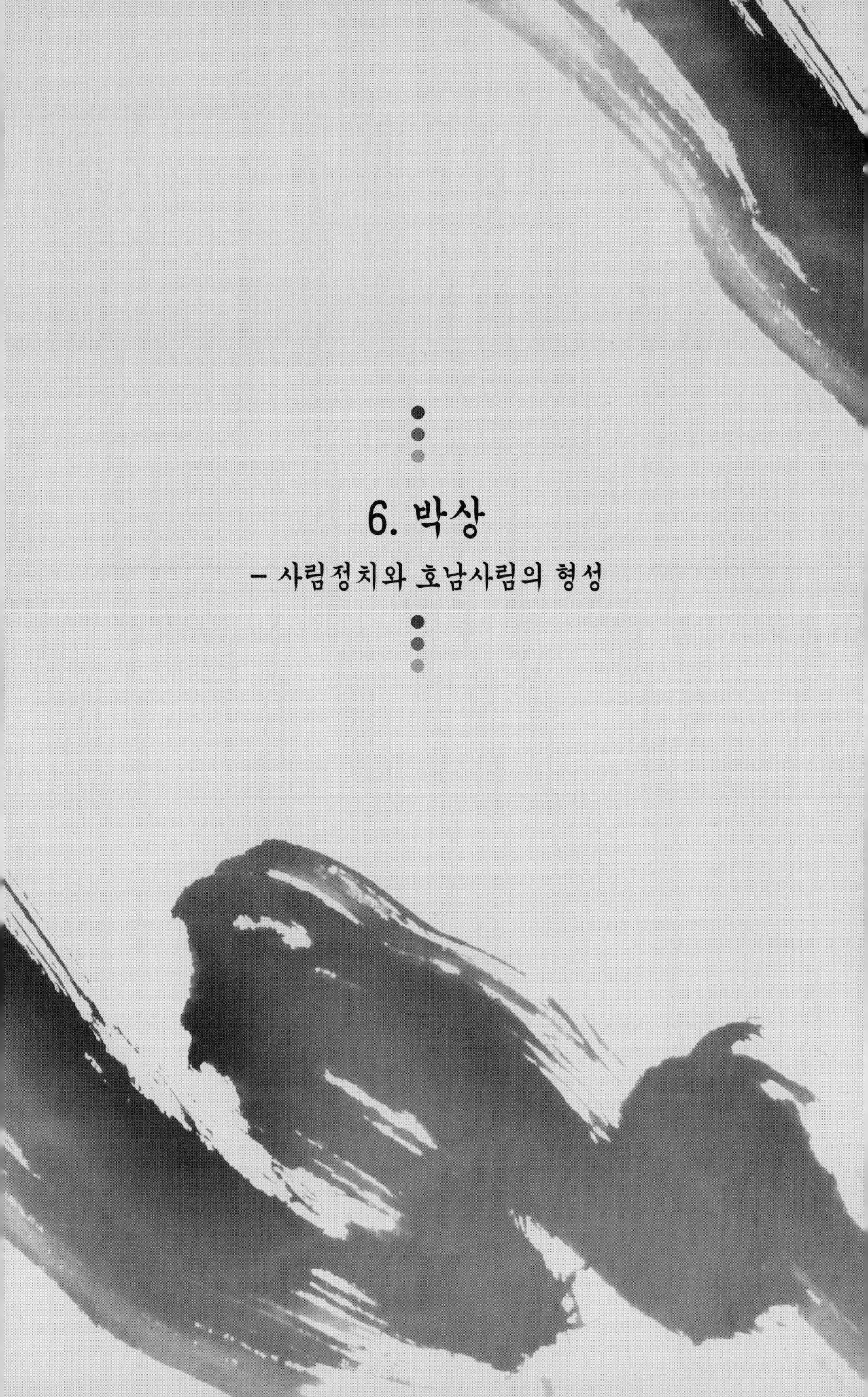

6. 박상

– 사림정치와 호남사림의 형성

6. 박상
- 사림정치와 호남사림의 형성

청백리(淸白吏)로서의 생애

박상(1474-1530)의 호(號)는 눌재(訥齋)이고 본관(本貫)은 충주였다. 박상의 집안은 충청도 회덕에서 살았는데, 그의 부친 진사 박지흥(朴智興)이 광주 방하동으로 이사해 왔다. 광주 방하동에서 박상은 1474년(성종 5)에 태어났다.

박상은 28세(연산군 5, 1496)에 과거에 급제하여 벼슬길에 나섰다. 그는 관직에 있는 동안 매우 청렴하고 직무에 충실하여 청백리에 선발되는 영예를 누렸다.

박상은 32세 되던 해인 1505년에 전라도사(全羅都事)가 되었다. 그 해 8월에 그는 나주에서 우부리(友夫里)라는 사람을 때려 죽였다. 그 때 우부리의 딸이 연산군(燕山君)의 총애를 받고 있었다. 우부리는 그것을 믿고 천민의 신분으로 포악하게 날뛰었다. 우부리는 남의 토지를 약탈하고 심지어 남의 부녀까지 겁탈하였으나 그의 죄를 다스리는 사람은 아무도 없었다. 아마 연산군으로부터 보복을 당할까 두려워하였기 때문이었을 것이다. 그러나 박상은 이에 개의치 않고, 나주에 와서 하늘 높은 줄 모르고 날뛰는 우부리를 처형하였다. 이 소식을 들은 연산군이 박상을 체포하여 오라고 명령하였다. 박상은 화를 면할 수 없으리라 생각하고 스스로 상경하고 있었는데, 그를 체포하러 오는 나졸들과 길이 엇갈려 체포되지 않았다. 그런 중에 연산군이 물러나고 중종이 국왕으로 즉위하는 중종반정이 일어나 그는 무사할 수 있었다.

이와 같이 국왕의 여인을 처형하고도 살아남을 수 있었던 박상은 젊은 나이에 관직과 권세에 주저함이 없이 의리정신(義理精神)을 행동으로 실천하였다.

박상은 46세 때(1519)에 조광조(趙光祖)가 기묘사화(己卯士禍)로 능주로 유배가면서 광주를 거쳐가자 광주 남문 밖 10리에 있는 분수원(分水院)에서 만나 면회하였다. 다음 해에 조광조가 능주에서 사약을 받고 죽게 되자, 그의 동생 조숭조가 시신을 소수레(牛車)에 실어 고향으로 가서 장례를 치루었는데, 다음과 같은 애사(哀詞)를 지어 보냈다.

"남대(南臺)에서 벼슬옷 입던 일일랑 돌이키지 말자.
소수레(牛車)에 실려 외롭게 고향으로 돌아가네.
언젠가 지하에서 다시 만날 때,
인간만사의 그릇됨(非)을 말하지 말자."

박상은 57세 되던 해인 1530년(중종 25) 4월 11일에 방하동 자택에서 별세하였다. 이조판서에 추증되었으며, 시호는 문간공(文簡公)이며, 광주 월봉서원(月峰書院)에 제향되었다.

박상은 일생 동안 명분과 의리를 배우고 실천하는 청렴한 선비의 삶을 살았다. 그는 결코 권력에 굽히지 않는 당당한 기개를 보여주었다. 이러한 박상의 모습은 조선시대 선비(사림)의 표본이었다.

신비복위소와 의리정신

박상은 1515년(중종 10년) 8월 8일에 담양부사로 재임하면서 이웃의 순창군수 김정(金淨)과 함께 국왕의 구언(求言)에 응하여 상소문을 올렸다. 이때 무안군수 유옥(柳沃)도 상소문을 올리는 것을 함께 논의하였으나 박상 · 김정 두 사람의 명의로 상소문이 올려졌다. 이 상소문이 그 유명한 '청복고비신씨소(請復古妃愼氏疏)', 일명 '신비복위소(愼妃復位疏)'이다.

여기서 말하는 신비는 연산군 때 좌우정을 지낸 신수근(愼守勤)의 딸로서 중종(中宗)의 원비(元妃: 초취부인)를 가리킨다. 신비는 중종반정(中宗反正) 이전부터 진성대군(중종)의 부인이었으므로 반정 직후에 진성대군이 국왕으로 추대됨과 동시에 왕비로 책봉받았다. 그러나 반정공신인 박원종(朴元宗) · 유순정(柳順汀) · 성희안(成希顏) 등에 의하여 폐출되었다. 그들은 반정 당시에 신수근에게 반정에 협조할 것을 요청하였으나 동의를 받지 못하였다. 신수근은 매부(妹夫)인 연산군을 폐위시키고 사위인 진성대군을 국왕으로 즉위시키는 일에 나설 수 없었다. 이에 그들은 신수근을 살해하고 반정을 일으켜 성공하였다. 이들 반정공신들은 신수근의 딸이 왕비로서 궁중에 있는 것이 정치적 후환이 될 것을 염려하였다. 그들은, 신비가 반정에 동조하지 않은 죄인 신수근의 딸이라는 사실을 문제삼아, 신비의 폐출을 중종에게 강요하여 실현하였다. 그리고 다음 해(1507)에 중종은 계비(繼妃)인 장경왕후(章敬王后)를 맞이하였다.

그런데 중종 10년(1515)에 장경왕후가 원자(元子)를 낳고 7일 만에 죽었다. 이 때 마침 자연재해가 심하여 중종은 신하들에게 구언(求言)에 응하도록 하였다. 박상은 이 구언에 응하여 김정과 함께 상소문을 올렸다.

박상은 이 상소문에서 전 왕비 신씨(愼氏)를 복위시키고 반정공신 박원종 · 유순정 · 성희안 등에게 죄를 줄 것을 요청하였다. 박상은 "부부(夫婦)의 도는 인륜의 시작이고 온갖 가르침의 근원이고 기강의 첫머리이고 왕도의 큰 발단"이라고 말하면서, 그렇게 소중한 배필인 신씨를 폐출시킬 때에는 대단히 큰 명분(名分)이 있어야 하는데, 그러한 명분이 없이 신씨를 폐출시켰다고 말하였다. 당시 신씨를 폐출한 것은, 박원종 · 유순정 · 성희안 등 반정공신들의 사심(私心)에서 나온 것이라고 주장하였다. 이렇게 명분 없이 국모(國母)를 폐출한 것은 천하고금의 대의(大義)를 범하는 죄라고 규정하였다. 그러므로, 그들이 이미 죽었지만 그들의 죄를 다스려 관작을 추탈하여, 당대와 만대에 걸쳐 대의(大義)를 범해서는 안 된다는 것을 분명히 밝혀야 한다고 주장하였다. 이것이 의리(義理)에 합당한 일이므로 신씨의 복위와 함께 단행되어야 한다고 진언하였다.

이처럼 신비복위소에는 명분과 의리의 정신이 남김없이 드러나 있다. 특히 국가의 기강을 명분과 의리(정의)에 입각하여 바로잡아 정통성을 확보해야 한다는 것은 이후 사림들의 정치사상의 근간이 되었다. 이러한 명분과 의리는 조선시대 성리학의 핵심적인 내용이다. 그리고 반정공신 3인의 죄를 밝혀 그들의 관작을 빼앗아야 한다는 주장은, 당시 정계의 주도권을 장악하고 있던 반정공신들의 부도덕성을 폭로하여 그들을 퇴진시키고 도학정치를 실현하고자 했던 신진 사림의 정치의식을 드러낸 것이었다.

신비복위소와 사림정치

신비복위소의 내용이 알려지자, 조정에서는 이것을 둘러싸고 논란이 치열하게 전개되었다. 당시 대간을 대표하는 대사헌 권민수, 대사간 이행 등은 박상과 김정을 죄줄 것을 주장하였다. 그러나 영의정 유순, 좌의정 정광필, 우의정 김응기 등은 구언에 응한 것임을 들어 죄주는 것이 부당하다고 주장하였다. 즉 구언소(求言疏)의 내용을 문제삼아 죄를 주는 것은 언로(言路)를 막는 것이라고 주장하였다. 그렇지만 중종은 8월 24일에 박상 · 김정을 전라도 남평현으로 유배시킨다. 이에 조광조를 비롯한 신진 사림들이 명분 의리론에 입각하여 박상 · 김정을 옹호하면서 그들을 유배에서 풀어줄 것을 줄기차게 요청하였다. 그리하여 박상 · 김정은 다음 해 여름에 유배에서 풀려났다. 반면에 그들을 죄줄 것을 주장했던 권민수 · 이행 등은 파직되었다.

그러나 그들이 유배에서 풀려나는 것으로 모든 문제들이 해결되지는 않았다. 신비복위소의 문제로 조정의 관료들 사이에 대립과 갈등이 심화되었다. 특히 명분 의리에 입각하여 정론(正論)을 펴면서 개혁을 주장하던 조광조를 중심으로 한 신진 사림(士林)세력과 이들을 견제하려는 훈구(勳舊)세력 사이의 갈등은 점차 첨예하여졌다. 이는 마침내 중종 13년(1518)의 위훈삭제(僞勳削除: 반정공신들의 그릇된 공신책봉의 취소)운동, 중종 14년(1519)의 기묘사화(己卯士禍)로 표출되었다. 그런 점에서 신비복위소는 기묘사화의 원인이자 출발점이었던 것이다. 그러니까 신비복위소는 반정공신 중심의 훈구세력을 축출하고 왕도정치(王道政治)를 실현하려는 신진 사림세력의 정치운동의 시작이었던 것이다.

김정은 기묘사화에서 화를 당한 기묘명현(己卯名賢)의 한 사람이었다. 그러나 기묘사화 때에 박상은 모친상을 당하여 공적활동을 중단하고 광주에 있었으므로 화를 면하였다. 그러나 그의 처신이 기묘명현의 처신과 일치하였고, 신비복위소가 기묘사화의 원인이 되었기 때문에, 퇴계 이황 등에 의하여 박상은 기묘완인(己卯完人) 즉 사림의 정치적 이상을 실천한 모범적인 인물로 추앙되었다.

이와 같이 신비복위소에 나타난 박상 · 김정의 의리정신과 정치의식은 그대로 기묘사화의 주인공인 조광조 등 신진 사림들의 의리정신과 정치의식으로 이어졌다. 기묘사화 이후로 사림이 조선왕조의 정치운영에서 크게 부각되었던 것을 생각할 때, 기묘사화에 4년 앞서 올려진 신비복위소는 사림정치(士林政治)의 단서를 열었다고 이해하여도 좋을 것 같다.

이와 같이 박상은 사화기(士禍期)에 의리정신(義理精神)을 과감히 피력함으로써, 의리정신을 당시의 시대정신인 선비정신(士林精神)으로 확립하는 데 크게 기여하였다.

실제로 박상의 신비복위소는 사림의 원기를 북돋아 주었다. 즉 옳고 그름을 분별하여 선인(善人)을 옹호하고 악인(惡人)을 배척할 줄 아는 올바른 의식을 심어 주었고, 의리를 숭상하고 권세를 천하게 여길 줄 알게 하여 주었고, 명분과 의리에 입각하여 국가의 기강을 바로잡아야 한다는 새로운 기풍을 일으켜 주었다. 이것이 바로 사림(선비)의 의리정신 혹은 절의정신(節義精神)이다.

한편 박상의 신비복위소가 올려진지 224년 후인 1739년(영조 15)에 신비가 종묘(宗廟)에 부묘(附廟)되어 복위됨으로써 박상의 주장은 관철되었다. 그후 1744년에 이재(李縡)는 이 역사적인 상소문의 정신을 기리기 위하여 박상 · 김정 · 유옥이 상소를 올릴 것을 상의하였다는 순창 강천사(剛泉寺)의 남쪽 삼인대(三印臺)에 기념비를 세웠다. 그 비문은 다음과 같이 박상의 위대한 정신을 찬양하였다.

순창 삼인대

"아아, 이 대(臺)에는 바위와 내의 좋은 경치가 있어, 고금에 걸쳐 수많은 고관대작(高官大爵)들이 다녀갔지만, 그들은 모두 안개나 구름이 눈을 스쳐가듯 하여 버리고, 오직 세 선생(先生)의 풍도(風度)만이 늠름하게 죽지 않고 전해지고 있다. 선생의 의론이 한 때 굽히기는 했지만 2백년 후에 펴지게 되었다. 나는 이 일에서 윤리를 지키고 덕을 좋아하는 마음을 사람마다 다 갖추고 있음을 알게 되었다."

16세기 사림의 역사의식

박상은 『동국사략(東國史略)』을 저술하였다. 이 『동국사략』은 권근의 저술도 오해되었으나 권근의 『동국사략』은 따로 전해오고 있다.

『동국사략』의 내용은 성종대에 서거정(徐居正) 등이 편찬한 『동국통감(東國通鑑)』(57권)을 축약한 것이나 체제나 편찬태도에서 몇 가지 상당한 차이를 드러난다. 먼저, 『동국사략』은 『동국통감』 보다 주자의 강목체(綱目體) 역사서술에 한 걸음 더 가까워졌다. 이는 정통(正統)과 대의명문(大義名分)을 더욱 중시하는 16세기 사림파 성리학자들의 역사의식을 반영한 것으로서, 이후 여러 사림파 성리학자들이 사림의 입장에서 저술한 통사적(通史的) 사략서(史略書: 초보자를 위한 기초적인 역사서)의 모범이 되었다. 다음으로, 『동국사략』은 『동국통감』에서 인물의 행적에 관한 기사를 중점적으로 발췌하여 수록하고 있다. 여기서 드러나는 특징은 고려말에 새 왕조 개창에 반대했거나 비협조적이었던 비혁명파 유신(儒臣) 즉 이색(李穡) · 정몽주(鄭夢周) · 이숭인(李崇仁) 등의 인품과 학문, 절의있는 행적을 적극적으로 비호하는 서술태도를 보여준다는 것이다. 이는 물론 사화기 사림의 명분 의리에 입각한 역사의식의 발로이지만, 보다 직접적으로 말하면, 박상이 『동국사략』을 저술한 시기의 심정을 표현한 것으로 생각된다. 그는 49세 되던 해(1522)를 전후한 시기, 즉 기묘사화를 겪고 3년이 지난 시기에 충주목사로 재직하면서, 수많은 사림들이 참화를 당하는 현실정치(現實政治)의 불의(不義)와 비정(非情)을 비판하면서 『동국사략』을 저술하였다. 또한, 『동국사략』은 역사편찬의 객관성과 공정성을 확보하였다. 이것은, 고대의 3조선 삼한의 역사를 외기(外紀)로 처리하지 않고 본권(本卷)에 넣어 함께 서술한 것, 삼국을 균등하게 연대순으로 저술한 것, 선대의 역사편찬자들의 사론(史論) 중에서 정당한 것은 선택하여 실었지만 자신의 사론은 한 편도 지어 넣지 않은 것 등에서 확인된다.

이런 점에서 박상의 『동국사략』은 조선시대의 대표적인 사략서(史略書)의 하나로서 사림파의 역사의식을 극명하게 보여준다.

호남사림의 형성과 발전

이제 박상이 누구와 교유하였고, 그 문하에서 어떤 인물이 배출되었을까. 박상은 어려서 형인 정(禎)에게 수학하였는데, 정은 김종직(金宗直)과 깊은 관계를 맺고 많은 지도를 받았다고 기록되어 있다. 동생 우(祐)는 곧 박순(朴淳: 1523-1589)의 아버지이다. 박순은 이조판서를 거쳐 영의정에까지 오른 인물로서 호남지방의 사림들에게 적지 않은 영향을 주었다.

박상은 조광조(趙光祖)와 교유하였다. 조광조는 박상이 신비복위소를 올린 후 유배를 가게 되자 박상을 옹호하면서 유배를 풀어줄 것을 주장하였다. 한편 박상은 조광조가 기묘사화로 능주로 유배가면서 광주를 거쳐 가자 광주 남문 밖에서 만나 면회하였다. 그리고 박상은 김안국(金安國)과도 함께 학문을 토론하였다. 김인후(金麟厚: 1510-1560)는 박상과 교분이 깊었는데, 박상을 찾아뵙고 인격적 감화를 받았다고 한다.

박상의 문하에서 임억령(林億齡: 1496-1568), 송순(宋純: 1493-1582), 정만종(鄭萬鍾) 등이 직접 사사받았다. 기묘명현의 한 분인 고운(高雲)의 손자가 고경명(高敬命: 1533-1592)인데, 그는 박상의 문인인 임억령과 교유가 깊었다. 기묘사림과 뜻을 같이 한 기준(奇遵: 1492-1521)의 참화로 그의 조카 기대승(奇大升: 1527-1572)이 광주에 내려왔다. 송순의 문하에서 정철(鄭徹: 1536-1593)이 배출되었는데, 정철은 김인후, 기대승에게서도 배웠다.

이러한 인물들은 모두 일정하게 박상과 연결되고 있는데, 이들이 호남지방에 성리학을 보급하고 호남사림을 형성 발전시킨 대표적인 인물들이다. 그러므로 박상은 호남사림의 원조(元祖)라고 말할 수 있다.

이와 같이 박상은 교유관계와 사우관계를 통하여 호남사림과 호남성리학에 상당한 영향을 주었다. 첫째, 도학사상의 발달을 들 수 있다. 박상의 신비복위소는 결국 명분과 의리에 입각한 인도정신(人道精神)의 실현과 도덕적 가치관의 확립을 목표로 한 것이었다. 이는 조선조 성리학의 가장 중요한 연구분야였다. 그리하여 인성론(人性論)이 깊게 연구되었는데, 그 대표적인 인물들 중의 하나가 기대승이다. 기대승의 철학과 사상은 모두 기묘사림의 사상으로부터 영향받은 것이었다. 둘째, 의리정신 또는 절의정신의 발달을 들 수 있다. 이는 외세의 침략을 당하여 충군애국의 열정으로 전개된 치열한 의병투쟁에서 드러나는데, 그 대표적인 인물은 고경명이다. 세째, 사림문학의 발달을 들 수 있다. 박상의 사림정신과 문학은 송순에게 이어지고, 송순의 문학은 정철에 의하여 꽃을 피운다. 이들의 문학세계는 도학사상을 기초로 하고 있는데, 조선조 가사문학의 발달에 크게 기여하였을 뿐만 아니라 호남지역의 문학이 발달하는 데 밑거름이 되었다. (정청주)

〈참고문헌〉

정구복, 「동국사략에 대한 사학사적 고찰」, 『역사학보』 68, 1967.

정구복, 「16-17세기의 사찬사서에 대하여」, 『전북사학』 1, 1977.

한영우, 「16세기 사림의 도학적 역사서술」, 『조선전기사학사연구』, 1984.

오종일, 「눌재 박상의 학문과 사상」, 『금호문화』 1986년 1-2월호.

박익환, 「눌재의 생애와 사학사상의 위상」, 『조선조 도학사상과 눌재의 의리사상』, 1993.

윤사순, 「조선전기 의리사상의 형성과 눌재의 역할」, 위의 책.

오종일, 「눌재사상의 영향성과 그 계승성」, 위의 책.

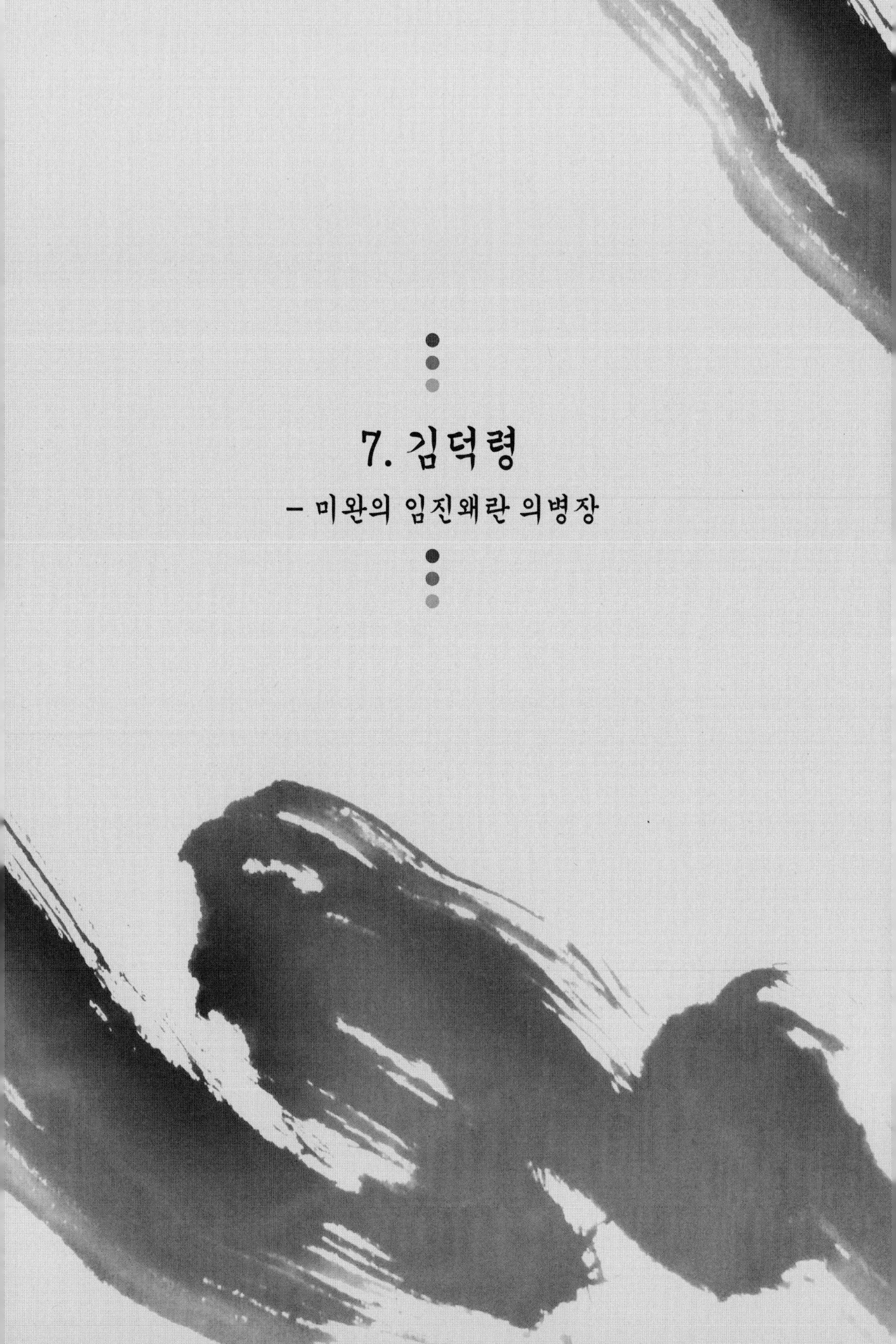

7. 김덕령

– 미완의 임진왜란 의병장

7. 김덕령
– 미완의 임진왜란 의병장

광주의 원도심 충장로(忠壯路)는 오랫동안 시민들의 사랑을 듬뿍 받아왔다. 이 유명한 충장로라는 거리 이름이 김덕령(金德齡) 장군의 시호에서 유래되었다는 것은 익히 알려졌다. 충장로가 광주를 상징하듯 김덕령 또한 광주의 대표적 인물로 손꼽힌다. 그는 뜻을 펴지 못한 채 스물아홉 나이에 억울하게 생을 마감해야 했던 비운의 임진왜란 의병장으로 기억되고 있다. 그래서일까. 김덕령을 주인공으로 하는 수많은 전설이 전해지고 있으며 무등산 자락에는 김덕령의 삶의 흔적이 서린 유적들이 다수 존재한다. 1975년에는 김덕령의 고향 마을인 충효동에 충장사(忠壯祠)를 건립하여 추모 사업을 이어오고 있다. 김덕령이 세상을 뜬 지 400여 년이 흘렀지만, 여전히 사람들은 그에 관한 아쉬움과 깊은 인상을 받고 있다. 짧지만 강렬한 그의 생애를 역사 속 발자취를 따라 더듬어 보려 한다.

무등산 자락에서 꿈을 키우다

김덕령(1568~1596)은 석저촌(石底村)에서 태어나고 성장했다. 석저촌은 지금의 광주광역시 북구 충효동에 해당된다. 그의 본관은 광산(光山)인데, 광산김씨는 고려 후기에 명문으로 성장한 것으로 알려져 있다. 그의 집안이 충효동에 거주하게 된 시기는 김덕령의 4대조인 김문손이 광주 금호동에 거주하다가 15세기 후반 무렵 처가(광주 노씨)가 있는 이곳으로 옮겨와 살게 되면서부터이다. 이후 충효동은 광산김씨 집성촌으로 자리매김하였다. 김덕령의 가계는 유력한 사림세력인 양산보, 김백균, 송정황, 고경명, 김응회, 송제민, 정철, 권필 등과 혼인을 통해 연결되었다.

『호남절의록(湖南節義錄)』에 의하면, 김덕령은 체구가 작았으나 강인하고 용기가 있었다고 한다. 김덕령에게는 형 김덕홍, 동생 김덕보, 그리고 3명의 누이가 있었다. 14세에 부친이 세상을 뜸으로써 가세가 기울긴 했으나 임진왜란이 일어나기 전까지의 김덕령의 삶은 여느 사대부와 별반 다르지 않았다. 학문에 힘써 17세에 향시(鄕試)에 합격하고 이듬해 담양 연동마을의 흥양이씨 출신의 부인과 혼인하였다.

김덕령은 20세에 형 김덕홍, 자형(姊兄) 김응회 등과 함께 우계 성혼의 문하에서 수학하였다. 당시 성혼은 잠시 벼슬을 그만두고 무등산 서봉사(현 담양군 남면 정곡리 소재)에 머물면서 이곳 선비들을 대상으로 강학을 하였다. 성혼이 이곳에 머문 큰 이유는 송강 정철과 친분 때문이었다. 그리고 정철은 김덕령의 종조(從祖)인 김윤제(金允悌)의 제자이자, 외손녀의 배필이었다.

선비로 사는 삶이 일순간에 바뀌게 된 것은 임진왜란이 일어남으로써였다. 순식간에 한양과 평양까지 일본군에 점령당하고 선조는 의주로 피난하였다. 이에 각지에서 의병이 조직되어 일본군에게 대항하였다. 호남에서는 유팽로가 1592년 4월에 옥과에서 의병을 일으켜 임진왜란 최초의 의병장이 되었다. 6월에는 나주에서 김천일이 의병 3백여 명을 모아 선조의 피난지를 향해 북상하였는데 진군 과정에서 그 수가 7백여 명으로 불었다. 고경명도 담양에서 기병하였는데 '담양회맹(潭陽會盟)'을 통해 남원의 양대박과 옥과의 유팽로가 합류하면서 그 수가 6천여 명에 이르러 임진왜란 최대 규모의 의병부대를 형성했다.

김덕령은 형 김덕홍과 함께 고경명 휘하에 들어갔다. 북상하던 고경명의 의병 부대는 일본군이 금산을 거쳐 전주를 침략하려 한다는 정보를 입수하였다. 일본군은 군량 확보를 위해 곡창 지대인 호남을 공격 대상으로 삼았다. 고경명 부대의 금산 진군을 앞두고, 김덕령은 고향으로 돌아가 노모를 봉양하라는 형의 당부를 받아들여 의병 활동을 접고 전주에서 귀향하였다. 그 후 고경명 부대는 금산성에서 일본군을 상대로 관군과 협공하였으나 패배하였다. (1592년 7월, 1차 금산 전투) 고경명과 그의 차남 고인후, 부장 안영과 유팽로 등이 전사하였으며 김덕홍도 순절하고 만다. 일본군도 상당한 타격을 받아 전주 공격을 단념하였다.

임진왜란이 일어난 지 1년 만에 조선은 한양과 평양을 되찾았다. 이순신이 거느린 해군의 활약, 육지에서의 의병 활동, 그리고 조 · 명 연합군의 결성 등에 힘입은 바 컸다. 한양에서 밀려난 일본군은 경상도 연안에 주둔한 채 전라도를 노렸다. 이를 위해 일본군은 전라도로 가는 길목에 있는 진주성을 공략하려 하였다. 호남 의병들은 진주성 방어가 향토 방어와 직결됨을 자각하고 있었기 때문에 온갖 불리함 속에서도 진주성을 사수하고자 하였다. 한양에서부터 일본군을 추격해 온 김천일 부대와 영남 지방에 주둔해 있던 보성의 임계영 휘하의 전라좌의병, 화순의 최경회 휘하의 전라우의병 그리고 장성 남문의병 등이 진주성으로 집결하였다. 승리가 어렵다고 판단한 관군과 명군, 그리고 곽재우 의병 부대마저 철수한 고립무원의 상태에서 김천일을 주장으로 한 호남의병은 일본군에 맞서 9일 동안 1백여 차례의 악전고투 끝에 대부분 희생되고 말았다. (1593년 6

월, 2차 진주성 전투) 이로써 임진왜란 초기 호남의 3대 의병장으로 손꼽히는 고경명 · 김천일 · 최경회는 모두 순절하였다. 일본군도 막대한 손실을 보고 전라도 진격을 포기하게 됨으로써 정유재란 이전까지 전라도 지역은 보호될 수 있었다.

기병(起兵), 조선 의병 총수에 임명되었으나

2차 진주성 전투를 치른 지 얼마 되지 않아 전라도 관찰사 이정암은 각 읍에 공문을 보내 능력 있는 장수를 추천토록 하였다. 장성 현감 이귀와 담양 부사 이경린 등은 전라도 관찰사 이정암에게 김덕령을 추천하였다. 이 무렵 김덕령은 어머니 상중에 있었다. 1차 금산 전투에서 김덕홍이 전사한 지 약 1년 만에 어머니가 세상을 등졌다. 자형 김응회와 고향 사람 송제민, 그리고 치남 이인경 등이 김덕령에게 기병할 것을 적극적으로 권하였다. 이정암은 김덕령을 직접 만난 후 장계를 올려, 조정에서 김덕령에게 장수의 예우와 군량 및 병기 등을 지급하도록 하였다.

1593년 11월, 김덕령은 상복을 입은 중에 기병하였다. 2차 진주성 전투 이후 믿을만한 의병부대가 없는 데다 영남에 주둔하고 있던 명군마저 철병을 서두르는 상황에서 김덕령의 기병은 사뭇 기대를 받았다. 조정에서는 김덕령 부대에 전주 무과 합격자 중 일부를 합류시켰을 뿐 아니라 무기 · 식량 등도 지원하였다. 김덕령은 전주에서 치러진 무과 시험장에서 세자 광해군 앞에서 시범을 보여 도원수 권율로부터 '초승장(超乘將)', 세자 분조(分朝)로부터 '익호장(翼虎將)'이라는 칭호를 받았다. 선조로부터는 '충용군(忠勇軍)'이란 군호를 받았다. 이듬해 1월에는 선전관과 형조좌랑이라는 관직을 받는다. 장기간의 전쟁이 소강 교착상태에 들어서자 조정의 장악력도 되살아나며 의병을 통제하기 시작했다. 선조는 전국에 산재한 모든 의병을 충용장 김덕령 의병군에 통합하고, 김덕령을 조선 의병

총수로 임명하였다. 그때 김덕령의 나이 27세였다.

1594년 1월, 명군이 경상도 지역에서 철군했다. 조정에서는 김덕령에게 경상우도 지역을 방어케 하였다. 김덕령은 담양 추성관에서 의병 출정식을 치렀는데, 당시 의병의 수는 3,000여 명에 달했다. 이후 의병 추가 모집, 군대 편제, 군사 훈련 등을 마치고 담양에서 출발하여 남원 광한루에 10여 일 동안 진을 쳤다. 이때 지략이 출중한 최담령이 합류하자, 김덕령은 그를 부장으로 삼았다.

김덕령의 의병 지휘부는 크게 두 그룹으로 나뉜다. 한 그룹은 향리에서 기병을 뒷받침했던 재향 전직 관료 및 유생층이다. 자형인 김응회, 처남인 이인경, 고종사촌인 김언옥과 김덕휴, 김언옥의 아들인 김존경, 기대승의 큰아들인 기효증 등 가까운 일가친척이 포함되었다. 다른 한 그룹은 의병조직이 갖추어지는 과정에서 참여한 현직 관인 신분의 인사들이다. 무과 출신의 관군 박학용, 강협, 위대기, 이세침 등과 전주무과 급제자들이 지도부를 맡고, 병역기피자들을 일반 병사로 충원하였다. 이러한 군사 모집 형태는 관청이 개입하여 의병을 추가 충원했음을 말해준다.

따라서 조선 의병 총수에 임명된 김덕령의 고충은 사뭇 컸다. 김덕령이 경남 의령에 주둔 중인 의병장 곽재우에게 보낸 편지에서, 병사들이 훈련되지 않는 데다 노년층이 많고 도망병이 속출한다고 토로하기도 했다. 게다가 모집된 3천여 병력 가운데 5백여 명만을 남기고 나머지 병사들을 귀가시킬 수밖에 없을 만큼 식량 조달 사정도 여의치 않았다. 1594년에는 흉년으로 인한 기근이 전국을 뒤덮었기 때문이었는데, 조정에서도 이를 용인하였다. 김덕령은 진주 관내에 주둔하면서 군량 해결을 위하여 대규모로 둔전(屯田)을 설치하였다. 당시 군량 조달을 위해 둔전이 설치된 경우는 일반적이었다.

경상도 경내에 진군한 김덕령 부대는 도원수 권율의 지휘체계 아래에서 진주 · 고성 · 산청 · 함양 등에 주둔하였다. 김덕령 부대는 의령에서 곽재우 군과의 합동작전으로 소기의 전과를 거두었다. 1594년 2월의 고성전투에서 일본군 90여 명을 사살하고 포로 50명을 되찾았다. 창원 전투에서도 일본군 20여 명을 사살하였다. 1594년 10월에 육지의 김덕령 · 곽재우 부대와 수군의 이순신 · 원균 등이 수륙연합작전을 펼쳐 거제도에 주둔하고 있던 일본군을 상대로 장문포 해전을 전개하고자 했으나, 일본군의 회피로 제대로 교전하지 못하였다.

무고(誣告)로 옥사(獄死)하다

김덕령이 출병한 1594 · 5년은 명과 일본 간의 강화협상이 진행되면서 전쟁은 소강상태였다. 김덕령은 대규모 전투에 참여할 기회를 얻지 못했다. 그가 조정에 수차례 출전을 요청했지만, 화의가 진행 중이라는 이유로 받아들여지지 않았다. 그러자 김덕령의 고민은 깊어갔다. 전투 기회가 주어지지 않는 데다 병사들의 일탈이 빈번하였기 때문이다. 김덕령은 부대 내의 기강을 바로잡기 위해 고심하였다. 탈영병이 발생하자 김덕령은 그 행방을 쫓기 위해 탈영병의 아버지를 조사했는데, 그는 윤근수의 노비였다. 때마침 체찰사로서 진주를 방문한 윤근수가 이를 알고 김덕령에게 자기 집 노비를 방면해 줄 것을 청했다. 윤근수의 노비는 방면되었으나 매를 맞은 상처로 인해 그만 죽고 말았다. 이에 윤근수는 김덕령을 엄하게 벌할 것을 주장하고 여기에 동조하는 이들이 생기면서 김덕령은 살인죄로 진주 옥에 이어 의금부에 갇혔다. 우의정 정탁과 좌의정 김응남 등의 사면 요청에 힘입어 김덕령은 4개월 만에 풀려났다.

1596년(선조 29년) 7월, 이몽학의 난이 일어났다. 이몽학은 전주이씨의 서얼 출신으로 전쟁의 혼란을 틈타 모속관 한현과 함께 충청도 홍산(부여)에서 난을 일으켰다가 약 한 달 만에 진압되었다. 그런데 한현이 사로잡혀 선조에게 국문을 받는 과정에서 김덕령 · 최담령 · 홍계남 · 곽재우 · 고언백 등이 모두 연루되었다는 거짓 자백을 하였다. 곽재우 · 고언백 · 홍계남 등은 금방 풀려났으나 김덕령뿐 아니라 최담령, 최강 등 김덕령의 최측근들은 국문을 받았다.

당시 김덕령의 무죄를 가장 적극적으로 주장한 인물은 이몽학의 난에 연루된 사람들을 신문하는 추관을 맡았던 정탁이었다. 그는, 김덕령이 반란군과 내통한 흔적이 없는 점, 반란군이 김덕령을 비롯한 명망 있는 장수들을 끌어들인 것은 많은 무리를 모으기 위한 속임수였으며, 경상도 진주에 있는 김덕령이 호남을 왕래하면서 서로 내통하였다는 점도 앞뒤가 맞지 않는다는 점, 그리고 권율이 이몽학의 난을 진압할 것을 명했으나 김덕령이 머뭇거리며 관망했다는 권율의 주장과는 달리 그날로 군사를 정돈하여 그 이튿날 출동하는 등 망설이거나 관망하지 않았음을 지적하였다. 김응남도 김덕령의 무죄를 적극적으로 주장하였으나, 당시 추관을 맡았던 영의정 유성룡은 김덕령을 변론하지 않았다. 김덕령은 6차례의 혹독한 형문에도 자복하지 않다가 결국 옥사하였다. (1596. 8. 21) 그는 자기 죽음을 예감하며 "신은 비록 죽더라도 바라건대 무고한 최담령은 죽이지 마시오."라는 말을 유언처럼 남겼다. 그가 옥중에서 지은 「춘산화연지가(春山火燃之歌)」는 현재 광주 사직공원에 시비로 서 있다.

춘산에 불이 나니 못다 핀 꽃 다 붙는다.
저 뫼 저 불은 끌 물이나 있거니와
이 몸에 연기 없는 불 일어나니 끌 물 없어 하노라.

김덕령의 시신은 동생 김덕보에 의해 광주 이치 마을의 산기슭에 묻혔다. 김덕령의 억울하고 갑작스러운 죽음으로 인해 사람들은 깊은 충격과 원통함 그리고 슬픔에 잠겼다. 그의 옥사 이후 호남 의병들은 자취를 감추었고 용맹스런 힘이 있는 자는 숨어버렸다. 김덕령의 억울한 죽음이 남의 일 같지 않았기 때문이었다. 김덕보 역시 마찬가지였다. 그는 숙부가 살던 화순을 거쳐 지리산 백운동에 은거하다 1602년 고향으로 돌아와 무등산 원효 계곡 하류에 풍암정을 지어 그곳에 은둔하였다. 정묘호란 때에 김덕보는 기병하였으나 노환으로 인해 참전하지 못한 채 그해 눈을 감았다.

신원(伸寃), 충장의 시호를 받고 기려지다

김덕령이 세상을 뜬 지 1년 만에 이정암은 김덕령의 신원을 요청하는 상소를 올렸다. 김덕령이 억울하게 희생되었다는 공감대가 형성되어 있었다. 그러나 이정암의 상소는 거부되었다. 김덕령의 명예가 회복된 것은 사후 65년이 지난 1661년(현종 2)이었다. 심한 가뭄이 들어 돌아선 지역 민심을 달랠 필요가 있었기 때문이다. 김덕령이 신원 되자 그에 대한 추모가 공개적으로 이루어지면서, 1678년(숙종 4)에 김덕령은 벽진 서원에 배향되었다. 1680년(숙종 6)에 벽진 서원은 광주 목사를 지낸 이민서의 청액 상소에 힘입어 의열사로 사액 되었으며, 김덕령에게 병조판서가 추증되었다. 이민서는 『충용김장군전(忠勇金將軍傳)』을 썼는데, 이 책에는 당시 민간에 다양하게 회자한 김덕령의 신이 한 일화가 많이 실려 있다.

1788년(정조 12)에 전라도 유생들의 건의로 형 김덕홍과 동생 김덕보를 의열사에 함께 배향하였다. 아울러 정조 임금에 의해 김덕령에게 충장이라는 시호와 함께 고향 석저촌에는 충효리(현 충효동)라는 마을이름이 내려졌다. 또한 김덕령의 부인 흥양 이씨의 정절을 기리는 정려비가 세워졌다. 이씨는 정유재란 때 담양 추월산에서 일본군의 핍박을 피해 스스로 목숨을 끊었다. 또한 숙종 때에 왕명으로 편찬된 『김충장공유사(金忠壯公遺事)』(1694)를 다시 편찬하게 하였다. 이 책은 김덕령에 관한 가장 귀중하고 믿을만한 기록으로 손꼽히며, 김덕령에 관한 추모 사업이 거듭되면서 세 차례에 걸쳐 편찬과 간행이 이루어졌다.

이외에도 정탁(1526~1605)의 문집 『약포집(藥圃集)』의 「김덕령옥사계」에는 김덕령에 관한 변론이 들어있다. 전라도 보성 출신의 안방준(1573~1654)의 문집인 『은봉전서(隱峯全書)』의 「三寃記事(삼원기사)」에서는 김덕령, 김응회, 김대인 등 임진왜란 중 적과 맞서 싸웠음에도 죄인 취급을 받은 세 사람의 무죄를 주장하였다. 권필(1569~1612)의 문집 『石洲集(석주집)』에는 꿈에서 본 김덕령의 시 「醉詩歌(취시가)」와 권필의 화답시가 실려 있는데, 현재 충효동에 시비가 세워져 있다. 위의 서적들은 모두 김덕령이 신원 되기 이전에 작성되었다. 그밖에 『해동명장전(海東名將傳)』, 『호남절의록(湖南節義錄)』(1799) 등을 통해서도 김덕령에 관한 설화나 사실 등이 전해진다.

의열사는 1868년에 흥선 대원군의 서원 철폐령에 의해 철거되었다가 1986년에 중건되기 시작하였다. 반면 충장사는 1974년에 착공하여 이듬해 1975년에 완공하였다. 1974년에 이치 마을 산기슭에 있던 김덕령의 묘를 충장사 경내로 옮겼다. 이때 출토된 두꺼운 목관과 입고 있던 의복 등이 지정문화재로 지정되어 전시되어 있다. 경내에는 김덕령과 그의 가족 묘, 은륜비와 추증 교지를 비롯한 각종 유물이 보관되어 있다.(류선영)

김덕령을 배향한 충장사 (출처 :한국민족문화 대백과)

〈참고문헌〉

송정현, 『조선사회와 임진의병 연구』, 학연문화사, 1998.

조원래, 『임진왜란과 호남지방의 의병항쟁』, 아세아문화사, 2001.

김영헌, 『김덕령 평전』, 향지사, 2006.

김동수 교감 · 역주, 『호남절의록』, 경인문화사, 2010.

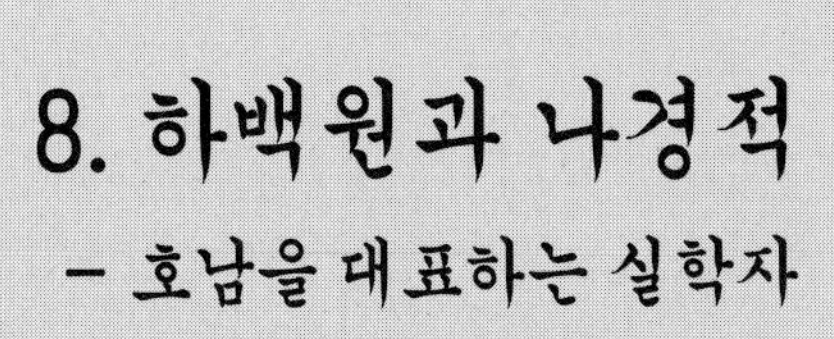

8. 하백원과 나경적

– 호남을 대표하는 실학자

8. 하백원과 나경적
- 호남을 대표하는 실학자

최근 전남 화순군 이서면 야사리 일대에 실학 마을이 조성되었다. 이곳은 2세기 만에 새롭게 조명되고 있는 실학자 하백원(河百源)이 태어나 활동했던 곳이다. 하백원(1781~1844)은 다양한 분야에 관심이 많았고 여러 발명품을 남겼다. 특히 일종의 자동 양수기인 자승차(自升車)를 설계한 것은 그의 실학 활동의 백미로 꼽힌다.

한편, 하백원보다 약 90년 앞선 시기에 실학자 나경적(羅景績) 또한 이곳에서 활동하였다. 나경적의 생애는 하백원에 비해 잘 드러나지 않으나 당시 청에까지 그 명성이 알려질 정도로 발명가로서 실력을 인정받았다. 나경적과 한동네에 살며 긴밀하게 교유한 인물이 바로 하백원의 증조부인 하영청(河永淸)이었다. 나경적이 갖은 수고 끝에 마침내 천문관측기구인 철제 선기옥형(璇璣玉衡)을 완성하자 하영청은 그 기쁨을 표현하는 시를 남겼다. 나경적과 하영청의 교유와 연구는 90년의 세월에 녹아들며 증손자인 하백원에 의해 다시 꽃을 피웠다. 이제 나경적과 하백원의 인생역정 및 발명에 얽힌 이야기들을 풀어보기로 한다.

1. 나경적

잘 드러나지 않은 발자취

나경적(1690~1762)은 숙종 16년에 태어났다. 73세의 나이로 영조 38년에 세상을 뜨기까지 생전의 활동은 지금의 실학사와 천문학사에 큰 발자취를 남겼다. 그러나 아쉽게도 그의 사상이나 행적에 관해서는 희미한 윤곽만을 볼 수 있을 뿐이다. 이렇게 된 데에는 무엇보다도 그의 문집이 분실되어 전해지지 않기 때문이다. 다만 『금성나씨대동보』와 『동복지(同福誌)』 등을 통해 미약하게나마 나경적의 숨결을 느낄 수 있다. 『금성나씨대동보』에 의하면, 나경적의 자는 중집(仲集), 호는 석당(石塘)이라 한다. 무안현 진례면(현 함평군 학교면 금송리)에서 태어났으며 생부는 나재우이다. 나재우는 나중에 나재홍의 양자로 들어간다. 나재홍의 증조부 나무계는 조부 대에 나주 거평에서 살았는데, 나무계의 친형인 나무송·나무춘이 외조부 송정순으로부터 물염정(勿染亭)을 물려받게 되었다. 그러면서 이들 삼 형제는 물염정이 자리한 동복(현 화순군 이서면) 인근으로 옮겨오게 되었다. 이때가 17세기 초반 무렵이었다.

『금성나씨대동보』에는 나경적에 관해 다음과 같이 표현되었다. "효우가 지극하고 학식이 높았으며 부모를 봉양하고 친족을 화목하게 대하여 향리에서 칭송을 받았다. 김창흡·조정만과 더불어 시문을 주고받았다. 사람들이 그의 재능을 인정하여 석당 처사라고 불렀다. 선기옥형·자명종·자용침·자전마(自轉磨)·자전수차(自轉水車) 등을 만들었으나 그 제작 방법은 전해지지 못했다. 명성이 중국까지 알려져 소주의 엄성도 '공의 높은 재주를 없어지거나 썩게 놔둬서는 안 된다'고 적었다. 홍대용도 제문에서 '궁핍한 생활 때문에 빼어난 재주를 썩히니 태평성세에 아쉽다'라고 했다. 유고가 집안에 전승되고 있다." 『동복지』에도 이와 비슷한 내용이 실려 있다.

위의 기록에 의하면, 나경적은 벼슬을 하지 않고 향리에 은거했으나 학식이 알려져 당시 저명한 유학자인 김창흡(1653~1722), 조정만(1656~1739) 등과 시문을 주고받았음을 알 수 있다. 무엇보다 나경적의 행적에 관해 주목되는 부분은, 그가 선기옥형을 비롯한 자명종 · 자용침 · 자전마 · 자전수차 등을 설계하거나 발명하였다는 점이다. 그 중에서도 선기옥형은 청에까지 알려졌다.

하영청과의 교유 및 제자들

나경적이 교유했던 주요 인물로는 앞서 언급한 바와 같이, 하백원의 증조인 하영청을 우선 꼽을 수 있다. 나경적과 하영청, 두 사람은 유학자였을 뿐 아니라 천문학이나 과학, 수학 등에도 조예가 있었다. 마을에 자제 교육 시설을 마련하기 위해 나경적은 폐가가 된 집터를 제공하고 하영청은 그 정비 비용을 대는 등 뜻을 함께하곤 하였다. 나경적은 하영청과 함께 시문을 나누었으며, 현존하는 나경적의 유일한 시문도 하영청의 『병암유고』에 전해진다. 이들의 관계는 시문을 나누는 데서 나아가 이용후생과 관련된 많은 연구와 정보를 공유하는 데까지 미쳤다. 하백원이 '일찍이 (나경적이) 선기옥형을 만들 때 내 증조부(하영청)와 상의한 경우가 많았다.'고 말한 기록에서 이를 엿볼 수 있다.

나경적은 후학을 양성하였는데 그 제자로 알려진 이가 안처인(安處仁)이다. 안처인은 나경적과 함께 나주에서 선기옥형을 제작할 때 세밀한 과학 기술을 발휘하였다. 홍대용은 담헌서에서 "석당(나경적)의 문인에 안처인이라는 사람이 있었는데, 그 정밀한 생각과 특출한 기교는 석당의 학술을 깊이 얻은 것이다. 선기옥형을 제작하는데 명물과 도수에 관한 것은 대개 석당의 뜻에서 나왔고, 제작의 교묘한 기술은 안씨의 손에서 많이 이뤄졌다."며 안처인의 제작 기술을 인정하였다.

나경적의 학문에 영향을 받은 또 다른 인물로 염영서(廉永瑞)를 들 수 있다. 그는 고려 말의 학자 염제신의 후예로 선조들은 나주지역에서 살아왔다. 염영서는 나주에서 기거하다가 이후 동복으로 이주하면서 나경적의 학문에 영향을 받았다. 그는 나경적과 함께 자명종을 제작했고 나주에서 선기옥형을 제작할 때에도 안처인과 함께 힘을 보탰다.

홍대용과의 만남과 선기옥형 제작

1759년, 나경적이 실학자 홍대용(1731~1783)을 만나게 된 것은 그의 발명 사에 특별한 의미를 지닌다. 홍대용은 1759년 가을에 부친 홍력이 목사로 있던 나주로 여행을 갔다가 무등산을 유람한 후 동복 물염정 근처에 살던 나경적의 명성을 듣고서 그를 찾아갔다. 홍대용은 나경적의 인격과 해박한 과학지식에 감동하였다. 나경적은 중국의 결함을 보완하고 서양지식을 참고하는 등 수년 동안 연구 끝에 설계한 선기옥형을 집안 형편상 제작하지 못한 아쉬움을 토로하였다.

이듬해 1760년 초여름에 나경적은 홍대용에 의해 나주 관아로 초빙되었다. 홍대용의 부친 나주 목사 홍력이 4만~5만 문(文)에 이르는 제작비를 지원하였다. 안처인과 염영서도 정밀한 기술력을 발휘하는 등 2년 동안 제작에 몰두한 끝에 마침내 철제 선기옥형이 완성되었고, 선기옥형은 나주 관아에 설치되었다. 이후 선기옥형은 홍대용에 의해 다시 1년 동안 더욱 정밀하게 보완 제작되어 홍대용의 고향인 천원군(현 충남 천안시) 수촌의 농수각(籠水閣)이라는 건물에 설치되었다. 일종의 사설 천문대가 생겨난 것이다.

나경적이 홍대용과 함께 제작한 선기옥형(숭실대 박물관 소재)

2. 하백원

학문 편력과 선대의 학문

하백원(1781~1844)은 정조 5년 전남 화순군 이서면 야사리에서 태어났다. 호는 규남(圭南)인데, 서석산 규봉 남쪽에 살아서 그렇게 붙여졌다. 신경준 · 위백규 · 황윤석 등과 함께 호남 실학 4대가로 일컬어진다. 하지만 이들보다 약 60~70년 정도 뒤에 태어났다. 그는 부친의 3년 상을 마친 후 21세에 율곡 · 우암의 학통을 계승한 송시열의 5대손 송환기(1728~1807)의 제자가 되었다. 그는 경서와 예학에 관한 질의에서 번번이 스승의 인정을 받아 '세상의 드문 영재'라는 칭찬을 받곤 하였다. 송환기의 문하에 든 2년 후에 23세(1803년, 순조 3년)의 나이로 진사시에 급제하였다.

27세에는 스승 송환기가 세상을 떴다. 그런데 송환기의 스승인 송능상(1710~1758)이 저술한 『상례비요지두사기(喪禮備要紙頭私記)』에서 김장생의 예론을 비방했다고 하여 송능상이 관직을 삭탈당하자, 하백원은 『둔암서원통문변(遯巖書院通文辨)』과 『사학유생소변(四學儒生疏辨)』 등을 저술하여 그를 변호하였다. 이로 인해 송능상의 관직이 회복되는 데 힘이 되었고, 하백원의 명성이 알려지는 계기가 되었다.

이후 하백원은 향촌인 동복에서 학문 연구에 전념하였다. 학문 활동은 21세에 송환기의 제자가 된 이후 53세에 벼슬길에 오르기까지 30여 년에 걸쳐 왕성하게 이루어졌다. 그중 30~40대에는 우리나라의 지리 · 역사 · 천문학에 대한 탐구와 함께 발명의 꽃을 피운 시기였다. 30세 때 물의 역학을 이용한 일종의 자동 양수기인 『자승차도해설(自升車圖解說)』과 『자승도해(自升圖解)』를 저술하는 등 자승차 제작 기법을 선보였다. 31세에는 우리나라 지도인 『동국전도(東國全圖)』와 『팔도분도(八道分圖)』를 제작하였다. 천문학에도 식견이 있어 38세에는 『역상차록(曆象箚錄)』을 집필하고, 『황도총성도(黃道總星圖)』 등을 제작하였다. 41세에는 알레니의 만국전도를 모사하여 세계지도인 『만국전도(萬國全圖)』를 제작하였다. 이 외에도 자명종 · 계영배(戒盈盃) · 방적기 등 실생활에 유용한 물건들을 연구 제작하였다. 이 중 자명종은 나경적과 홍대용이 제작했던 것의 부족한 점을 개선한 것이었다.

하백원이 이처럼 실용적 학문에 업적을 남길 수 있었던 데에는 선대부터 전해온 학문경향과도 관련 깊다. 그의 7대조인 하윤구는 북경에 사신으로 갔다가 자명종 · 천리경 · 『직방외기』 · 『천문도(天文圖)』 등을 들여온 정두원과 친분이 깊었다. 증조부 하영청은 실학자 신경준 · 황윤석 · 홍대용 · 나경적 등과 교유하였다. 이처럼 하백원의 학문 영역은 성리학 · 경학 · 예학을 비롯하여 천문(天文) · 후종(자명종) · 수차(水車) · 율력 · 산수 · 회화 · 전각(篆刻)에 까지 이르는 등 그 폭이 상당하였다.

한편, 하백원은 재야에서의 학문 활동에 고충을 느꼈다. 지인과의 편지에서 "나는 구석진 향촌에서 생장하여 답답한 환경에서 지냈고, 일찍이 부모의 가르침을 잃은 데다 사우(師友)의 도움도 별로 없으니 고루함이 날로 심하여 군자인(君子人)과 비슷해지는 것도 어렵다."고 토로하였다. 40세에는 연행사가 된 판서 이희갑에게 북경으로 가는 사신 행렬에 동참하여 중국의 문물을 체험하고 싶다는 편지를 보냈으나 성사되지 못했다.

재야유학자로서의 한계를 체감한 탓일까. 그는 54세의 늦은 나이에 천거로 관직 생활을 시작하였다. 창릉 참봉 · 금부도사 · 형조좌랑 등을 거쳐 석성 현감을 지내다 무고로 보령에서 1년 가까이 유배생활을 하였다. 유배가 끝난 후 향리로 돌아와 이듬해 64세의 나이로 세상을 떠났다.

수차 설계와 서유구의 제작 요청

하백원의 실학 업적 가운데 가장 주목할 내용으로 자승차 설계를 꼽을 수 있다. 즉 30세(1810년)에 『자승차도해설』과 『자승도해』를 작성하였다. 그의 저서 『자승차도해설』에는 자승차를 고안한 배경이 담겨있다. "우리나라의 기구는 매우 조잡하여 사람이나 가축의 힘을 빌려야만 하므로 계속 사용하기 어렵다. 그래서 비옥한 토지라도 지세가 높으면 물을 댈 수 없어 열흘만 가물어도 시름에 잠기게 된다."라며 열악한 농업기술을 안타까워하였다. 이에 여러 고서를 참고하고 중국의 양수기구들의 장단을 분석하여 자승차를 고안하였음을 밝혔다. 특히 하백원이 살았던 시기에는 생산성이 높고 노동력을 절감시킬 수 있는 이앙법이 퍼짐에 따라 수리 시설 개선이 절실하였다.

『자승도해』에서는 자승차 요소들의 구조와 크기, 제작방법 등을 도면과 함께 설명하였다. 그는 물이 흐르는 원리를 "물은 위로 흐르거나 아래로 흐르는 구분이 있는 것이 아니라 다만 빈 곳을 따라 흘러간다"고 보았다. 따라서 자승차는 중간은 통하고 위는 비어있어 물이 들어오지만 나가는 곳이 없어 빈 곳을 따라 움직이게 돼 자연히 물이 위로 올라가게 된다는 원리를 적용하였다.

『자승도해』는 실생활에 활용되지 못한 채 묻혀 있다가 20여 년이 지나 실용화될 기회를 맞았다. 1834년(순조 34년)에 서양식 수차에 관한 지식이 있었던 서유구(1764~1845)가 전라 감사로 내려왔는데, 그 해에 혹심한 가뭄이 들었다. 마침 하백원의『자승도해』를 접하게 된 서유구는 제작 기법이 간단하고 재료 조달도 어렵지 않으리라고 판단하여 자승차 제작을 요청하였다. 그러나 하백원은 서유구의 요청에 부응하기 어려웠다. "『자승도해』는 여러 책의 도해를 붓 가는 대로 써 본 것으로 실제 시험해보지 않았기 때문에 완벽한 상태가 아니다. 잘못하면 관청의 재력만 소모하며 번거롭게 할 수 있으니 그러기 전에 먼저 개인적으로 작은 모형을 만들어 개울에서 시험해본 뒤에 서서히 보급하면 좋겠다."는 내용을 답장에 적어 서유구에게 보냈다. 사실 하백원은 자승차를 고안하는 과정에서 실험을 반복하면서 결함을 보완했음에도 자승차를 제작하는 데까지는 이르지 못했다. 그래서『자승차도해설』끝에 "도해에서 다 하지 못한 것은 후에 재주 있는 사람이 기술해주기를 바란다."는 바람을 피력하였다. 따라서 당장 수리에 이용할 수 있는 결함이 없는 수차를 제작해야 한다는 것에 어려움을 느끼고 신중한 태도를 보인 것이다.

비록 자승차는 실용화되는 데에는 한계가 있었지만, 스스로 동력을 생성하여 물을 뿜어 올리는 무인 자동양수기를 개발하고자 했던 발상과 더불어 당시로써는 획기적인 여러 과학 기술을 적용한 점 등은 의미 있다. 무엇보다도 낙후된 수리 시설을 개선하고 농민들에게 도움을 주고자 했던 이용후생의 정신은 되돌아볼 만하다.

하백원의 '자승도해'를 기초로 복원한 자승차(국립 중앙 과학관 소재)

지도와 자명종 제작

지도 제작은 조선후기 들어 크게 발전하였다. 민간에도 지도가 보급되고 전문적으로 지도를 제작하는 사람들도 나타났다. 18세기 정상기와 그 후손들, 그리고 19세기 김정호가 대표적 인물이다. 정상기(1678~1752)는 김정호보다 1세기 앞서『동국지도』를 제작하였는데, 이는 조선 시대 지도 제작 수준을 획기적으로 높인 것이었다. 그의 지도는 아들 정항령과 손자 정원림, 그리고 증손자 정수영 등 4대에 걸쳐 고치고 보충하면서 더욱 정교한 지도로 거듭났다. 정상기의『동국지도』는 조정에서 수차례 활용되었고 이후 민간에도 오랫동안 영향을 끼쳤다.

하백원은 1811년 조선전도인『동국전도』와 각 도의 도별지도인『팔도분도』를 작성하였다.『동국전도』와『팔도분도』는 대체로 정상기의『동국지도』의 원형을 갖추고 있다.『팔도분도』에서 경기도와 충청도를 같은 도폭에 함께 그리고 함경남도와 함경북도는 별도로 그린 것이 그 예이다. 아울러 팔도의 군현 명을 기재한 원의 바탕색을 대부분 오행의 원칙에 따라 오방색으로 채색한 점도 마찬가지다. 즉 경기도와 충청도는 황색, 전라도는 적색, 경상도는 연분홍색, 강원도는 청색, 평안도는 백색, 함경남도와 함경북도는 흑회색, 황해도는 옅은 황색으로 채색하였다. 이상의 내용을 근거로,『동국전도』와『팔도분도』는 1787년~1795년에 제작된 정상기의 지도를 원형으로 하였으며 지도의 윤곽과 정밀함, 그리고 아름다움과 조화를 갖췄다.

10년 후, 41세(1821)에 하백원은 세계지도인『만국전도』를 작성하였다. 본래 지도의 명칭은『태서회사이마두만국전도(泰西會士利瑪竇萬國全圖)』로, 지도의 제목으로 인해 그동안 利瑪竇(마테오리치)가 제작한『곤여만국전도』의 필사본으로 추정됐다. 그러나 지도에 수록된 지명의 숫자, 지명의 내용, 지도의 윤곽과 형태, 그리고 지도 여백의 주기 등에서 마테오리치의 그것과 다른 부분이 많다. 그리하여 최근에는 하백원의『만국전도』는 중국에서 활동했던 선교사 알레니(1582~1649)의 『만국전도』를 바탕으로 하여 그린 것으로 이해되고 있다.

알레니의 『만국전도』는 1623년에 간행된 『직방외기』에 실려 있다. 『직방외기』는 1631년에 명에 사신으로 갔다 온 정두원에 의해 처음 소개되었으며 정두원은 하윤구와 깊이 교유하였다. 하백원이 알레니의 『만국전도』를 입수하게 된 경위도 이러한 내력과 무관해 보이지 않는다. 하윤구는 정두원을 통해 알레니의 『만국전도』를 접하게 되었고, 이는 집안에 전해져 하백원에 의해 조선식 지도로 새롭게 탄생한 것으로 추정해 볼 수 있다. 하백원의 『만국전도』는 알레니의 그것을 모사했음에도 채색필사본으로 명료하고 아름다운 조선의 회화식 지도의 특징을 잘 담아내고 있다.

자명종도 정두원에 의해 최초로 들어왔으나 당시 그 제작법과 사용법을 알지 못했다. 그 후 실학자들이 자명종을 연구하여 홍대용과 나경적, 그리고 안처인 등이 자명종을 제작하기에 이르렀다. 그러나 결함이 많아 실생활에 이용되지는 못했다. 이후 하백원은 나경적의 자명종을 보완하여 제작한 후 그것을 집에 걸어두고 시간에 맞춰 생활하였다고 한다. 하백원의 자명종은 실제 생활에 활용되었을 것으로 보이나 아쉽게도 분실되어 전해지지 않는다.

하백원이 세상을 뜨기 1년 전, 그에게 배우겠다는 요청이 들어왔다. 그는 농업·공업·상업이 모두 학문이라고 규정하며, 이용후생을 모르는 격물치지는 거짓임을 설파하였다. 그는 만년까지 이용후생을 중시하는 실학자다운 향기를 풍겼다.(류선영)

참고문헌

한국인물유학사 편찬위원회, 『한국인물 유학사』4, 한길사, 1996.

규남실학사상 연구회 편, 『규남 하백원의 실학사상연구』, 경인문화사, 2007.

화순군지 편찬위원회, 『화순군지』상, 심미안, 2012.

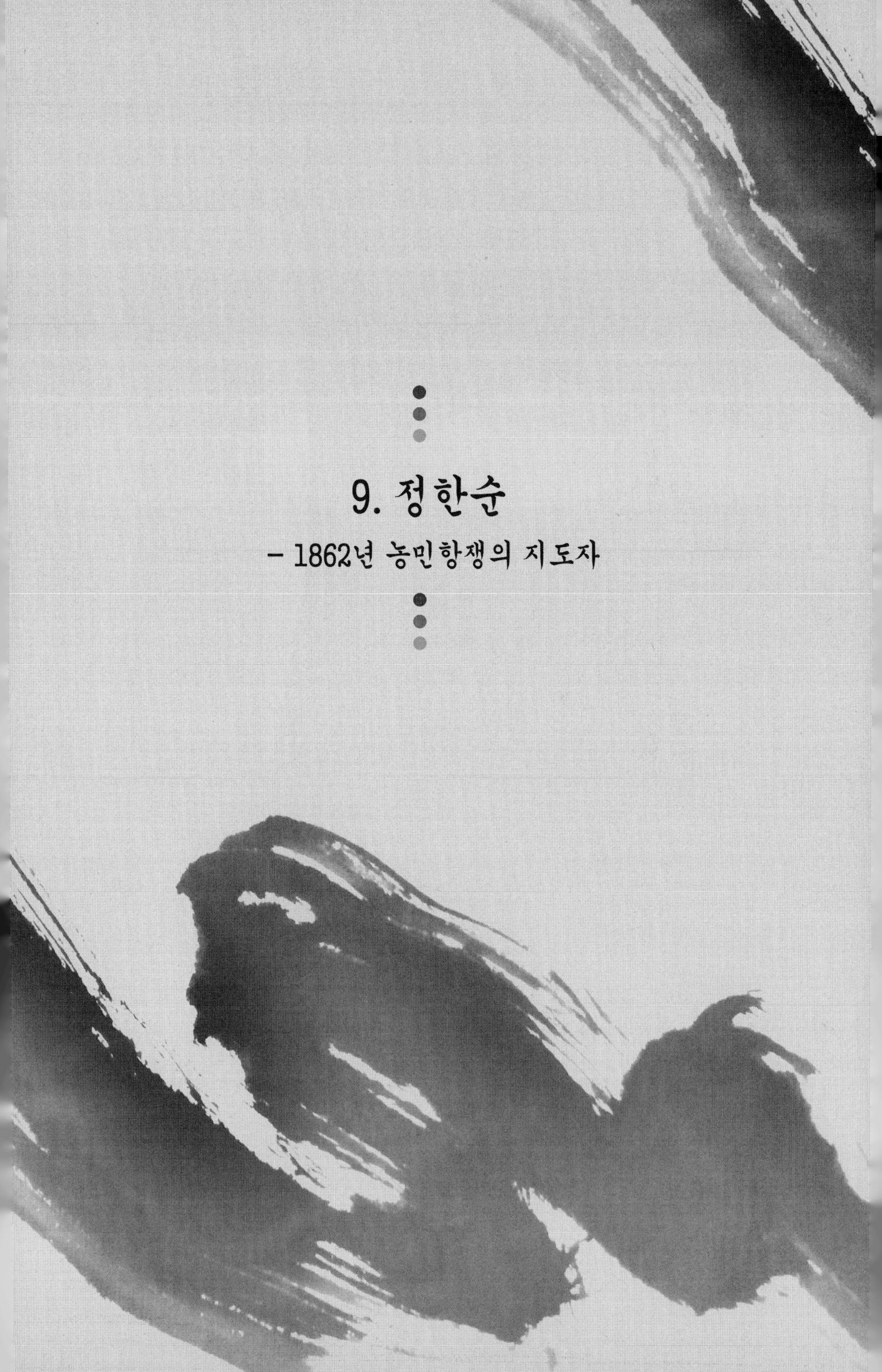

9. 정한순

- 1862년 농민항쟁의 지도자

9. 정한순
- 1862년 농민항쟁의 지도자

정한순(鄭翰淳)은 어떤 인물인가? 그를 아는 사람은 그리 많지 않을 것이다. 그가 태어난 고장인 함평 사람들도 마찬가지이다. 자료의 인멸과 무관심 때문이다. 한마디로 말없이, 흔적 없이 스러져간 인물이다. 오직 지난 날의 역사만이 그에 대해 알고 있을 뿐이다. 그렇다고 우리마저 마냥 내버려 둘 수 는 없다. 이에 정한순이 어떤 인물인가를 찾아보도록 하였다. 우리는 이러한 작업이 역사적 모순을 올바로 인식하고, 그것을 해결하는데 결코 무의미하지 않다고 생각한다. 정한순! 그는 인간답게 사는 세상, 신명나는 세상을 만든 사람이었다.

농민저항의 다양한 모습

조선후기에는 사회의 모순이 심화되었다. 19세기에는 더욱 그러하였다. 탐관오리들의 부정과 토색질로 인한 삼정(三政)의 문란 때문이었다. 이들은 세금을 중간에서 착복하고 농민에게 전가하였던 것이다. 가히 세도(稅盜)라고 말할 수 있다. 특히 향리들은 더욱 극성을 부렸다. 정약용이 『목민심서』에서 "백성들은 토지로써 논밭을 삼지만, 향리들은 백성으로써 논밭을 삼는다"고 말할 정도였다.

그래서 농민들의 세금 부담은 무겁지 않을 수 없었다. 가난에 쪼들리고 빚에 몰리었다. 고향을 떠나 유리걸식하거나, 화전민이 되거나, 도적 떼에 들어가기도 하였다. 농민들의 생활은 돌이킬 수 없는 지경에까지 내팽개쳐졌다. 궁지에 몰린 농민들은 새로운 활로를 얻기 위한 방도를 찾게 되었다. 관리들의 부정에 반항하여 사회적 모순을 척결하는 것이었다. 여러 형태의 항쟁을 끊임없이 전개하였다. 어떤 것들이 있었을까?

관리들의 비행을 폭로하고 동지들에게 행동 지침을 알리기 위해 유언비어를 유포하고, 관청 주위의 산에 올라가 큰 소리를 외치고, 밤에 횃불 시위를 하고, 사람의 통행이 많은 곳에 전단을 살포하고, 번화가에 대자보를 붙이는 것이 있었다. 또 수령을 파면시키기 위해 고을의 객사(客舍, 관리를 대접하여 묵게 하던 곳)에 보관되어 있는 전패(殿牌, 임금을 상징하는 나무패)를 훼손 은닉하거나, 법으로 관리하고 있는 소나무밭에 방화하는 투쟁이 있었다. 그리고 관청 마당에 몰래 들어가 악덕 수령과 향리들을 집단 구타하거나 잘못된 공문서를 탈취 소각하는 투쟁도 있었다.

이러한 저항들은 일상적이고 소극적인 행동이었다. 관료들에게 받아들여지지도 않았다. 민폐가 개선될 리가 만무하였다. 농민들의 저항의식은 전보다 강해졌고, 다른 방법이 요구될 수밖에 없었다. 적극적으로 나서는 것이었다. 마침내 농민들은 집단봉기를 감행하였던 것이다. 이는 농민들이 조직·집단적으로 대규모 투쟁을 전개한 것으로 농민항쟁의 최고의 경지이다. 대규모 농민항쟁은 1812년 서북지방항쟁(홍경래의 난)에서 치열하게 전개되었다. 이어 1862년(철종 13)에는 전국 70여 지역에서 연속적으로 발생하였는데 우리가 이 글에서 살피고자 한 것은 바로 이것이다.

농민들이 이같은 항쟁을 전개하기 위해서는 새로운 농민단체가 필요할 수밖에 없었다. 기존의 단체로는 충만된 농민의식을 엮어서 투쟁을 펼 수가 없었기 때문이었다. 그리하여 선각적인 인사들에 의해 민회(民會)나 향회(鄕會) 등이 등장하였다. 이들 단체에 기득권층은 철저히 배제되고 있었다. 이제 농민들은 민회 등을 통하여 항쟁을 준비하고 전개하였던 것이다. 19세기 농민항쟁은 민중의식의 성장을 배경으로 하여 발생하였고, 그것은 반봉건항쟁으로써 우발적 봉기가 아니라 사회적 모순을 주체적으로 해결하려는 민중의 자각운동이었다.

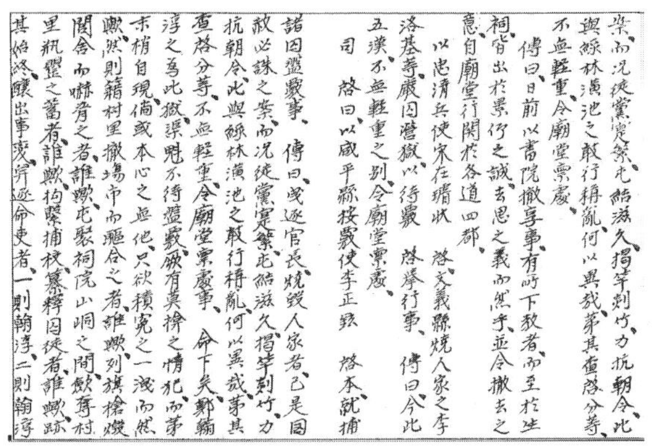

案而況徒黨寔繁屯結滋久揭竿剡竹力抗朝令此
與綠林潢池之敎行稱亂何以異哉第其查啓分等
不無輕重令廟堂稟處
傳曰日前以書院撤享事有所下敎者而至於坐
祠皆出於崇儒之誠去邪之義而然乎並令撤去之
意自廟堂行關於各道四都
以忠淸兵使宋在璿狀啓文義縣燒人家之李
洛基等嚴囚營獄以待處 啓拏行事 傳曰今此
五漢不無輕重之別令廟堂稟處
司啓曰以咸平縣按覈使李正鉉 啓本就捕
諸囚盤覈事 傳曰戕逆官長燒毁人家者已是國
赦必誅之案而況徒黨寔繁屯結滋久揭竿剡竹力
抗朝令此與綠林潢池之敎行稱亂何以異哉第其
查啓分等不無輕重令廟堂稟處事命下矣鄭翰
淳之爲此獄渠魁不待盤覈厥有莫掩之情犯而第
求梢自現倘或本心之無他只欲積究之一洩而然
歟然則籍村里撤場市而嘯合之者誰歟列旗搶爨
閭舍而嚇脅之者誰歟屯聚祠院山峒之間歐奪村
里飢餟之蓄者誰歟拘繫捕校纂稱因徒者誰歟跡
其始終醸出事變脅逐命吏者一則翰淳二則翰淳

비변사등록에 나타난 정한순의 활약상

서울을 오가던 상인의 우두머리

1862년 2월 경상도 단성을 시발로 하여, 전라북도에서는 3월에 익산에서, 전라남도에서는 4월에 함평에서 농민항쟁이 처음 발생하였다. 전남지방 중 함평에서 가장 먼저 항쟁이 일어날 수 있었던 것은 민폐가 심하였고, 주민들의 의식이 강고하였기 때문일 것이다.

함평지방의 농민항쟁은 정한순의 지도로 시작하여 끝나게 된다. 정한순은 함평 읍내에서 동쪽으로 40리 거리에 위치한 식지면 중촌에 살고 있었다. 그의 가문과 출생, 성장과정에 대해서는 관련 자료가 없어서 자세히 알 수 없다. 아마도 대부분의 농민항쟁 주도인사들에게 했던 것처럼 당국이 정한순에 관한 자료를 인멸하였기 때문일 것이다. 당국뿐만 아니라 보수적 타성에 젖은 해바라기성 현지 유지들도 자료를 없애는 데에 앞장섰을 것이다. 이러한 일부 인사들의 의도적이고 악의적인 자료의 인멸이 우리들로 하여금 정한순과 같은 알려지지 않은 인물에 관심을 갖게 한다. 물론 농민항쟁의 주역이기에 더욱 관심을 갖고 있다.

우리는 몇몇 단편적 자료를 통하여 정한순의 인물됨을 생각할 수 있다. 그는 함평지방의 향리, 훈도(교육자), 면임(면장, 영세 양반), 농민 등 다양한 계층을 항쟁군으로 조직하였다. 그리고 그는 다른 지역에서는 보이지 않는 동학농민전쟁 때의 정치구호였던 '보국안민(輔國安民)'을 주창하였다. 항쟁의 준비와 전개 과정에서 탁월한 조직력과 정치의식을 발휘한 것이다. 이로 보아 정한순은 상당한 식견을 지닌 인물이었던 것 같다.

또 그는 관내에 상당한 지지기반을 지니고 있었을 것이다. 지역내 부자들이 항쟁군에게 곡식을 제공하고, 농민들이 정한순의 명령에 일사불란하게 움직였던 데서 짐작할 수 있다.

그리고 정한순은 경상접장(京商接長)이라 하여 상업에 종사하였다. 경상, 즉 서울을 오가는 상인이었다. 그런 관계로 서울뿐만 아니라 타 지역의 사정도 잘 알고 있었을 것이다. 접장이라는 말로 미루어 상인조직을 거느리고 있었다. 많은 조직원과 자금을 지니고 있었음에 틀림없다. 접촉하는 사람들이 많았음도 두말할 필요가 없다. 그러므로 그는 외부의 정보에 정통하였고, 상당한 자금력과 군중 동원력을 발휘할 수 있었다. 이러한 점이 다양한 계층을 동원하여, 전남지방에서 가장 먼저 일어난 함평농민항쟁을 주도하게 된 배경이 되었을 것이다.

남산의 횃불 시위

함평의 농민항쟁은 오래 전부터 준비되어 왔다. 농민들은 토지세와 환곡의 폐단을 시정해달라고 수령에게 여러 번 소장(訴狀)을 올려 호소한 적이 있었다. 그러나 수령은 별다른 조치를 내리지 않았다.

이에 정한순 등 농민들은 함평지방의 민폐 10조와 수령을 비롯한 관리들의 부정 사실을 모았다. 그리고 그것을 농민회의를 거쳐 정한순, 안종팔 등이 연명으로 서명한 소장에 기록하여 전라감사에게 보냈다. 그들이 모은 함평지방의 폐단이 무엇인지는 자세히 알 수 없다. 정한순이 자수하면서 내놓은 열 가지 민폐가 여기에 해당되지 않을까 한다. 이에 대해서는 뒤에서 자세히 언급하겠다. 하여간 함평 농민들이 올린 소장에 대한 감영의 조치는 형식적인 선에서 그치고 말았다.

정한순 등 함평농민들은 서울로 올라가 사헌부에 소장을 보내고 국왕에 직접 호소하기도 하였으나 역시 그들의 요구는 하나도 받아들여지지 않았다. 그러자 그들은 남산에 올라가 횃불 시위를 벌여 자신들의 의사를 표현하였다.

당시에는 관청에 소장을 올리거나 국왕에 원정을 호소하는 것은 합법적으로 보장되어 있었다. 함평 농민들은 이러한 합법적인 형태로 자신들의 문제를 해결하려 하였던 것이다. 그럼에도 불구하고 당국에서는 정한순 등 소장에 서명한 사람들에게 무고죄를 씌워 체포하려 하였다.

농민회의를 열다

정한순은 포졸의 체포망을 교묘하게 피하여 함평으로 돌아와 계속 활동하고 있었다. 그는 우선 함평 지방의 비행을 수집하고, 그것의 해결 방안을 강구하기 위해 농민회의를 주도하였다.

함평 농민들은 먼저 각 면별로 자체 모임을 개최하였다. 여기서 그들은 각 면과 마을의 잘못된 점들을 나열하고 논의하였을 것이라고 생각된다. 그리고는 향교 앞에서 전 농민들이 참여하는 전체회의(향회)를 가졌다. 이 전체회의에는 관내 14개 면의 훈장과 면임들이 자기 면의 농민들을 인솔하여 참여하였다. 향리의 우두머리인 이방 이방헌도 가담하여 현감의 부정사실을 폭로하였다. 이들은 함평 지방의 폐단은 무엇이고, 그것을 해결하기 위해서는 어떻게 해야 하는가를 이야기하였을 것이다.

정한순은 농민회의 자리에서 자신들의 행위가 나라를 지키고 백성을 편안하게 한다는 뜻의 '보국안민'에 있다고 하였다. 이러한 슬로건이 보수적이라는 비판도 있지만 1894년 동학농민전쟁 때의 기본 정치이념이었고 1862년 여타 지역의 항쟁에서는 찾아볼 수 없었던 점을 고려하면, 정한순의 정치의식이 매우 진보적이었음을 알 수 있다. 그는 '보국안민'의 이념을 정부관리, 양반, 지주, 토호, 향리 등 봉건권력에 기생하는 여러 세력을 타도함으로서 실현할 수 있다고 설파하였다. 이러한 정한순의 진보적인 정치의식은 함평지방의 전 주민들을 결속하는데 큰 힘이 되었던 것이다. 이제 농민항쟁은 눈앞에 다가왔다.

인간답고 신명나는 세상을 위하여

1862년 4월 16일 오전 11시경. 수천 명의 함평 농민들이 통문(通文)을 보고 적촌리 장터에 모여들었다. 이 통문은 정한순이 작성하여 돌린 것이다. 농민들은 각 면리별로 면리명을 쓴 깃발을 앞세우고, 대오를 편성하여 집결하였다. 이들은 죽창과 작대기로 무장하고 있었다. 순식간에 농민군이 형성되었다. 출정은 완료되었다. 농민들은 정한순의 지시에 따라 적촌리 장을 철시하고 읍내로 일제히 몰려갔다. 아마 이들은 정한순을 앞세우고, 질서 정연하게, 하늘을 찌를 듯한 열정으로 전진하였을 것이다. 그리고 주위에서 관망하던 주민들도 끓어오르는 주먹을 불끈 쥐며 동참하였을 것이다. 하늘도 땅도 숨을 죽이며!

농민들은 먼저 관권과 결탁하여 갖가지 횡포를 저지르고 있는 토호(土豪) 김상원과 이완헌의 집을 부수고 불질렀다. 또 경주인(京主人)과 영주인(營主人)에게 진 빚의 명목으로 향리들이 포탈한 자금을 민간에 전가시킨 호장 이희경, 이방 이흥원, 좌수 장채성, 간사한 향리 모정진 등의 집도 습격하고 불질렀다. 모정진은 긴 칼을 차고 군사를 모집하여 농민군을 막아내려 하였으나 끝내 쫓기고 말았다. 그리고 농민들은 고리대나 고율의 소작료로 농민 수탈에 앞장섰던 지주와 부민들의 집도 습격하였다. 공격한 집에서 곡식을 탈취하여 그들의 군량미로 삼았다.

이어 농민들은 동헌(수령의 집무실)으로 진입하기 위해 읍내 장터에 포진하여 전열을 정비하였다. 그리고는 일시에 함성을 지르며 4개 방면으로 나누어 동헌으로 돌격하였다. 농민군이 동헌에 진입하자 현감 권명규는 어쩔 줄 몰라 허둥대고 있었다. 농민군은 현감을 끌어내어 관모와 의복을 벗기고 죽창으로 난타하였다. 그리고 현감의 내실로 들어가 봉건적 수탈의 근거였던 각종 장부를 탈취하고, 감옥을 열어 죄수를 방면하였다. 농민들은 현감의 부정을 설명하고 이러한 부정을 인정하라고 요구했다. 이에 응하지 않은 현감은 농민들에게 무수한 곤욕을 당하였다.

오후 6시경. 농민군들은 관인(官印)을 접수하고, 현감을 들쳐 메어 함평현 경계 밖의 무안 논치까지 추방하였다. 지방관이 관할 구역에서 쫓겨나면, 그의 권한은 소멸된 것이나 마찬가지였다. 이리하여 함평 지방의 모든 통치 행위는 농민군들의 손에 들어가게 되었다.

당시 봉기 농민들의 행동은 상당히 조직적으로 이루어지고 있었다. 뛰어난 전술을 구사하고 있었다. 명부에 일일이 점을 찍어가며 농민군을 점검하였기 때문이다. 동헌 공격시에는 동시에 환호성을 지르는 등 일사불란한 행동으로 관군을 물리쳤던 것에서도 짐작할 수 있다.

정한순 등 함평 농민들은 읍내 및 동헌 공격을 순조롭게 끝내고 모든 읍정(邑政)을 장악하였다. 그리고는 곧 바로 향교로 향했다. 향교를 접수한 농민군은 그 곳을 자치소로 삼아 자치조직도 마련하였다. 자치조직의 우두머리는 정한순이 맡았을 것이다. 당시 농민들은 정한순을 장군이라 불렀고, 모든 통치 행위는 장군의 명령으로 호칭되어 시행되었다. 그러니까 정한순은 향교에서 신설 민정자치조직을 총 지휘하고 있었다.

정한순이 주둔하였던 함평향교

그는 많은 농민들의 호위 속에 향교와 동헌, 면리를 수시로 오가며 현황을 파악하였다. 또 장기간의 주둔을 위해 각지의 부민들로부터 곡식과 돈을 걷어 향교에 비치하였다. 정한순은 함평 농민항쟁을 조사하기 위해 파견된 조사관을 사찰 감시하였다. 또 남아있는 몇몇 관리들을 지휘하여 조사가 자신들에게 유리한 쪽으로 잘 마무리 되도록 독촉하였다.

정한순 등 함평 농민항쟁 지도부는 근실한 조직력과 자금력을 바탕으로 일정 기간 동안 향교에 주둔하였며 실질적인 읍정을 행사하였다. 이들이 구체적으로 어떤 일을 하였는지는 알 수 없다. 하지만 치안과 행정을 맡으며, 구시대의 악폐를 일소하는데 진력하였을 것으로 생각된다. 개혁 작업이었다. 그것은 그동안 여러 차례 논의된 것이겠지만 분명 함평 농민들의 염원을 반영하는 방향으로 이루어졌을 것이다. 신명나고, 인간다운 일이었을 것이다. 눈물겹도록 바라고 또 바란 일이었다.

전라감사는 4월 16일 봉기 직후 함평현감을 파면시키고 무안현감 정순조를 겸임시켜 본래의 공무와 항쟁의 조사를 맡겼다. 그러나 정순조는 함평지역에 들어오지도 못하고, 지방관으로서의 임무를 하나도 시행하지 못했다. 또 4월 22일에는 새로이 김기순이 함평현감에 임명되었으나 현지에 부임하지 않고 한양에 머물고 있었다.

정부에서 파견된 조사관들은 사태의 수습을 위해 정한순과 접촉하려 하였으나 뜻을 이루지 못하였다. 정부에서는 지방군대로 하여금 주동자를 체포하라고 명령하였으나 어떤 진압군도 함평현에 들어올 수 없었다. 이 모든 것들은 현지의 농민군 지도부가 강고하게 함평 지역을 장악하고 있었기 때문이었다.

25일 천하, 그리고 그 후

농민항쟁을 조사하기 위해 안핵사 이정현이 서울에서 파견되었다. 그는 전라도 우영장과 함께 5월 6일에 함평에 도착하였다. 이어 선무사 조구하도 5월 7일 전주를 출발하여 함평으로 향하였다. 농민군을 달래기 위해서였다. 그리고 진영 군대가 함평으로 접근할 것이라는 소식이 전해졌지만, 실행에 옮겨지지는 않았다. 이러한 정부의 각종 회유책과 진압책은 농민군의 전세에 영향을 끼치기 시작하였다. 함평 외의 지역에서는 이미 항쟁이 진압되고 있었다.

1862년 5월 10일 오후 4시경. 함평 농민항쟁이 발생한 지 25일이 지난 후다. 정한순은 이정현 앞에 자수하였다. 정한순이 자수함으로써 함평 농민항쟁은 막을 내리게 된다. 25일 천하는 끝나고, 인간답고 신명나는 세월도 역사의 뒤안길로 사라져 버렸던 것이다.

정한순 ! 그는 왜 스스로 자수하였는가? 그는 수천 명의 농민을 거느리고 관청에 나타났다. 농민들은 여전히 깃발과 죽창을 들고 있었다. 항쟁의 열정은 아직도 충만되어 있었다. 이 때 정한순은 조사관 이정현에게 자수하면서 다음과 같이 말하였다.

> **구감사와 구현감이 불법을 많이 저질러서 그 곤경을 참을 수가 없었는데 다행히 금일 사신의 행차를 맞게 되었습니다. 우리의 바람은 사실이 드러남에 있는 것이기 때문에 이처럼 스스로 나타난 것이며 죄수가 되고자 합니다. 본인의 죄는 만 번 죽어도 되나 민폐의 시정을 얻지 못하면 죽어도 눈을 감지 못할 것입니다.**

백성을 멍들게 하는 폐단을 세상에 알리고 고치기 위해 봉기하였고, 그것이 달성되면 죽어도 한이 없다는 것이다. 참으로 떳떳하고 결연한 의지가 가득 찬 발언이라고 할 수 있다. 참된 사회를 만들기 위해 자신의 생명을 과감히 내던지겠다는 것이다. 그리고는 함평현의 비리를 담은 「10조앙진(十條仰陳)」을 제시하였다. 그것은 다음과 같다.

1. 조창에 납부하는 조세가 읍내 창고에서 거두는 양보다 많은 것.
2. 궁방전의 수세액이 규정보다 많은 점.
3. 경작하지도 않는 토지에서 세금을 거두는 폐단.
4. 부채 명목으로 억울하게 징수당한 액수가 32,315냥에 이른 것.
5. 간사한 향리들이 몰래 삼켜 먹은 환곡 7,400냥을 장부에 첨부시킨 점.
6. 영저리(營邸吏) 수고비를 전세에 붙여서 부과한 점.
7. 11만 석에 달하는 환곡의 과다 문제.
8. 토지와 민가에 배분한 세금의 증가 문제.
9. 도망한 군정가(軍政價)를 함부로 거둔 점.
10. 관이 미납한 7년 세금을 징수한 문제.

이어 농민군들이 해산하자 정한순은 등소(等訴) 운동시 감영 도장의 위조 혐의로 감옥에 갇히게 되었다. 5월 30일 조사관 이정현은 함평 농민항쟁에 대한 최종처리 결과를 중앙에 보고하였다. 그리고 항쟁에 관련된 22명을 감옥에 가두고, 정한순 등 주모자 6명을 처형하였다.

함평지방의 농민항쟁은 정한순의 지도로 시작하여, 정한순을 비롯한 지도부와 농민들의 자수로 끝나게 된다. 그는 기존의 잘못된 지배체제를 타도하고 새로운 사회를 건설하려 하였다. 이는 전 함평농민들의 희망이었다. 때문에 정부에서 농민항쟁의 재발을 막기 위해 정한순의 넋을 가혹하게 탄압했을지라도 함평 농민들의 가슴 속에는 그를 추모하는 정신이 자리잡고 있었을 것이다.

정한순의 영웅적 활동에 대한 찬양은 다른 지역에서도 있었다. 함평농민항쟁 이듬해인 1863년에 서울에서 장기형이라는 사람이 "호남에서 민요를 일으킨 정한순이 필경 장구대진(長驅大進)할 것이다"라는 유언비어를 퍼트린 죄로 체포된 일이 있었다.

또 함평 현지인은 다음과 말을 전하고 있다. 함평 농민항쟁의 지도부 일부가 바다를 통하여 제주도로 피신하였고, 그들이 제주항쟁을 이끌었다는 것이다. 아직 그 사실은 확인되고 있지는 않다. 그럴 가능성은 충분하다. 함평항쟁이 끼친 영향을 시사해 주고 있다.

이 모든 것들을 정한순의 활동이 대단하였음을 알 수 있다. 그러한 정한순의 얼은 어떤 형태로든 지금까지 전해오고 있으리라고 생각한다. 살아있는 우리들 모두가 나서서 찾아야 할 것이다. 농민군이 타도 대상으로 삼았던 토호 김상원이 현감 남희중의 영세불망비(1869년 설립, 함평읍 고양촌)에 이름이 올라 있는 것과 관련하여 더욱 그렇다.(김덕진)

〈참고문헌〉

망원한국사연구실,『1862년 농민항쟁』, 동녘, 1988.

안병욱,「19세기 임술민란에 있어서의 향회와 요호」,『한국사론』14, 1986.

오영교,「1862년 농민항쟁– 전라도 지역의 사례를 중심으로」,『손보기박사정년기념 한국사학론총』, 1988.

김인걸,「조선후기 촌락조직의 변모와 1862년 농민항쟁의 조직기반」,『진단학보』67, 1989.

배항섭,「19세기 후반 '변란'의 추이와 성격」,『1894년 농민전쟁연구』2, 역사비평사, 1992.

목포대학교 박물관,『함평군의 문화유적』, 1993.

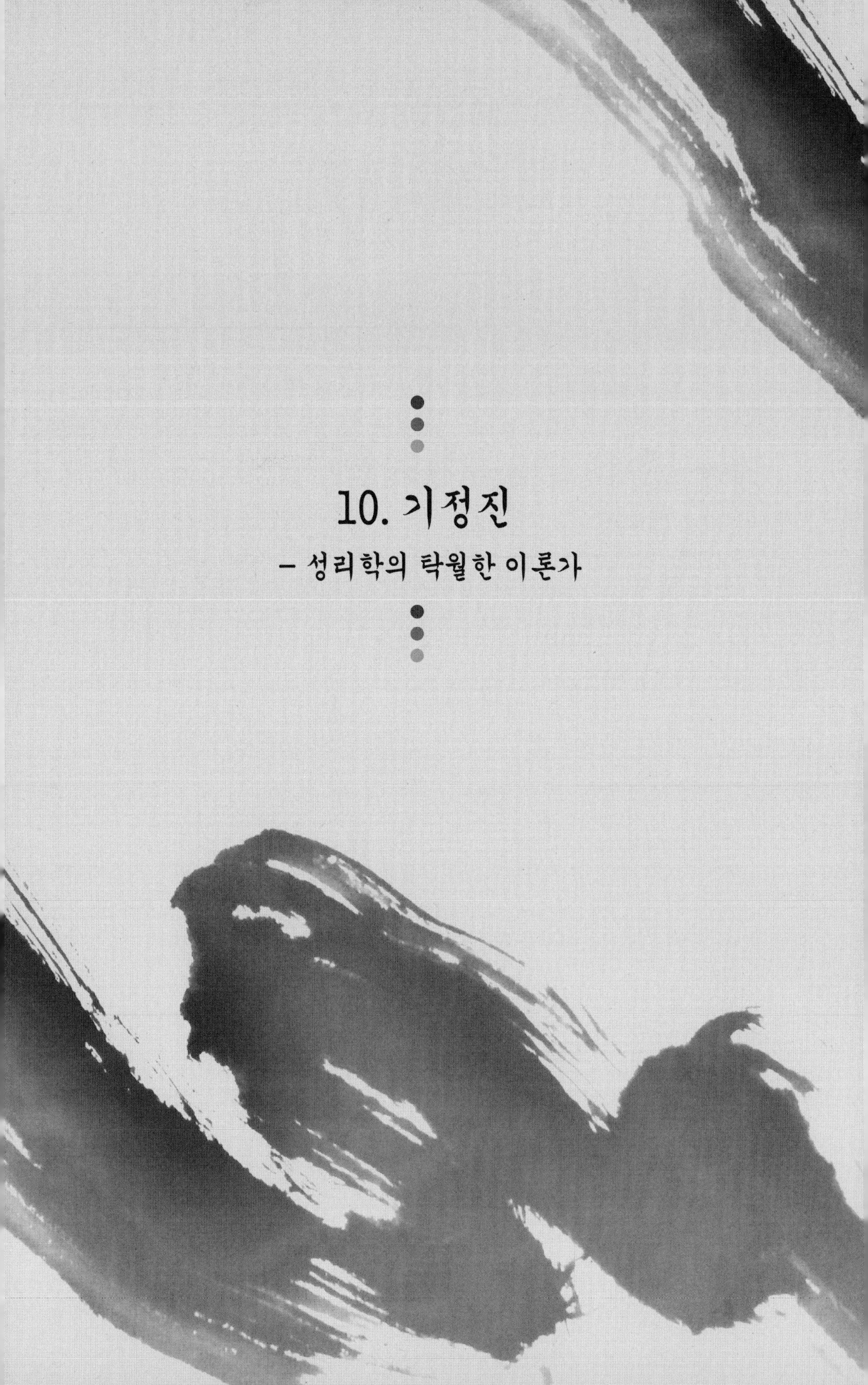

10. 기정진

– 성리학의 탁월한 이론가

10. 기정진
- 성리학의 탁월한 이론가

범상치 않은 출생과 병마와의 싸움

1798(정조 22)년 6월 어느 날 순창의 외진 조동(槽洞) 마을에 사는 기재우(奇在祐)와 안동권씨 사이에 한 사내아이가 태어났다. 아이의 아버지가 장성 하남 땅에서 순창으로 이사하여 처음으로 낳는 아이였다. 특히, 그의 태몽에 황금빛 얼굴의 대인(大人)이 사내 아이를 건네 주었던 기억이 새로운데, 마침 태어난 아이의 얼굴이 대인과 너무 닮았다. 그리하여 아이는 어려서 "금사(金賜)"로 불리워졌다. 이름은 정진(正鎭), 잘 알려진 호는 노사(蘆沙), 장성한 후의 자(字)는 대중(大中, 大仲)이라 하였다.

그런데 그는 어려서부터 병마에 시달렸다. 여섯살 때 마마를 앓은 후 왼눈의 시력을 상실했으며, 그 이후에도 몸이 허약한 탓에 그의 부친은 건강을 염려하여 열네살이 되도록 글씨 연습을 못하게 할 정도였다. 스물한살의 한창 나이에 스스로 "자주 앓았음(多疾)"을 인정할 정도였으니, 그의 건강이 어떠하였는가를 짐작할 만하다. 그의 연보에는 병환과 관계된 기록이 열 손가락으로 헤아리기 힘들 만큼 자주 나온다. 이와 관련된 것인지는 알 수 없으나, 그는 중환을 앓은 만큼이나 이사 역시 잦았다. 주로 기씨 세거지(世居地)인 장성 · 광산 · 순창 지역을 전전하였다. 만년에 지은 노사라는 호 역시 그가 사는 지명과 관련된 것이었다. 노산(蘆山)의 아래 하사(下沙)에 산다는 의미에서 노사라 자호(自號)하였다. 그러나 그를 괴롭히는 병마와 싸우면서도 그는 건강한 사람도 누리기 힘든 장수를 누렸다. 그의 나이 여든 둘을 꽉 채운 섣달에 눈을 감은 것이다. 그가 죽자, 그를 따르는 수많은 문인들이 애도하였을 뿐만 아니라, 산천도 감응하여 마을 주위에는 붉은 무지개가 드리워졌다고 전한다.

꼬마 신동(神童)의 청년기 수학(修學)

유명한 인물치고 신동 아닌 사람이 없었다고 흔히들 이야기한다. 노사도 믿기 어려울 만큼 조숙하고 명석하였다. 그는 말을 배우면서 곧 문자를 알기 시작하였으나, 네 살 때부터 공부하려는 것을 그 부모가 허락하지 않았다. 워낙 병치레가 많은 허약한 아이였기 때문이다. 하지만 그는 일년후 『효경(孝經)』과 『격몽요결(擊蒙要訣)』에 심취하면서 학문의 길에 들어섰다. 여섯 살에는 '사람은 우주 사이의 궁궐에서 산다(人有宇宙之間 宮室居之)'라는 글을 지어 주위 사람들을 놀라게 하였다. 그의 부친은, '아이의 용모와 재주는 하늘이 준 것으로, 집안의 경사에 그치지 않고 큰 인물이 되리라'고 예견하였다. 그의 재주에 관한 놀라움은 여기에서 그치지 않는다. 7세때 이미 시작(詩作)을 즐겼으며, 그 이듬해 1월에 시작한 강목(綱目)을 6월에 끝내었고, 춘추4전(春秋四傳) 역시 반년만에 독파하였다.

10여 세 전후부터 조용한 산방(山房)을 찾아 침식을 잊고 공부하는 것을 즐겨 하였다. 그가 주로 이용한 산사로는 백암사(白巖寺) · 문수사(文殊寺)의 남암(南庵) • 관불암(觀佛庵) 등이었다. 그는 자신의 집 주변에서 그리 멀지 않은 곳에 위치한 경치좋고 조용한 사찰을 찾아 피서도 겸한 자신의 수양과 학문 도야 그리고 건강 관리에도 주의를 기울였으리라 생각된다. 물론 그가 산사를 찾는 가장 중요한 목적은 학문을 닦는 것이었다.

당시 산방생활의 일단을 엿보면, 그는 수많은 유교경전을 책상위에 가득 쌓아두고 단정히 앉아 책을 읽거나 명상에 잠기곤 하였다. 때론 산사의 오솔길을 거닐며 생각을 정리하기도 하고 달빛을 벗삼아 뜰을 거닐며 사색에 골몰한 적도 많았다. 그는, 열 두세살 경에는 깨달은 바가 많았으며, 15~16세에는 문장에 힘쓴 시기였다고 훗날 회상한 바 있다. 이 때가 가장 공부에 전념했던 시기였음을 알 수 있다. 요컨대 성리학 대가로서의 자질을 갖추어가는 시기였던 것이다.

한편, 이 시기에 장성의 대성인 울산김씨와 혼인하여 가정을 이루었으며, 그의 부친이 세상을 달리하는 슬픔을 겪기도 하였다. 그는 과거시험에 응시하라는 부친의 유지(遺志)를 받들어 삽십대 초반에 향시에 응시했고, 마침내 서른네살에 사마시(司馬試) 장원으로 급제하였다. 이후 조선정부는 그에게 강릉참봉(康陵參奉, 35세) · 사옹원 주부(司饔院 主簿, 40세) · 전설사 별제(典設司 別提, 45세) · 무장현감(茂長縣監, 60세) · 사헌부 장령(司憲府 掌令, 64세) · 사헌부 지평(持平, 67세) · 동부승지(同副承旨, 69세) · 호조 참의(戶曹 參議, 69세) · 공조 참판(工曹 參判, 69세) 등의 벼슬을 계속 내렸다. 그러나 그는 관직에 나아가는 것을 좋아하지 않았다. 전설사 별제를 제수받았을 때 겨우 엿새동안 근무했을 뿐이다. 그것도 인사를 집행하는 정부에 자주 누를 끼친 미안함에서 예우로 잠시 취임했던 것에 지나지 않았다. 그는 처음부터 과거 응시와 관계진출보다는 오직 성리학의 이론을 체계적으로 공부하고자 하였다.

독창적인 성리학 이론의 제창

그는 이렇다할 스승의 탁월한 지도나 학문이 심오한 인물의 가르침에 의지하지 않고 오로지 자신의 힘으로 성리학 이론을 새롭게 발전시켰다. 그리하여 그는 후인들에 의해 조선시대 성리학의 6대가의 한 사람으로 평가받았다. 그는 퇴계 · 율곡 이후 300년 동안 지속되어온 이기론(理氣論) 논쟁을 새로운 방향에서 접근했던 것이다. 즉, 그는 성리학의 우주관과 세계관을 이(理)를 중심으로 체계화하였다. 이로써 이기(理氣)에 대한 지금까지의 견해를 더욱 심화시키는 데 기여함으로써 19세기 성리학계에 신선한 충격을 안겨 주었다.

그는 40대 중반 이후 자신의 성리학적 견해를 적극 표명하였다. 30대까지 학문의 깊이를 더하는데 노력하다가 40대에 이르러 자신의 주장을 내놓게 된 것이다. 따라서 그의 성리학 저술은 즉흥적이고 직관적이기 보다 원숙성과 치밀한 논리를 갖추었을 뿐만 아니라, 장고(長考)의 심오함이 어우러진 것이라 할 수 있다. 그의 독창적인 사상을 담고 있는 대표적인 저술로는 [납량사의(納凉私議 : 46세 집필하여 77세에 수정)], [정자설(定字說 : 48세)], [우기(偶記 : 48세)], [이통설(理通說 : 56세)], [외필(猥筆 : 81세)] 등을 들 수 있다. 이 밖에 그의 문인(門人)들과 성리학에 관한 의견을 함께 나눈 내용이 담겨진 [답문유편(答問類編)]도 빼놓을 수 없다.

노사는 위의 저술을 통하여 주로 이(理)에 관한 이론을 체계화하는데 심혈을 기울였다. 그가 얼마나 이 중심의 성리학 이론을 강조했는가는 다음의 사실로서 확인이 가능하다. 그는 천하의 대변(大變)을 세 가지로 파악하였다. 즉, 부인이 남편의 자리를 빼앗는 것(妻奪夫位), 신하가 임금의 자리를 빼앗는 것(臣奪君位), 오랑캐가 중화의 자리를 빼앗는 것(夷奪華位) 등을 들었다. 그러나 무엇보다도 가장 큰 변고는 기(氣)가 이(理)의 자리를 빼앗는 것이라고 주장하였다.

이처럼 그는 성리학의 핵심사상을 이(理)로 파악함으로써, 후일 그는 유리론자(唯理論者)로 평가받기도 하였다. 그는 '천하에 씨가 없이 생겨난 것은 아직 존재하지 않았다. 이여! 이여! 그야말로 만물의 씨앗이다'라고 정의하였다. 그는 필생의 역작 [외필]에서 이와 기의 관계를 아래와 같이 비교하여 설명하였다.

움직이거나 고요한 것은 기(氣)이고, 움직이게 하고 고요하게 하는 것은 이(理)이니, 움직이게 하고 고요하게 하는 것은 그렇게 시키는 것이 아니고 무엇이겠는가.

위의 글에 나타나 있듯이, 기는 스스로의 작용성(作用性)이 없고, 이만이 그 주재성(主宰性)을 갖고 있다고 주장한 것이다. 이처럼 그는 이(理)를 중심으로 한 일원적 세계관을 주장하였다. 그의 경세관(經世觀) 역시 이것과 표리관계에 있었음은 물론이다.

그의 사상이 매우 새롭고 독창적인 내용을 담고 있다는 사실이 알려지자, 유학자들 사이에 즉각적인 반응이 나타났다. 중암(重庵) 김평묵(金平默)은, 스승없이 학문의 심오함을 터득한 노사의 학문에 경탄했으며, 특히 [외필]에서 논의한 화이론(華夷論)의 분석이 한 칼에 두 쪽을 낸 듯 분명하다고 호평하였다. 그런가 하면, 주기론(主氣論)의 대표적 학자인 간재(艮齋) 전우(田愚)는 강력히 반발하였다. 기정진이 죽고난 후에 노사의 문인들과 간재 사이에 치열한 논전(論戰)이 전개되었음은 물론이다.

논란의 장(場)을 제공한 학설을 수립한 사실 하나만으로도 그의 학문적 깊이를 대강 짐작할 수 있을 것이다. 그의 학문적 경지의 심오함은 당시 성리학자뿐만 아니라 훗날 성리학 연구자들에 의해서도 높이 평가되었다. 당시 장성에서는 '장안의 만 개의 눈이 장성의 외눈만 못하다(長安萬目不如長城一目)'는 말이 유행하였다 한다. 노사의 학문적 탁월함을 지칭하는 것이었음은 물론이다.

체제동요를 막기 위한 구국방략

조선의 양반관료체제는 19세기에 이르러 심각한 상황에 처하였다. 노사의 학문이 날로 깊이를 더함에 반비례하여 조선은 더욱 위기로 치닫고 있었다. 특히, 1862년 임술년에 일어난 농민봉기는 중앙정부를 곤경에서 헤어나기 어렵게 만들었다. 봉기의 원인은 부패한 양반관료와 탐학한 아전들이 제공한 것이었다. 이른바 3정(三政)의 문란이 너무나 심각하여 농민들로서는 도저히 감당하기가 어려웠기 때문이다. 학문의 도야에 전념하던 노사였지만, 당시 농민의 처절한 울부짖음을 외면할 수 없었다. 학문의 궁극적 목표의 하나가 제세안민(濟世安民)이었기 때문이다. 철종은 농민봉기의 심각성을 깨닫고서 시국을 진정시킬 의견을 널리 구하였다.

이에 그는 시무책(時務策)을 작성하였다. 그러나 시무책의 말미에 과거응시의 예와 같이 각 성지의 이름 등을 밝히라고 하지, 이미 작성한 시무책을 불에 태워버리라 하였다. 그가 기대한 만큼의 조치를 정부가 취하지 않을 것으로 판단되었기 때문이다. 당시 그는 [임술의책(壬戌擬策)]에서 농민봉기의 원인을, '농민이 먹을 것을 잃고 울부짖는 소리'라고 규정하였다. [임술의책]을 통하여 당시 백성들이 도탄에 빠져 허덕이는 상황에 관한 그의 입장을 살펴볼 수 있다.

그는 재야의 진보적인 사대부로서 농민의 입장을 대변하였다. 즉, 그는 지배계층인 사대부의 타락상을 강도높게 비판하면서, 삼정문란의 해결책을 제시한 것이다. 그는 정약용의 『목민심서』를 인용하여 당시 관리와 사대부의 부패상, 그리고 농민의 처참한 생활상과 함께 그 해결책을 모색하였다. 그는 먼저 전정(田政)의 문란을 해결하기 위해서는 군자와 농민이 서로 돕는 관계로 정립되어야 한다고 역설하면서 구체적인 개혁 방향을 제시하였다. 주목되는 내용으로는 병작반수의 토지정책을 개선할 것과 아전의 횡포를 지양하는 방안을 언급하였다. 다음으로 군정의 개혁은 국난과 흉년에 대비하는 방향에서 개선되어야 함을 강조하였다. 여기서 왕은 유모, 인민은 어린이에 견주어 파악하면서, 유모가 어린이의 위급함을 구하는 것은 당연한 것이라고 설파하였다.

한편, 그는 금전수수가 관행화된 과거제의 부조리를 개혁하지 않으면 안 된다고 주장하였다. 이와 같이 그의 시무책에는 당시 조선의 대내적 문제를 해결하기 위한 구체적인 방안이 담겨 있다. 요컨대, 그는 체제의 유지를 바라는 입장이었지만, 개혁없이는 그것이 불가능하다고 파악하였다.

두번째의 시무(時務) 상소는 병인양요 직후에 올린 것으로서, 이른바 위정척사운동의 기치를 처음으로 올린 기념비적인 내용이었다. 그는 침략의 허점을 노리는 외세에 효과적으로 대응하는 방법을 구체적으로 논하였다. 6개 조항으로 나누어 설명되고 있는데, 그 가운데 중요한 점만 예시하면 아래와 같다. 첫째로 대외개방에 반대하는 입장에서 국론을 통일해야 한다는 것이다. 둘째로 유사시에 대비하여 국내의 지세(地勢)를 상세히 파악해야 한다는 점을 강조하였다. 셋째로 외세의 침략에 대비하여 군적(軍籍)의 효율적인 관리와 국방력의 강화를 주장하였다. 넷째로 현명하고 올바른 정책을 수립하기 위해서는 한글로 작성한 시무책도 받아들일 것을 촉구하였다. 이는 민중들이 제시한 정책의 수용을 의미한 것으로 주목된다. 끝으로 내정개혁을 착실히 수행하는 것만이 외세를 막는 지름길이라 주장했으며, 그러기 위해서는 인민의 힘을 결집시킬 수 있어야 한다는 점을 특히 강조하였다. 한편, 사대부의 군역 부담과 서원의 불필요함을 제기한 점도 주목되는 사실이라 하겠다. 요컨대, 그는 체제 유지를 위한 방안으로 매우 혁신적인 정책을 제시하였다. 그러나 당시의 정치는 그가 생각하는 것과는 정반대의 방향으로 흘러가고 있었다.

기정진과 그 제자를 배향한 장성 고산사 전경

구국의 불길로 치솟은 노사학(蘆沙學)의 전통

기정진의 문인들은 영·호남 지방에서 주로 거주했는데, 대략 600명 정도였다. 1세기를 채 살지 못하는 인생에서, 그는 수백명의 학인들에게 혼을 불어 넣어주고 길잡이의 역할에 충실하였다. 그의 학문을 계승한 문인들은 노사학을 정립시켜 갔다. 그의 문인들은 대체로 춘추의 의리사상을 중시하였다. 이들은 스승이 제기한 위정척사 사상을 계승·발전시켰으며, 나아가 이들은 조선을 식민화하려는 일본에 맞서 의병항쟁을 전개하였다. 의병항쟁에 투신한 대표적 문인으로는 이최선·기우만·기삼연·김용구·정재규·정의림 등을 들 수 있다. 이들이 호남지역 한말의병의 중추적 역할을 수행했음은 물론이다. 한편, 그의 문인들은 노사의 사상을 계승하기 위해 전후 세 차례에 걸쳐 스승의 문집을 발간하였다. 이상과 같이 노사의 성리학 이론은 독창성은 말할 필요없이 이론적 공허함에 함몰하지 않고 현실을 치열하게 개혁하려는 시국관을 겸비한 것으로 파악할 수 있다. 이러한 노사의 학문적 전통이 오늘날 의향 호남의 정신을 면면히 잇게 하는 원동력이 아닐까 한다.(홍영기)

〈참고문헌〉

기정진, 『노사선생문집』, 보경문화사, 1983.

금장태 고광직, 『유학근백년』, 박영사, 1984.

안진오, 「기노사의 이철학에 관한 연구」, 동국대 박사학위 논문, 1988.

홍영기, 「노사학파의 형성과 위정척사운동」, 『한국근현대사연구』 10, 1999.

김봉곤, 「노사 기정진의 교유관계와 인맥」, 『조선시대의 사상과 문화』, 집문당, 2003.

고영진, 「노사학파의 학통과 사상적 특성」, 『근대의 유교학맥과 민족운동』 Ⅳ · Ⅴ, 성균관대학교 대동문화연구원, 2000.

김봉곤, 「노사학파의 형성과 활동」, 한국학중앙연구원 대학원 박사학위논문, 2006.

박학래, 「19세기 호남 성리학의 전개와 특징」, 『국학연구』 9, 2006.

박학래, 「기정진의 「납량사의」를 둘러싼 기호학계의 논쟁」, 『유교사상연구』 39, 2010.

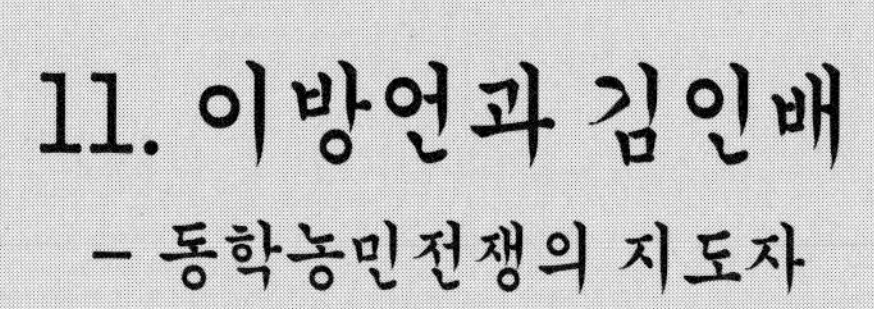

11. 이방언과 김인배

– 동학농민전쟁의 지도자

11. 이방언과 김인배
-동학농민전쟁의 지도자

장태장군 이방언

1894년에 일어난 동학농민전쟁은 부패한 봉건체제에 대항하여 정치개혁을 요구하고 외세의 침략을 물리치려는 반봉건 반제국주의 운동이며 근대민족운동의 서막이라고 할 수 있다. 전라도 고부에서 시작된 동학농민전쟁은 삼남지방에 들불처럼 번졌다. 20여만 명의 사기충천한 농민군은 공주 우금치 전투 패배 이후 일본군의 우수한 화력 앞에 연패를 거듭하였다. 이때 꺼져가는 동학의 마지막 불꽃이 타오른 최후의 격전장이 바로 장흥이었다. 패배가 예견되는 상황에서 장흥 농민군 3만여명은 이방언의 지도하에 마지막 횃불을 들었던 것이다.

당시 이방언은 '관산이장군', '남도장군' 또는 '장태장군' 이라는 별호로 불렸다. 남도장군이라는 별호는 남도에서 가장 뛰어난 장군이었기 때문이고, 장태장군은 장성 황룡강 전투에서 닭장태를 방어무기로 고안하여 승리를 거둔 데에서 연유한다.

그는 1838년 장흥군 남상면 묵촌리에서 태어났다. 조선초 이조판서를 지낸 공도공 이문화의 19대손이며 부친 묵암 이중길은 인천이씨를 중심으로 남상면 일대에 2백여년간 내려오는 청원계의 도정을 맡았으며 박학다식했고 상당한 부자였다고 한다. 어린시절 장흥 유생 김한섭과 함께 임헌회의 문하에서 동문수학하였으며, 키가 장대하고 체구가 우람하고 유달리 큰 목소리를 지녔으며 성품이 호방하여 항상 의로운 일에 앞장섰다고 한다. 그는 대원군과 교류가 있을 만큼 정치적으로 거물이었으며, 장흥, 보성, 강진 지역에서 영향력 있는 인물이었다. 1888년 장흥지역에 가뭄이 들어 농민들의 고통이 참혹한 상황에서 세금 독촉이 빗발치자, 그는 장흥부사와 전라 감사에게 조세를 감하여 줄 것을 진정하여 자신의 고향인 남상면 일대의 감세를 받게 하였다고 전하여 진다.

장흥지방의 동학교세는, 1891년에 입도한 이방언, 이인환 등에 의하여 포교활동이 이루어지다가, 그해 10월부터 시작되는 교조신원운동으로 점차 조직화되며 특히 삼례집회를 전후하여 세력이 급성장한다. 이후 장흥에는 남상면의 어산접, 부동면의 용반접, 웅치접이 조직되었고, 이때 이방언은 어산접의 접주를 맡았다. 1894년 동학농민전쟁이 일어나자 이방언은 장흥의 이인환, 강봉수, 강진의 김병태, 해남의 김도일, 영암의 신성 등과 함께 3월 제 1차 봉기에 참가한다.

4월 7일 황토현전투에서 승리한 농민군은 정읍, 고창, 무장을 거쳐 영광, 함평에 도착하였다. 정부에서는 이미 홍계훈을 양호초토사로 임명하여 신식무기로 무장한 정예부대 약 800명으로 농민군을 토벌케 하였다. 4월 21일 홍계훈부대가 영광쪽으로 움직이자 농민군은 방향을 북쪽으로 바꾸어 장성으로 올라갔다. 4월 23일 장성에 도착한 농민군은 본진을 삼봉 아래에 설치하고 일부 농민군은 월평리에 머물렀다. 이때 이방언도 이미 군사 1천여 명을 거느리고 농민군 본진에 합류하고 있었다.

홍계훈은 이학승 등에게 병졸 3백명을 보내면서 싸우지 말고 농민군의 동정만을 살펴오라고 했다. 이학승 등이 신현고개를 넘어 장성 황룡강가 월평리에 있는 농민군을 건너다보고 있을 때 농민군은 마침 점심을 먹고 있었다. 관군은 홍계훈의 명령을 어기고 대포를 쏘며 공격을 하였다. 순식간에 농민군은 수십명이 죽고, 삼봉으로 후퇴하여 전열을 가다듬었다. 농민군의 반격이 시작되면서 관군과 농민군 사이에 일대 접전이 벌어졌다. 이때 농민군은 이방언이 고안한 장태무기를 사용한다.

닭장태는 밤에 닭을 짐승의 습격으로부터 보호하기 위해 대나무로 용수처럼 둥그렇게 엮은 것으로 가운데는 불룩하고 양쪽 주둥이는 좁은데 이것을 처마 안쪽에 달아매어 닭이 그곳에 올라가서 자도록 한 것이다. 이방언은 이 닭장태를 변형하여 양총의 총알을 피하는 방어무기로 사용하였다. 기세 좋게 공격하던 관군들은 괴상한 방어무기에 당황하였다. 농민군이 장태를 앞세우고 관군을 향해 세 방향으로 공격해 들어가자 관군은 총을 쏘아댔지만 전혀 효과가 없었다. 관군은 후퇴하기 시작했고 기선을 제압한 농민군은 장태를 앞세워 정부군을 공격하여 전멸시켰고, 대포 2문과 양총 1백정을 노획하였다. 이 전투에서 이방언이 고안한 장태는 양총의 우수한 성능을 무력화 시키며 전투를 승리로 이끌었다. 이방언은 이때부터 '장태장군'이라는 별명을 얻는다. 전주화약 이후 6월경에 이방언은 장흥 묵촌 일대를 중심으로 막강한 영향력을 행사하며 폐정개혁 활동을 전개하였다.

9월 말경 2차 동학농민전쟁이 일어나자 이방언은 장흥에서 5천여 명의 농민군과 함께 봉기한다. 그러나 장흥에서는 9월 초순부터 동학농민군에 대한 수성군측의 공격이 시작되었다. 이 때문에 이방언은 장흥 산간지역에 집결하여 세력을 강화하는 한편 전봉준에게 연락하여 지원군을 요청한다. 우금재전투 직전 전봉준은 김방서 부대를 이곳 장흥 강진일대에 파견한다.

11월 전후하여 장흥 수성군의 공격이 강화되자, 장흥의 농민군은 이방언, 이사경, 이인환 등을 중심으로 군사력의 강화활동에 들어간다. 이방언은 용산면 묵촌리 도르뫼 들판에서 농민군을 훈련시켰다. 들판에 지금까지 남아 있는 두 개의 입석은 농민군 진영의 출입문 표시라고 전해진다.

11월 장흥에는 금구, 광주, 남평, 보성, 능주 등지에서 내려온 농민군이 집결하기 시작한다. 1만명의 농민군은 벽사역, 강진현, 강진 병영을 차례로 점령하였다. 장흥부사 박헌양은 수성장졸과 백성을 독려하여 농민군과의 일전에 대비하고 있었다. 농민군들은 현재 장흥고 뒷산에 집결하여 이방언 장군의 지휘하에 대장기를 꽂고 본진을 폈다. 박헌양은 아들을 전주에 보내 구원병을 요청하고 탐진강의 죽교를 끊고 대비하였다. 12월 5일 농민군은 총공격을 개시하여 장녕성을 함락하였다. 박헌양과 96명의 수성장졸이 모두 전사하는 대혈전이었다. 현재 장흥 남산에는 이들을 기리는 영회당과 수성장졸순절비가 남아있다.

장녕성 전투가 끝날 무렵, 농민군은 3만 명의 규모로 증가되었다. 이것은 강진, 해남, 영암, 순천, 보성, 방면에서 계속 밀려온 농민군들이 합세하였기 때문이다. 12월 6일 벽사역 뒷산에 머물러 있던 농민군은 강진 방향으로 이동하여 오후 2시경 사인점 앞 들판까지 진출하였고, 다음 날인 7일 오전 8시경 농민군은 강진현을 포위하였다. 강진현감은 이때 나주로 도망하고, 유생 김한섭만이 민보군을 이끌고 대항하다가 전사한다. 농민군은 강진의 관청을 불태우고 농민군 탄압에 앞장섰던 수성군들을 잡아 죽임으로써 그 동안 일방적으로 당해왔던 한을 일시적이나마 풀었다. 이어 농민군은 10일 병영까지 함락하고 병영 화약고에 불을 지르니 화약 폭발의 불꽃이 장흥에서도 보였다고 한다.

12일 연승을 거둔 농민군이 장흥으로 귀환할 무렵 정부군의 선발대가 장흥에 도착하였다. 이날 이방언이 이끄는 부대는 토벌군과 소규모 접전을 벌인다. 13일 농민군은 정부군 30여명과 1차 접전을 벌였으나 무기의 열세로 패하고 자울재를 넘어 관산방면으로 일시 퇴각한다. 13일부터 14일에 이방언, 이인환 등의 부대가 다시 공격하여 정부군을 압박하였으나, 15일 정부군과 일본군의 본대가 장흥에 도착하면서 전세는 돌변하게 된다. 농민군은 이날 자울재를 넘어 석대들판을 가득 메우며 압도적인 병력으로 공격하였다. 일본군의 유인전술에 속아 석대들판으로 밀고 내려오는 농민군에게 토벌군은 기다렸다는 듯이 독일제 쿠르프식 기관총으로 일제히 사격을 가하였다. 화승총과 죽창, 몽둥이 등으로 무장한 농민군은 수백명의 희생자를 내고 자울재 너머로 퇴각하였다. 17일 농민군 4천명은 관산 옥당리에 집결하여 최후의 항전을 시도했으나 여기서 다시 1백여 명이 포살되고 수십명이 생포되었으며 나머지는 피눈물을 뿌리며 피신길에 올랐다.

이방언은 12월 25일 우선봉장 이두황에게 체포되어 나주로 이송되었다. 대다수 농민군들은 문초 한 마디 없이 무조건 처형되었으나 이방언은 장군 대접을 받은 셈이다. 이듬해 1월 중순경 서울로 압송되었으나 증거불충분으로 무죄를 선고받고 3월 21일에 석방되었다. 이러한 배경에는 대원군의 영향력이 있었다고 전해지고 있다. 이후 전라 감사의 체포령이 다시 내려졌고, 이방언은 회녕면 신기의 이의원 집에 숨어 있다가 어떤 자의 밀고로 체포되었다. 그는 독자 성호와 함께 장흥 장대에서 참형을 당하였다. 그의 나이 58세였다.

영호대접주 청년장군 김인배

김인배는 25세의 젊은 나이로 영남과 호남 지역에서 크게 활약하여 '영호 대접주'가 되었고 동학농민군 10대 지도자의 한 사람으로 불렸다. 그의 본명은 용배이며, 전북 금구현(지금의 김제군 봉남면 화봉리)에서 태어났다. 어린 시절에 글방을 다니며 글을 익혔는데, 글을 잘하고 똑똑해 마을

어른들의 칭찬이 자자했다고 전해진다. 그는 성장하면서 당시 현실 문제에 깊은 관심을 가졌으며 동학에도 입도하였다. 1894년 백산봉기 때 같은 고장 출신인 김덕명과 함께 많은 농민군을 거느리고 합류했고, 농민군이 집강소 활동을 벌일 적에는 남원에 근거지를 둔 김개남의 포에 들었다. 그는 김개남의 지시를 받고 고향 금구를 떠나 남쪽으로 진출했다. 김인배는 10여만의 농민군을 지휘하며 순천부로 들어가 관아에 영호도회소를 설치하였다. 그는 이어서 현지의 유하덕을 수접주로 삼아 영남과 호남의 대접주가 되어 섬진강 건너 경상도 지역으로 진출할 준비를 하였다.

이 때 하동의 농민들과 지리산 일대의 도적과 상인들은 부당한 관리의 수탈에 맞서 화개 장터를 중심으로 봉기에 참여했다. 이에 지리산 포수를 중심으로 한 민포군은 이들의 근거지인 지리산 화개골을 공격하여 닥치는 대로 살육했다. 봉기군들은 광양으로 달아나서 김인배에게 이 사실을 알렸다. 김인배는 수접주 유하덕과 함께 1만여 명의 농민군을 이끌고 9월 1일 하동 하개동을 공격하였다. 당시의 일을 전해주는 한 일화가 전해진다. 김인배는 부적을 써서 수탉의 가슴에 붙이고 백보쯤 떨어져 있는 곳에 놓게 했다. 그리고 "총을 쏘아도 닭이 맞지 않을 것이오. 접장들은 내 부적의 효험을 믿으시오"라고 말했다. 그러고 나서 자기 심복을 시켜 총을 세 발 쏘게 했으나 수탉은 한 발도 맞지 않았다고 한다.(황현『오하기문』) 이에 농민군은 그 효험을 믿고 부적을 만들어 옷에 붙이고 전투에 나섰다. 이들은 2일 하동 관아의 앞뒤 산을 점령하고 곧바로 민포군의 근거지인 하동 화개동에 들어가 5백여 채의 집을 불태우는 등 큰 승리를 거두었다. 하동전투의 승리 소식은 곧바로 진주, 사천, 곤양 등지로 전해졌다. 진주 일대의 농민군들은 지리산 밑 덕산을 중심으로 산발적으로 활동을 벌이고 있었다. 그러나 뚜렷한 조직과 구심점이 없던 터에 하동의 소식을 듣고 기세가 크게 올랐다.

김인배는 곧 바로 이 일대의 군사 행정의 중심지인 진주로 진격했다. 하동전투에서 승리한 날, 진주에서는 각 동리마다 대표 13명이 나와 8일 평리 광탄진에 모여 현안의 여러 문제를 의논하자는 방문이 곳곳에 나붙었다. 8일의 군중대회는 예정대로 열렸고, 이 자리에서 진주의 농민군은 김인배를 정중히 받들어 진주 병영으로 맞아들여 무혈 점령하였다. 경상도의 두 병영 중 하나가 떨어진 것이다. 이때 진주 병사 민준호는 영장을 보내 김인배를 맞이하게 했고, 김인배가 병영에 들어오자, 지난날 '도인' 죽인 죄를 사죄하면서 융숭하게 대접하였다. 이후 영호남 연합 농민군은 여러 고을을 돌아다니며 벼슬아치의 협조를 구했다. 특히 힘을 합해 일본군의 침입에 대비할 것을 역설했다. 김인배의 진주 점령 소식을 들은 일본군은 진주를 공격하여 고승당산에서 많은 농민군을 살육하였다. 김인배는 고승당산 전투에는 참여하지 않았던 것으로 보인다.

이 무렵 김인배는 순천에 물러나 있다가 하동의 농민군으로부터 지원 요청을 받았다. 김인배는 8만여 농민군을 이끌고 섬진강을 건너갔다. 10월 22일 밤, 비가 억수처럼 쏟아졌다. 일본군과 관군의 연속적인 공격을 받은 김인배의 농민군은 치열한 전투를 벌였으나 끝내 패하였다. 김인배는 산속 후미진 곳에 숨어 소나무 가지로 얼굴을 가리고 새벽을 기다렸다. 그는 맨발로 빗속을 뚫고 광양으로 달아났다. 이것이 김인배로서는 최초의 패전이었다.

김인배는 다시 순천으로 와서 남은 농민군을 수습하여 전라 좌수영(여수) 공격에 나섰다. 이 무렵 일본군과 관군이 전면적인 공격에 나섰다는 소문을 듣고 김인배는 좌수영을 차지하여 지구전을 벌일 계획이었다. 그리고 만일 오랫동안 좌수영을 차지할 수 없게 되면 바다를 통해 섬으로 들어가겠다는 계획을 세웠다.

그는 좌수영을 공격하기 위해 여수 덕양역에 이르렀다. 이어 진남관의 뒷산인 종고산에 올라 정탐을 하는 한편 좌수영에 "형제들끼리 싸우는 것은 집안이 망할 일이니 서로 화합하고 힘을 합해 이류의 발호를 막자"는 고시문을 보냈다. 좌수사는 이를 거절하고 이날 저녁 동학농민군을 공격하였다. 24시간 계속된 전투에서 동학농민군은 패하여 60여명의 사상자를 남기고 순천으로 퇴각하였다. 10월 하순 날씨는 매우 추웠다. 농민군들이 밥을 얻어먹으려고 민가로 내려간 탓에 대오가 흩어졌다. 농민군들은 양곡이 떨어져 밥을 지을 수 없었고, 주민이 모두 피난을 가서 민가에서 밥을 얻어먹을 수도 없었다. 더욱이 밥을 지어 가져오면 꽁꽁 얼어서 넘길 수도 없었다. 김인배는 농민군을 이끌고 순천으로 되돌아왔다. 며칠 뒤 다시 좌수영 공격에 나섰으나 방어가 견고해 며칠 전투를 벌이고 나서 다시 돌아왔다. 4일 뒤인 11월 2일, 전력을 다해 최후의 공격을 시도했다. 그러나 일본 군함 축파호의 육전대가 상륙해서 공격해왔고 바다에서도 다른 일본군의 공격이 치열했다. 끝내 농민군은 좌수영 함락을 포기하고 물러났다.

의욕적으로 끈질기게 공격하였으나 김인배의 계획은 뜻대로 되지 않아 좌절할 수밖에 없었다. 그가 좌수영 공격에 나섰을 적에, 그토록 고분고분 잘 따르던 순천의 구실아치와 수성군은 이 틈을 타서 들고 일어나 순천 일대의 동학 집강과 접주 등 1백여 명을 잡아 죽였다. 당시 주한일본공사관 기록에는 여수의 상인들이 일본 축파호 함장에게 동학의 무리들을 모조리 없애주라는 부탁의 글을 보냈다고 한다. 같은 민족이면서 생각이 이처럼 달랐다. 그렇지만 살아남기 위해 잽싸게 눈치를 살피는 게 민중의 속성일지도 모른다.

좌수영에서 돌아온 김인배는 순천을 떠나 광양으로 들어갔다. 그러나 12월 8일에 순천의 아전 성용희와 이영주, 장교 이종갑과 김언찬 등은 민포군을 이끌고 와서 김인배와 유하덕을 체포하였다. 김인배와 유하덕은 곧 바로 효수를 당하였고 그들의 목은 광양 객사에 걸렸다. 이때 그의 부하 96명도 함께 포살 당했다. 김인배는 붙잡히기 직전에 함께 활동하던 조씨 성의 처남에게 이렇게 말했다고 한다. "장부가 사지에서 죽음을 얻는 것은 떳떳한 일이요, 다만 뜻을 이루지 못함이 한이로다. 나는 함께 살고 함께 죽기를 맹세한 동지들과 최후를 같이할 것이니, 그대는 집으로 돌아가 부모를 봉양하라." 처남에게 당부했던 이 말은 김인배의 마지막 유언이 되었다.(박태선)

〈참고문헌〉

무등역사연구회 지음, 변혁기의 인물과 역사, 사회문화원, 1996.

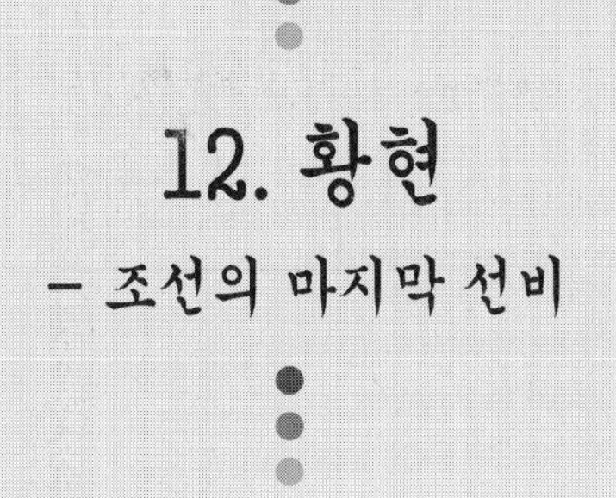

12. 황현

- 조선의 마지막 선비

12. 황현
- 조선의 마지막 선비

격동의 세월

매천(梅泉) 황현(黃玹)은 19세기 중엽부터 20세기 초엽까지를 살다간 인물로 조선의 마지막 의로운 선비였다. 그가 살았던 조선 사회, 즉 19세기 조선 사회는 농업, 수공업, 상업, 공업 등 모든 경제 분야에서 자본주의적 생산관계가 서서히 발전하면서 그 동안 유지되어 왔던 봉건적 양반 지배체제가 하루하루 무너져 가는 시기였다. 이러한 시대적 흐름에 위기의식을 느낀 당시의 양반 지배 세력은 그들의 봉건적 지배 질서를 계속 유지하기 위하여 일반 민중들에 대한 억압과 수탈을 병적으로 더욱 강화시켰고, 이에 따라 다수의 민중들은 더 이상 버티기 힘들 정도의 가혹한 피압박과 착취에 시달리게 되었다.

"천석 부자, 호걸 양반, 팔자 좋은 개양반, 머슴들을 짐승같이 제멋대로 일 시켰지"라는 민요와 "이 채찍으로 양반 삼형제 놈을 식혜 먹은 고양이 대가리 때리듯, 제삿밥 먹은 개 대가리 때리듯, 서푼짜리 낫 벼리듯 하면 좋겠다."는 탈춤 대사는 바로 양반지배체제에 대한 당시 민중들의 증

오심을 잘 반영해 주고 있는 예라고 하겠다. 이러한 민심의 이반(離叛)에도 불구하고 중앙의 위정자들은 체제 개혁에 대한 열의를 보이지 않았고 오히려 관리의 임면과 과거의 시행과정에서 부정한 방법으로 수천, 수만 냥의 검은 돈을 긁어모으는데 혈안이 되었으며, 지방의 관리와 토호들까지도 기상천외의 악랄한 방법으로 경제적 수탈을 자행하였다. 이처럼 부패하고 무능한 봉건적 양반지배체제에 대한 다수 민중들의 대답은 잘 드러나지 않는 소극적인 경제 투쟁에서 폭력적인 봉기에 이르는 다양한 형태의 항쟁이었다.

이즈음 조선은 지리적으로 육교적인 위치와 전략적인 중요성으로 말미암아 종전과는 달리 일본을 비롯한 서구 열강들의 각별한 주목을 받게 되었다. 프랑스 함대가 인천과 강화도를 침략한 병인양요(1866), 미국 상선 제너럴 셔먼호 소각 사건을 빌미로 미국 함대가 강화도를 침범한 신미양요(1871) 등은 바로 조선에 대한 서구 열강들의 높은 관심을 반영한 것이라 하겠다. 특히 이 시기에 일본은 명치유신을 계기로 전제적인 지배권을 강화한 이후 개국으로 인한 그들의 내부적인 모순을 해결하고 제국주의로의 성장을 위해 조선침략을 강렬히 희망하고 있었다. 이러한 조선은 그야말로 역사상 유례(類例)없는 다양하고 강력한 외세의 침략에 직면하게 된 것이다. 그러나 열강들의 침략 앞에 조선의 국력은 너무나도 미약하기만 하였다. 무능한 정부를 대신하여 이름 없는 민중들이 외세의 침략에 맞서 피어린 항쟁을 전개하였지만 근대화된 무기와 장비를 갖춘 제국주의 침탈 앞에서는 무력할 수밖에 없었다. 결국 조선은 자국의 이익만을 추구한 제국주의적인 외세의 침략으로 인하여 주체적인 역사 발전을 일시적으로 중단할 수밖에 없는 처지에 놓이게 되었다.

한마디로 매천 황현이 살았던 시기는 안으로는 다수의 민중 세력이 부패하고 무능한 양반지배체제에 항거하고 변화와 개혁을 절규하였던 변혁의 시기였으며, 밖으로는 일본을 비롯한 서구 열강의 세력들이 자국의 이익만을 추구하며 물밀듯이 밀려오는 침략의 시기였다. 이러한 격동의 세월 속에서 절의(節義)를 지킨 조선의 마지막 선비요, 지조의 시인이며, 불후의 명저 『매천야록(梅泉野錄)』을 저술한 역사가인 매천 황현이 탄생한 것이다.

입신양명의 기회를 버리고

황현은 본관이 장수로 1855년(철종 6)에 전라도 광양현 서석촌(현재 전라남도 광양군 봉강면 석사길 서석 마을)에서 몰락 양반 황시묵(黃時默)의 아들로 태어났다. 황현의 가계를 소급하여 살펴보면 위로는 세종대의 명재상 황희가 있고, 선조대에 충청병사로 임진왜란 당시 진주성에서 활약했던 황진이 있으며, 인조대에 정언을 지낸 황위가 있으나 그 이후 7대 200여 년간 벼슬이 끊겨 신분상으로 보면 이미 양반 사대부와는 거리가 먼 빈한한 농민 집안이 되어 버렸다. 이처럼 몰락하고 빈한한 집안을 경제적으로나마 다소 일으켜 놓은 사람은 황현의 할아버지인 황직이었다. 황직은 일찍부터 상업에 종사하여 알뜰한 노력으로 많은 돈을 모았던 것이다. 그는 경제적으로 여유가 있자 젊은 날에 공부하지 못했던 것이 한이 되어 많은 비용을 들여 책을 사들이고, 선생님을 초빙하여 자식들과 그 고장의 가난한 인재들까지 공부를 시켰다고 한다. 황직의 둘째 아들인 황시묵은 아버지의 기대에 비해 학식이 뛰어나지는 않았지만 꼼꼼한 성격으로 가산을 잘 관리하였으며, 특히 남달리 영특해 보이는 아들 황현을 통하여 몰락한 집안을 일으켜 보려고 노력을 아끼지 않았다.

황현은 어려서부터 총명하여 학문에 대한 열의가 깊어 일찍이 시와 문장에 능통했고, 특히 주자의 『통감강목』은 모두 암송할 정도여서 당시 호남의 대유학자인 노사 기정진이 매우 기특하게 여겼다고 한다. 이처럼 총명한 아들을 둔 황시묵은 황현에 대한 기대가 대단하여 1천권의 서적을 구입하여 주는 등 지원을 아끼지 않았다. 세종대의 명재상 황희의 후손으로 벼슬이 끊어져 몰락 양반 처지가 된 황시묵에게 있어서 총명한 아들 황현은 가문의 영광을 되살릴 수 있는 매우 희망적인 존재였던 것이다.

황현의 유년 시대는 철종의 재위 기간으로 안동 김씨의 세도가 극에 달해 국가의 기강은 해이할 대로 해이해지고 민생은 말할 수 없는 어려움에 빠져있던 시기였다. 당시 정권을 장악하고 있던 안동김씨 세력들은 자신들의 권력을 이용하여 매관매직으로 부를 축적하는 등 사회 경제의 모든 부문에 있어서 극심한 부정과 부패를 야기하였다. 그로 인한 국가의 불안정한 상태는 관리들에 의한 탐학행위를 조장하여 농민에 대한 수탈을 더욱 가중시켰고, 강화된 농민수탈은 마침내 농민봉기 등 사회적 변혁운동을 초래하여 전국을 어수선하게 하였던 것이다. 이처럼 봉건적 사회모순이 격화되는 어려운 시기에도 황시묵은 아들의 학업을 위해 모든 정성을 다하였다. 10대의 소년이었던 황현은 두 방향으로 노력을 하고 있었다. 하나는 아버지의 희망과 가문의 영달을 위한 과거시험 준비요, 또 다른 하나는 그가 어려서부터 남달리 재능을 보여 온 시였다. 그는 전 생애를 거의 대부분 농촌에서 생활해 왔기 때문에 그의 작품 중에는 농촌을 소재로 한 시가 매우 많았다. 다음의 시는 청년기의 작품인 '하정(夏睛)'으로 모종이 늦어져 가는 여름, 장마가 갓 갠 화창한 낮의 농촌 모습을 소재로 한 것이다.

인경(人境)을 멀리 떠난 듯하니,
시냇물 소리 요란할 때라.
석류꽃 피어 늦모종을 재촉하고,
오동잎 물방울이 신시(新詩)를 적신다.
긴 장마로 소와 염소가 하품하고,
궁촌(窮村)이라 오이 익기가 더디다.
활짝 개인날 한바탕 꿈이야,
누군들 알 수가 있으랴.

황현은 나이 20이 되자 향리에서의 고루함을 면하고 더욱 높은 학문을 배우기 위해 상경하였다. 그렇다고 해서 전라도 시골 출신 황현에게 서울에 이렇다 할 친척이나 가까운 친구들이 있는 것은 아니었다. 그러한 그가 상경하여 제일 먼저 찾아간 곳은 당시에 문장가로 명성이 자자하던 이건창의 집이었다. 그러나 때마침 이건창이 유배형을 받고 있어 황현은 그를 만날 수 없었으며 다음해에 이건창이 유배가 풀려 돌아오자 자작시문을 들고 재차 방문하여 당대의 문장가를 만나고자 한 그의 소망을 겨우 이룰 수 있었다. 이때 이건창은 황현의 문장을 보고 극구 칭찬하였다고 한다. 이 무렵 황현은 서울에 거주하면서 당대의 영재로 칭송을 받던 강위, 김택영, 정만조 등과 교류하였고, 개항을 전후한 조선 후기의 긴박하고 모순된 사회 현상에 대하여 보다 많은 것을 보고 듣고 배웠다. 그리고는 그가 듣고 보고 배우고 경험한 사회현실들을 틈틈이 기록하였다. 그는 당시 서양세력의 침투에 대해서는 상당한 위기의식을 느끼고 있었던 것으로 보인다. 다음의 시는 1860~1870년대에 발생했던 외세의 침공을 생각하며 쓴 '이충무공귀선가(李忠武公龜船歌)'의 일부이다.

충무공이 가신지 200년에 동서가 트이더니
기선이 나타나고 불꽃이 해를 가렸다.
이 강산 양떼들의 마을에 호랑이가 뛰어드니
총소리가 나고 포성이 하늘을 흔들었다.

이 시로 보자면 황현은 서양세력을 조선의 평화를 깨트리는 호랑이로 인식하고 있다. 그러나 그는 단순히 서양세력에 반대하는 위정척사론자(衛正斥邪論者)는 아니었다. 오히려 서구 열강 및 일본의 침략에 대항하고, 무너져 가는 조선의 사회질서를 바로 세우기 위해서는 유교를 바탕으로 한 개화와 개혁이 필요하다고 인정하는 편이었다. 후일 갑오경장에 대해서도 그는 개혁의 원칙적인 면에서는 찬성하여 개혁으로 나라를 경영하는 근본(經國之本)과 백성들을 편안하게 돌볼 수 있는 방안(安民之方)을 새로이 세워야 한다고 주장하였다. 황현은 보수성과 진보성을 함께 가지고 있었던 것이다.

고종 20년(1883) 황현은 때마침 왕의 특명으로 시행된 보거과(保擧科)에 응시하였다. 이때 그는 초장 초시에서 1등으로 합격하였으나 시관 한장석이 황현이 시골 사람이라는 이유로 2등으로 발표하자 다음 시험을 포기하고 향리인 광양으로 내려가 버렸다. 황현의 나이 29세 때의 일이다. 이러한 그의 행동으로 보자면 매천 자신은 진정으로 과거에 합격하여 출세해 보겠다는 욕망이 그리 강하지는 않았던 것 같다. 그러나 몰락 양반이라는 한미한 신분에서 벗어나 사회적인 신분 향상을 꾀하고 글을 하는 문인으로서 행세를 하려면 과거에 급제하는 것이 현실적으로 가장 확실한 길이었고, 그것이 또한 아버지의 간절한 뜻이었기에 그 동안 매천의 처지로서는 과거를 통한 사회적 입신이 쉽사리 포기할 수 없는 중대한 일이었던 것이다. 과거 급제가 이토록 개인의 중대사였음에도 불구하고 모든 것을 포기하고 향리로 내려간 것을 보면 단지 시골 출신이라는 이유만으로 무시당한 굴욕감과 잘못된 사회적 현실에 대한 실망감은 참을 수 없었던 모양이다.

광양으로 내려간 황현은 그가 32세 되던 해(1896) 겨울에 구례 지리산 밑(현 간전면 수평리 만수동)으로 이사하여 은거생활을 하면서 장서 3천권을 벗 삼아 독서에만 전념하고자 하였다. 이미 30대라는 적지 않은 나이에 접어든 그가 당시의 모순되고 부패한 사회 현상을 직접 경험한 처지에 두문불출하고 독서에 전념하면서 찾으려고 했던 것은 무엇이었을까? 그러나 황현은 한 동안 세상일을 잊고 독서에만 전념하였지만 결코 아버지의 희망을 저버릴 수는 없었다. 마침내 그는 아버지의 간곡한 뜻에 따라 34세 되던 1888년(고종 25)에 성균관 회시 생원과에 응시하여 장원으로 선발되어 성균관 생원이 되었다.

"글 아는 사람 구실 어렵군 그래"

황현이 성균관 생원 생활을 하던 당시의 국내외 정세를 보면 조선 사회는 러시아의 남하와 영국의 거문도 점령, 갑신정변 이후 조선 진출을 위한 청국과 일본의 정치적 경제적 대립 등으로 국정이 날로 어려워져 가는데도 민비를 중심으로 한 민씨 일가의 세도 정치로 인한 부정과 부패 및 고종의 우유부단하고 어두운 정치 감각으로 인하여 왕조의 말기적 증세를 더욱 가중시키고 있었다. 이러한 현실에 실망한 황현은 또 다시 관계 진출을 포기하고 구례로 낙향하였다. 그가 낙향한 이후에도 국운은 날로 어려워져 1894년 동학농민전쟁과 청일전쟁 등 내우외환을 겪게 되었다.

구례로 내려간 황현은 이때 독서와 후진 양성에 노력하는 한편 서울에서 틈틈이 기록한 글과 그의 문우들의 도움으로 입수한 많은 자료들을 바탕으로 불후의 명저로 알려진 『매천야록』을 집필하였고 아울러 그의 문집 『매천집』에 보이는 많은 글들을 남겼다. 여기서 그는 글을 통하여 무능해 보이는 임금, 사리사욕에만 눈이 어두운 위정자들, 침략의 도를 더해가는 일본을 비롯한 제국주의 세력, 나아가 도덕적으로 타락한 인간들까지 강한 어조로 비판하였다. 또한 동학농민전쟁과 갑오경장을 논하였으며, 군사 · 형법 · 경제 및 서양의 과학 기술 등 개화와 관련된 내용에 대해서도 언급을 하였다. 그는 『매천집』에 있는 「언사소(言事疏)」에서 개화를 본질적으로 문명을 개발하고 백성을 교화하는 것(開物化民)이라고 규정하고, 이러한 개화가 유교적인 사회 윤리나 기강과 같은 근본을 무시하고 군사 기술 상업과 같은 물질적인 측면의 발달만을 도모해서는 성공할 수 없다고 하였다. 황현이 개화의 요체로 내세우고 있는 것은 주로 언로의 개방, 법질서의 엄격한 확립, 근검절약의 생활, 인재 등용의 원칙 정립, 강력한 군사력의 배양 등이었다.

매천은 서울에서의 생활을 포기하고 낙향하기는 하였으나 세상을 저버리고 산수 좋은 곳에서 한가하고 현실도피적인 은둔 생활을 한 것은 아니었으며 언제나 현실 세계의 문제점 파악과 그 해결 방향에 뜻을 두고 학문에 최선의 노력을 다하였던 것이다.

그러나 국운은 날로 어려워지고 마침내 1905년에 사실상 망국이나 다름없는 을사늑약의 비운을 겪게 되었다. 황현은 조국의 운명이 끝난 것으로 생각하였다. 상심한 그는 친구인 김택영을 따라 중국으로 망명의 길을 떠나고자 하였으나 결행하지는 못하였다. 절의(節義)를 중시하는 조선의 선비로서 또한 각성한 농촌 지식인으로서 암담한 현실을 눈앞에 두고 가족과 고향을 두고 도망가듯 떠나기가 쉽지는 않았을 것이다. 망명을 포기한 그는 난세에 고결하게 처신한 역대의 지사 도잠(陶潛) 고염무(顧炎武) 매복(梅福) 등 10명의 초상을 그리고 시를 지어 병풍을 만들어 두고 지냈는데, 이는 어려운 세상을 더욱 양심적으로 곧고 깨끗하게 살아가겠다는 의지를 스스로 다짐한 것으로 보인다. 황현은 이처럼 곧은 자세이기는 하나 비통한 마음으로 하루하루를 보내다 1910년 8월에 마침내 조선이 일본의 식민지로 전락하자 절명시 4수(四首)와 유언을 남기고 의연히 순국하였다. 나라의 운명에 따라 목숨을 던진 그는 자식들에게 남긴 유언에서 선비의 본분이 무엇이며, 무엇에 목숨을 걸어야 하는지, 또한 지조있는 선비가 가야할 길이 무엇인지를 분명히 말하고 있다.

"내가 죽어야 할 의리는 없다. 다만 국가가 선비를 양성한지 500년에 이제 최후로 망국의 날이 왔는데 한 사람도 국가를 위하여 순사(殉死)한 사람이 없다고 하니 어찌 통탄할 일이 아니냐. 내가 위로는 하늘로부터 타고난 떳떳한 양심을 저버리지 않고, 아래로는 평소에 읽은 글을 저버리지 않고 영원히 잠든다면 참으로 통쾌할 것이니, 너희들은 너무 슬퍼하지 말거라.

평생 벼슬을 하지 않았던 황현의 처지로 보자면 그는 조선왕조가 멸망했다고 해서 반드시 순국(殉國)해야 할 의무는 없었다. 그러나 그는 500년 동안 선비를 우대하고 양성했던 나라에서 망국의 슬픔을 가슴에 안고 순사(殉死)한 애국지사가 한 사람도 없음을 통탄하면서 자신이나마 선비의 도리를 다하기 위해서 의연히 죽음의 길을 선택했던 것이다.

황현의 일생 56년간은 안으로는 부패할 대로 부패한 조선 왕조의 구조적 모순과, 밖으로는 끊임없는 외세의 침략적인 행위로 인하여 내우외환 끝에 결국 나라를 잃어버린 암울한 격동의 시대였다. 매천 황현은 바로 그 시대를 고민하고 몸부림치며 살다 조선왕조와 운명을 같이한 조선의 마지막 선비요, 지조의 시인이었다. 그가 남긴 절명시 3수(三首)에도 망국의 한과 망국에 대하여 책임을 져야하는 선비로서의 고뇌가 잘 나타나 있다.

새 짐승 슬피 울고 강산도 시름하니,
무궁화 이 강산은 이제 가고 말았네.
가을 등잔 아래 책 덮고 지난 역사 헤아려 보니,
인간 세상 글 아는 사람 구실 어렵군 그래.

치열한 역사의식의 기록, 『매천야록』

황현은 『매천집』, 『매천야록(梅泉野錄)』, 『동비기략(東匪紀略)』, 『오하기문(梧下記聞)』 등을 저술하였으며 그 중 가장 두드러진 것이 『매천야록』이다. 『매천야록』은 비록 정사가 아닌 야사이기는 하지만 쓰러져 가는 조선왕조의 실상과 당시 백성들 사이에 떠도는 이야기들을 비교적 객관적인 입장에서 1864년(고종 원년)부터 1910년까지 연대기적으로 서술하고 있는 매우 귀중한 자료이다. 황현은 바로 이 저술을 통하여 평소 그가 강렬하게 비판했던 혼탁한 정치 현실과 민생의 안을 위해 해결하고 싶었던 사항들을 춘추필법에 의한 치열한 역사의식을 바탕으로 낱낱이 토로하였던 것이다.

황현이 『매천야록』을 저술하게 된 동기는 조선 왕조의 붕괴를 예상한 데서 비롯되었고, 따라서 그 목적은 왕조 붕괴의 원인을 확인하고 그 중흥에 기여하기 위한 것이었다. 그가 조선 왕조의 붕괴를 확신한 것은 1894년 동학농민전쟁을 통해서였다. 동학농민전쟁을 구실로 일본이 조선 침략의 기반을 확립할 수 있었기 때문이다. 그러므로 그에게 있어서는 망국을 피하려면 농민전쟁을 사전에 저지하는 것이 필요하였고, 그러기 위해서는 농민전쟁에 관한 정확한 이해가 필요하였다. 그리고 이를 충족시키기 위한 노력의 산물이 그의 『오하기문(梧下記聞)』이었으며, 『매천야록』은 바로 이 『오하기문』의 연장선상에서 저술되었다.

황현은 농민전쟁의 발생 원인으로 위정자들의 실정, 특히 유교적 질서의 붕괴와 권력의 독점에서 오는 각종 폐단을 지적하였다. 그러면서도 그는 농민전쟁을 이해하고 동정하기 보다는 농민군의 행위에 대해 신분적 계급적인 갈등과 적대의식을 느끼고 있었으며, 그것은 곧 망국이라는 위기의식으로까지 확대되었다. 이에 따라 그는 농민군을 반역의 무리로 생각하여 철저히 섬멸 소탕하여야 한다고 주장하였다. 아울러 농민전쟁이 발생하지 않도록 사전에 절의를 숭상하고 장려함으로써 유교적 인륜과 기강을 바로 잡아야 하며, 향약을 시행함으로써 향촌민들을 상하관계적인 질서 속에서 교화하여 농민들이 다시는 유교적인 기강을 범하지 못하게 해야 한다고 하였다. 『매천야록』에서 황현은 당시의 사회를 병들게 한 많은 사실들을 비판하였다. 특히, 왕과 왕비를 비롯한 위정자들의 무능과 사리사욕에 의해 저질러진 부정과 부패는 인재등용의 혼란과 민생 피폐를 초래하여 궁극적으로 국가를 망치게 하는 것이었기에 그의 비판은 더욱 엄중하였다.

『매천야록』에 왕이나 왕비가 매관매직을 하니 감사나 수령이 공명첩을 인쇄하여 백성의 재산을 갈취하고 심지어는 개가 감역이란 감투를 쓸 뻔했다는 기록이 있다.

> 충청도 한 고을에서 어떤 과부가 돈이 있다는 소문을 들은 수령이 그 과부의 아들로 생각한 복구에게 감역의 감투를 주고 돈을 뜯어내려고 찾아 왔다. 과부가 복구를 불렀는데 개가 꼬리를 흔들면서 나타나자 수령이 그때서야 복구가 과부 아들의 이름이 아닌 줄 알고 되돌아갔다.

황현은 이처럼 어처구니없는 사실들을 예로 들어 극심한 매관매직의 풍토와 그로 인한 민생의 피폐를 고발하였으며, 이 모든 것이 왕의 무능에서 비롯되었다고 생각하고 외국인의 촌평까지 동원하여 고종을 신랄하게 비판하였다. 조선에서 미국 공사로 활약했던 알렌이 귀국하면서 평소 가깝게 지냈던 사람들에게 탄식하며 말하기를, "한국 백성은 가련하다. 내가 구만리를 돌아다녔고 4천년의 역사를 살펴보았지만 한국 황제 같은 사람은 처음이다."라고 고종을 혹평했던 것이다.

황현은 집권층의 도덕적 불륜에 대해서도 고발하고 있다. 그는 집권층의 도덕적 탈선행각은 바로 정치적 부패와 연결되어 국정을 혼란하게 한다고 보았던 것이다.

> 이완용의 며느리는 임대준의 딸인데, 그 아들이 일본에서 장기간의 유학을 마치고 돌아와 보니 그의 아내가 아버지와 어울려 있는 것을 보고 집을 나가면서 통곡하기를 집안과 나라가 모두 망하였으니 죽지 않고 어찌하겠느냐며 자살하자 이완용은 부끄러운 줄도 모르고 같이 데리고 여생을 보냈다.

현재로서는 이완용의 탈선행각에 관한 기록의 사실 여부를 확인할 수는 없지만, 황현은 『매천야록』 도처에서 당시 지도층을 중심으로 은밀히 자행되고 있었던 추잡한 윤리적 타락행위에 대한 사실과 소문들을 무서운 필치로 고발하고 있다.

한편 황현은 일본을 비롯한 제국주의 세력의 정치적 군사적 침략 행위와 경제적 침투를 소상하게 기록하여 그것이 일반 민중들의 생활에 미치는 해악과 비인도적 처사까지를 지적하기도 하였다. 또한 그는 우리나라 사람으로 외국인 행세를 하면서 제국주의 세력의 앞잡이가 된 자들에게도 비난을 가하였는데 미국인으로 행세한 서재필, 러시아인으로 행세한 이용익과 이범윤 등이 바로 비난의 대상이었다. 선각자라고 하는 바로 그들이 미국의 앞잡이로 금광 개발을 주선하고, 러시아의 이익을 위해 활동하거나 서북지방의 삼림을 그들에게 팔아넘기는 행위를 함으로써 국권 침탈에 앞장서고 있다고 기록한 것이다. 『매천야록』은 을사늑약과 그것을 저지하려는 모든 노력에 대해서도 다루고 있다. 즉 을사늑약 철회 또는 무효화 운동, 의병 활동, 언론인들의 활약상 그리고 수많은 애국 열사들의 국권 회복을 위한 빛나는 투쟁에 대해서도 낱낱이 기록하고 있다. 이러한 사실로 보아 황현은 을사늑약 철회를 위한 이 모든 노력에 큰 기대를 하고 있었던 것으로 보인다. 아울러 그는 희망에 찬 새로운 사회 개조를 소망하여 국가 발전이나 민중들의 생활 향상에 기여할 수 있는 개화사상, 즉 신문물의 소개와 찬양, 학회나 신식 학교 설립, 신문의 역할과 활동 등에도 깊은 관심을 가지고 이에 대한 많은 자료들을 구하여 『매천야록』에 기록하였던 것이다. 그러나 이러한 모든 노력도 보람 없이 1910년에 나라를 완전히 빼앗기자 황현은 붓을 놓고 나라 잃은 선비의 정신으로 조용히 순국의 길을 택한 것이다. 대한민국 정부는 1962년 그에게 건국훈장 독립장을 추서했다.(김명현)

〈참고문헌〉

홍이섭, [황현의 역사의식](숙대사론 4, 1969)

임영택, [황매천의 시인의식과 시](창작과 비평 19호, 1970)

이상식, [매천 황현의 역사의식](역사학연구 8, 1978)

김용섭, [황현(1855~1910)의 농민전쟁 수습책](역사와 인간의 대응, 1985)

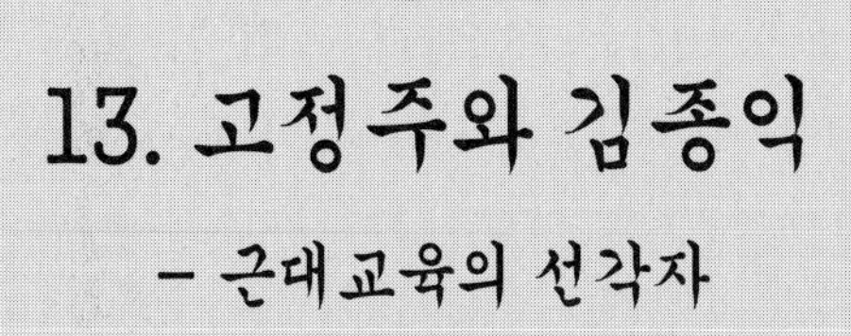

13. 고정주와 김종익

– 근대교육의 선각자

13. 고정주와 김종익
- 근대교육의 선각자

1.고정주와 영학숙

청운(靑雲)의 뜻과 방황의 갈림길

창평은 임진왜란시 의병을 일으켜 금산전투와 진주성 혈전에 참여하여 장렬히 순절(殉節)한 고경명(高敬命) - 종후(從厚) · 인후(因厚) 세 부자의 향리로서 지금도 장흥고씨의 텃밭으로 이름난 곳이다. 고정주 역시 장흥고씨의 후손으로 태어난 수많은 씨알 가운데 한 명이었다. 그는 창평의 삼천리에서 아버지 제두(濟斗)와 어머니 전주이씨 사이에 네째 아들로 태어났다. 하지만 그는 어린 나이인 다섯살 때 큰아버지인 제승(濟升)의 양자로 들어갔다. 정주를 양자로 맞아들인 양부모는, 넉넉한 가세를 바탕으로 양아들을 출세시키기 위하여 온힘을 기울였다. 정주 역시 그러한 기대에 부응하여 일찍부터 출중한 재주를 드러내었다. 겨우 여섯살에 문자를 깨친 그는 여덟살이 되어서는 소학과 효경을 나름대로 이해하여 그 깨달은 바를 남에게 이야기할 정도에 이르렀다.

열서너살이 되면서 학문 도야와 사색에 더욱 집중적으로 몰두하였는데, 집에서 그리 멀지 않은 경치좋고 조용한 월정(月亭)을 이용하였다. 그는 보다 깊이있고 체계적인 공부를 위해 20세를 전후해서는 당대의 유명한 석학이자 고위관료인 한장석(韓章錫)과 성대영(成大泳)의 가르침을 입었다. 한장석은 문과에 합격한 후 이조판서와 대제학을 지낸 인물이며, 성대영도 병조참판과 궁내부 특진관을 지낸 인물로, 이들은 학문적으로도 수준이 매우 높은 편이었다. 이제까지 큰 스승의 지도보다는 그저 자신의 재주에 의지하여 공부해온 그로서는 전혀 새로운 경험이었다. 두 스승의 가르침에서 큰 영향을 받았음은 물론이다. 이러한 학문적 입지를 배경삼아 그는 22세(1884년 10월)에 복시(覆試)에 합격하였으며, 그 이듬해에 성균진사가 되었다. 드디어 스물아홉살에 문과에 급제했는데, 이때 동생인 하주(厦柱)도 진사에 합격하여 경사가 겹치는 기쁨과 영광을 가문 전체와 함께 나누기도 하였다.

서른한살인 1893년에 승문원(承文院) 부정자(副正字)로 관계에 첫발을 내딛었다. 그는 부모상을 당해 잠시 관직을 쉰 것 외에는 벼슬을 버리고 낙향한 1906년까지 10여 해를 서울의 관로에 몸담고 있었다. 그의 주요한 관직으로는 비서감랑(秘書監郎) · 홍문관시독(弘文館侍讀) · 규장각직각(奎章閣直閣) 등을 들 수 있다. 여기에서 연유하여 향리에서는 그를 곧잘 "고직각(高直閣)"이라 불렀다.

그가 서울에서 관로의 한 귀퉁이를 차지하고 있던 때는 그야말로 격랑의 거센 파도가 휘몰아치던 시기였다. 관직에 오른 다음해인 1894년에는 고부에서 비롯된 동학농민군의 함성과 열기가 그의 향리인 창평뿐만 아니라 전라도 전역, 나아가 전국에 걸쳐 봄날의 들불처럼 퍼졌다가 일본군의 무자비한 총칼에 의해 스러졌다. 또한 같은 시기에 한반도의 서쪽을 무대로 청일전쟁이 당사자인 조선과는 무관하게 전개되고 있었다. 파란은 여기에서 그치지 않았다. 일본은 청국과의 전쟁 승리의 여세를 몰아 이른바 을미사변을 일으켰다. 이후 일본은 제국주의의 탐욕을 노골적으로 드러내며 더욱 강경한 침략정책으로 돌아섰다. 마침내 일제는 1905년 11월 을사조약을 강제로 체결하여 조선을 그들의 '보호국', 다시 말해 사실상의 식민지로 만들었다.

이처럼 망국으로 치닫는 상황 속에서의 그의 관직생활은 어떠했을까. 비록 양부모를 비롯한 가문의 권유에 의해 시작된 과거응시와 관계입문이었지만, 자신과 가문의 영예로 받아들이기에는 너무나 험난한 세월이었다. 그러나 국가의 위기를 타개할 수 있는 희망은 어디에서도 찾을 수 없는 현실이 안타까울 뿐이었다. 결국 그는 을사조약을 계기로 벼슬을 박차고 낙향하였다. 청운의 꿈이 허무하게 무산된 순간이었다.

출사(出仕)의 정겨웠던 광경이 아직도 가슴 한 구석을 차지하고 있건만, 을사조약 체결후 창평 사저에 낙향하는 그의 발걸음은 무겁기 그지없었다. 당시의 현실은 단지 관직에 몸담았다는 사실만으로도 부끄러운 일이었다. 10여 년 이상 국록(國祿)을 축냈으면서도 쓰러지는 나라를 붙들지 못하였다는 비애감을 떨쳐내기 힘들었던 것이다.

울분을 술로 달래던 나날을 보내고 있던 그의 마음에 새로운 파문이 일어났다. 전혀 새로운 투쟁, 즉 의병항쟁이 그의 향리뿐만 아니라 그 인근에서 펼쳐지고 있었기 때문이다. 의병항쟁은 1896년을 전후하여 거센 바람을 일으키며 1년여 지속하다가 수그러졌었다. 그후 명맥만을 이어오던 의병들이 을사조약을 계기로 전국에 걸쳐 일제히 봉기하였다. 그의 가까운 친척이자 같은 지역 출신인 고광순(高光洵)도 의병대열을 선도하는 중요한 인물 가운데 한 사람이었다. 고정주는 의병의 활동이 다소 무모하다는 사실을 인정하면서도 그들의 불굴의 애국심만은 높이 사지 않을 수 없었다. 특히, 술과 노래를 벗삼으며 은둔한 그의 행태와는 비교할 수조차 없었다. 그는 이민족의 총검에 쓰러지는 의병들의 절규와 핏자국에서 어지러운 세상을 바로잡을 방안을 다시금 진지하고 심각하게 생각하게 되었다. 비록 짧은 기간이었지만 이제까지의 실의와 울분, 그리고 방황과 갈등의 나날을 떨치고 깨어나게 된 것이다.

교육구국운동에 뛰어들다

그는 지금 당장의 무력투쟁보다는 보다 장기적인 방략을 구상하였다. 즉, 일본의 강력한 군대와 국력을 화승총에 의지한 비정규적인 의병으로는 막아내기 어렵다고 판단하였기 때문이다. 근대적인 교육을 통하여 인재를 양성해야만 먼훗날이나마 국권을 회복할 날이 있으리라 기대하였다. 다시 말해 그는 장기적인 안목에서 실현가능한 방법을 모색한 것이다. 관직생활에서 얻어진 현실적 사고의 소산이었다.

그런데 그는 1906년 낙향후 녹천정에 은거하는 과정에서도 근대적인 교육을 실시한 바 있었다. 영학숙(英學塾)이 그것이다. 그가 실의의 한편에서나마 근대적인 교육을 실시하려했던 배경은 어디에서 찾아질까.

> 이때(1906년 : 필자주) 특히 2남 광준(光駿)과 그보다 몇살 연하인 사위 인촌에게 영어를 가르치기 위해 서울에서 교사를 청하여 창평읍에서 5리쯤 떨어진 월동(月洞)에 따로 [영학숙(英學塾)]을 열게 하였다. 고정주공의 생각으로는 그 당시의 형편으로 본격적인 신학문을 하려면 상해나 동경에 가야할 것이고, 그러자면 국내에서 영어의 기초를 어느 정도 쌓아두지 않고는 안된다는 것이었다(『인촌 김성수전』, 49-50쪽).

서울에서 교사를 초빙하여 영어를 가르쳤는데, 학생은 그의 둘째 아들인 광준과 그의 첫째 사위인 김성수였다. 그는 서울에 있으면서 신학문의 필요성을 느꼈던 것 같다. 그가 광준을 1903년에 중국에 유학보낸 사실만

보더라도 그러하다. 그러나 광준의 중국유학은 여의치 않았던 듯하다. 확실하지는 않지만 그의 중국유학은 다소 어려움이 있었던 것으로 보인다. 그 어려움이란 무엇보다도 언어장벽이 아니었을까 한다. 결국, 광준은 1906년 봄이 오기 전에 귀국하고 말았다.

이런 연유에서 그는 적어도 외국어의 기초를 닦은 후에 유학을 보내야 한다는 점을 깨닫게 되었다. 그리하여 그가 어려서 공부에 전념했던 월정(月亭)을 수리하여 영학숙을 열었던 것으로 생각된다. 학교의 이름은 '영어를 배우는 학교'라는 의미에서 영학숙이라 하지 않았나 한다.

아들과 사위뿐만 아니라 영학숙의 문을 두드린 사람을 좀더 찾아볼 수 있다. 이들이 공부하고 있던 영학숙에 송진우가 한발 늦게 합류하였다. 김성수와 송진우 사이의 운명적인 만남이 바로 영학숙을 매개로 이루어졌으며, 이후 이들은 평생의 지기(知己)를 얻었다고 자부하였다. 이 외에도 훗날 호남은행의 설립자가 된 영암출신의 현준호(玄俊鎬), 후에 한민당 중앙위원과 전남지부장을 지낸 장성출신의 김시중(金時中) 등도 영학숙을 찾았다. 그런데 이들의 부모는 한결같이 내로라하는 지주들이었다. 하지만 영학숙은 오래 지속되지 못하였다. 늦게 발을 디딘 송진우는 "여기는 아무래도 우물속이다"라고 하면서 반년을 채우기도 전에 그만두었다. 김성수 역시 그해 초겨울쯤 고창으로 돌아가 버렸다.

영학숙이 오래 지속되지 못한 까닭은 근대교육의 입문과정에 대한 몰이해의 일면도 없지는 않을 것이다. 그러나 그것보다는 오히려 당시의 어수선한 정황과 관련이 깊지 않을까 한다. 김성수 등이 영학숙에서 공부하던 무렵 호남은 바야흐로 의병항쟁의 중심무대로 떠오르고 있었다. 이러한 상황에서 생경하기만 한 영어 단어가 이들의 가슴에 들어올 리 만무하였다. 오히려 의병들이 외치는 "의(義)"와 "충(忠)"의 부름소리가 젊디젊은 이들의 가슴을 후볐을 것이다. 결국 영학숙은 1906년의 해가 저물 무렵에 문을 닫고 말았다.

한편, 서울에서는 호남출신의 인사들을 중심으로 학회의 설립이 추진되고 있었다. 학회 설립의 목적은 호남의 교육발달에 두어졌다. 그는 호남학회(湖南學會) 창립의 발기인 7명 가운데 한사람으로 적극 참여하였다. 호남학회는 1907년 7월 대동문우회관(大東文友會館)에서 호남출신 인사 112명이 모여 발기회를 가짐으로써 창립되었다. 이날 채택된 학회의 취지(趣旨)는 교육에 두기로 하였으며, 그 교육은 '근세신학(近世新學)', 즉 신학문을 의미하였다. 두번째 모임에서 고정주는 회장, 그의 사돈 즉, 김성수의 부친인 김경중(金璟中)은 평의원에 피선되었다. 그런데 고정주는 서울을 무대로 하는 호남학회의 활동에 전념할 처지가 못되었다. 향리에 학교를 세워 인재를 양성하는 것이 급선무라고 판단하였기 때문이다.

고정주의 지원으로 설립된 창흥의숙

서울에서 돌아온 고정주는 지역 유지들과 힘을 합하여 학교 설립을 추진한 듯하다. 그 결과 1908년 초에 창흥의숙(昌興義塾, 창평초교 전신)의 문을 열 수 있었다.

(공은) 정성을 다하여 후생(後生)들을 권하여 (학교에) 나오게 하였는데, 모두들 열심히 배울 것을 당부하였다. 그 가르침의 요체는 다음과 같다. 후생들로 하여금 옛것도 널리 알아야 할 뿐만 아니라 현재의 것을 깊이 깨달아서 시의(時宜)에 통달하여야 한다. (중략) 항상 (공이) 말하기를, "만약 옛것에 파묻혀서 현재의 변화를 알지 못하면 이는 썩은 선비에 지나지 않다. 후생과 재주있는 젊은이들이 (신학문을) 열심히 공부한다면 반드시 성취하는 바가 많을 것이다"라고 하였다.

즉, 그는 옛것도 필요하지만 신학문의 습득을 더욱 중시했는데, 현재의 변화에 적응할 수 있는 근대적인 인재의 양성에 초점을 맞춘 것이다. 창흥의숙의 교사(校舍)는 예전의 객사(客舍)를 수리하여 사용하였다.

이 학교에서 공부한 대표적인 인물로는 김병로를 들 수 있다. 그는 최익현이 주도한 태인의병에 참여했다가 계몽운동으로 전환한 호남에서는 보기드문 경우에 해당된다. 그는 회고록에서,

이 학교가 처음 문을 열었을 때는 교사라고는 일본인 한 사람 뿐이었다. 그나마 학생수는 50명에 이르렀는데, 처음에는 단발한 생도도 없었고, 연령도 13세 내지 23세 가량이었다. 초등과는 3년, 고등과는 6개월 속성으로 하고, 개학 후 1-2개월 후에는 모두 단발 착모하게 되었던 것이다.

라고 하여, 당시 학생들의 외모와 규모, 교사 및 교육 과정 등을 짐작할 수 있게 한다. 이곳에서는 대개의 근대적인 학교가 그러하듯 한문 · 국사 · 영어 · 산술 등 신학문을 위주로 가르쳤다. 비교적 단출하게 시작된 창흥의숙은 얼마후 창흥학교로 개칭되었고, 다시 창평보통학교로 변화를 거듭하면서 쟁쟁한 인물들을 배출하는 산실이 되었다.

이를테면 고재천(전 전남대 농대 학장)과 재필(전 보사부 장관) 형제, 고재기(전 서강전문대 학장), 고재종(전 전남교육감), 고정석(전 산업은행장), 고윤석(전 서울대 부총장), 고광표(현 대창주식회사 회장) 등이 장

흥고씨 집안에서 배출되었다. 또한 이혁(전 전남대 문리대 학장), 이진기(전 전남대 의대 학장), 국회의원을 지낸 김홍용·문용·성용 삼형제, 우리나라에 최초로 야구를 소개한 박석윤(동경제대 졸)·석기(일제에 맞선 국악인) 형제 등도 빼놓을 수 없다. 이 밖에도 열거하기 힘들 정도의 인재들이 배출됨으로써 창평은 전남지역 인재 양성의 요람이 되었다.

호남지역 근대교육의 선각자

이처럼 영학숙과 창흥의숙은 호남지역 근대교육의 못자리였다. 정성들여 못자리를 만들고 가꾼 사람은 바로 춘강 고정주였다. 교육구국운동 차원의 장기적인 안목에서 시작된 영학숙과 창흥의숙은 그 기능을 어느 정도 충족시켰다고 말할 수 있다. 당시 무력투쟁을 전개하던 의병들의 입장에서 보면, 기대난망의 무모한 몸짓으로 이해되었을지 모른다. 하지만 1909년 후반 호남 지역은 일제에 의해 무력투쟁의 기반과 자원이 무자비하게 파괴되었으며, 항쟁의 선봉에 섰던 의병들은 대부분 형장의 이슬로 사라지거나 이름없는 들판과 골짜기에 뼈를 드러내야 했다. 따라서 창평의 영학숙과 창흥의숙이라는 육영(育英) 못자리가 없었다면 일제와 해방 전후를 지내는 동안 전남지역은 인재양성의 사각지대로 남았을 것이다. 김성수·송진우·김병로 등이 창평을 텃밭으로 성장하여 민족의 동량으로 활동할 수 있었음은 고정주에게 그 공을 돌려야 하지 않을까 한다. 따라서 그를 호남지역 근대교육의 선각자라 하더라도 전혀 어긋나지 않을 것이다.

2. 김종익과 육영사업

지금은 복숭아 산지로 유명한 순천의 월등면의 면사무소 담장 곁에 이제는 주민들의 관심에서 벗어난 초라한 비석 두 개가 덩그마니 서있다.

그 가운데 하나가 우석(友石) 김종익(金鍾翊, 1886~1937)의 시혜비(施惠碑)이다. 흔히 관공서 주변에는 비석들이 즐비한 연유로 말미암아 비석거리로 불리운 경우가 많다. 이름하여 선정비(善政碑)라거나 불망비(不忘碑)로 새겨져 있으나, 대개는 그와는 정반대의 탐관오리인 경우도 허다하다.

그러나 김종익의 시혜비는 그것과는 전혀 다른 것이라 할 수 있다. 그는 진정 월등면민 뿐만 아니라 전국의 조선인들의 기억에 뚜렷이 남을만한 수많은 은혜를 아낌없이 베풀어준 인물이기 때문이다. 그럼에도 불구하고 그에 관해서는 행적조차 불분명할 정도로 잊혀지고 있으며, 그의 생가마저 흔적을 찾기 어려운 실정이다. 한국, 아니 호남 역사의 좌절의 아픔을 이것에서도 확인할 수 있다고나 할까.

만석군의 장남과 '우물안 개구리'

순천시 월등면 대평리는 호남 제일의 부자가 살고 있었다는 것이 전혀 실감나지 않을 정도의 조그맣고 초라한 시골에 지나지 않는다. 만석군으로 알려진 김학모가 재산을 언제 어떻게 모았는지에 대해서는 잘 알 수 없다. 아마도 19세기 후반의 천재지변과 농민들의 동요에 편승하여 재산을 엄청나게 불린 것으로 전해진다. 그는 형편이 어려운 농민들에게 토지문서를 저당잡은 후 돈을 빌려준 고리대금업자였다. 빚을 제 날짜에 갚지 못한 농민들은 영낙없이 토지를 빼앗겼음은 물론이다. 이로 말미암아 김학모는 주민들로부터 "사천구렁이"라는 달갑지 않은 별명으로 불려지곤 하였다.

그러나 악착을 떨며 모은 재산으로 일가를 이루자, 감히 어느 누구도 김학모를 무시할 수 없게 되었다. 그의 땅은 순천을 중심으로 점차 외곽으로 확대되어 갔는데, 구례 곡성 여수 광양 보성 고흥뿐만 아니라 멀리 담양에서도 그의 이름이 쓰여진 토지문서가 발견될 정도였다. 이렇게 모아진 토지가 무려 1,000여 정보를 웃돌았으니, 순천을 비롯한 전남의 동부지역에서는 '김학모의 땅을 밟지 않고서는 서울을 갈 수 없다'는 말이 생겨날 정도였다.

이처럼 한창 가세가 뻗어가던 중이던 1886년에 김종익은 장남으로 태어났다. 그는 부모의 권유로 향리 인근의 선암사에서 과거시험 공부에 전념하였다. 그런데 1895년에 과거제가 폐지되자 부모의 기대가 무너지고 말았다. 이렇다 할 일이 없던 김종익은 당시 상황과는 관계없이 유학을 공부했는데, 20여 년 동안 익혀온 덕분에 훗날 초서와 해서를 잘 쓴 것으로 전해진다.

부친의 권유로 서울에 올라온 김종익은 어지럽게 변하고 있던 당시 서울의 모습을 보고서 대단한 충격을 받았다. 고향인 순천에서 그저 과거시험에 대비하여 한학을 공부하던 그로서는 서울의 개화 분위기를 쉽게 짐작할 수 없는 터였다. 그런데 막상 와보니 변화의 물결을 실감할 수 있었던 것이다.

개화의 파도가 넘실되는 서울의 풍경에서 그의 충격과 호기심은 끝이 보이지 않을 정도였다. 더군다나 그의 부친의 적극적 지지에 힘입어 신학문을 공부하러 상경한 만학도였으니, 그의 관심은 아무래도 변화의 소용돌이에 파묻히고 싶었으리라. 그는 스물세살의 늦은 나이도 잊고서 1909년 서울의 중동학교(中東學校)에 입학하여 비로소 신학문에 눈을 뜨기 시작하였다.

그는 중동학교를 마친 후 황성기독교청년회관(YMCA)에 등록하여 상과(商科)를 수료하고서 일본으로 유학갈 준비를 하였다. 한창 발전하는 일본의 비결이 무엇인지 알고 싶었기 때문이다. 그러나 아버지는 단연코 반대하였다. 신학문의 목적을 김종익의 관계(官界) 진출에 두었던 아버지로서는 그의 유학을 받아들일 수 없었다. 더욱이 김종익은 아버지의 의도와는 상반되는 경제계통의 유학을 꿈꾸고 있었다. 상과를 수료한 것도 모두 그것과 관계된 때문이었다.

그러나 김종익은 자신의 주장을 들어줄 아버지가 아니라는 사실을 누구보다 잘 알았다. 이에 김종익은 관계진출과 연관될 듯한 법과로 진학할 뜻을 비치며 한발짝 물러섰다. 결국, 서로 조금씩 양보하며 아버지와 아들은 타협의 자세로 돌아섬으로서 1913년 김종익은 명치대 전문부 법과로 유학할 수 있었다.

명치대 유학시절 그는 수많은 한국인 유학생들과 사귀었다. 대표적인 인물로는 김성수 · 송진우 · 여운형 · 이인 · 김양수 · 옥선진 · 김도연 등을 들 수 있다. 당시 이들의 대부분은 일제하에서 어떻게 하면 우리 민족을 구할 수 있을지 걱정하는 젊디젊은 우국지사들이었다. 이들과 함께 김종익은 조선의 장래를 걱정하는 애국청년으로 변화되어 갔다. 그 결과 그는 민족의 미래가 교육과 식산에 달려 있다고 판단하게 되었다. 이미 국내에서 생각해오던 바를 다시 한번 확인한 셈이다. 민족의 장래와 자신이 처해진 현실을 통찰하는 동안 세월은 흘러 어느덧 유학기간이 끝나가고 있었다. 일본에 건너간지 약 3년여 만인 1916년 7월 그는 귀국선에 몸을 실었다.

경제구국의 희망

귀국후 김종익은 부친의 완강한 반대를 무릅쓰고 경제계로 진출하였다. 식민지 조선의 경제발전에 기여하기 위한 마음다짐을 실천에 옮긴 것이다. 우여곡절 끝에 그는 부친의 지원을 받아 본격적인 투자에 참여할 수 있었다. 당시 빚에 허덕이는 조선제지(朝鮮製紙)에 그는 거금 3만원을 투자하였다. 이로써 그는 조선의 경제계에 첫발을 들여놓았다.

한편, 그는 1925년 순천의 매곡동에 대평농장(大坪農場)을 설립하였다.

바로 이 해에 부친이 사망하자, 그가 농장의 경영을 이어받았던 것이다. 부친의 상속재산 가운데 그는 논 800여 정보를, 그리고 동생 종필은 300여 정보를 받았다. 이처럼 거대한 땅을 소유하게 된 그는 지금까지의 관행과는 달리 주요 소작지에 창고를 설치하여 해당 지역에서 소작료를 받아들였으며, 부친에 대한 좋지 않은 평판을 누그러뜨리기 위해 소작료를 감면해주거나 소작권을 마음대로 빼앗지 않았다.

또한 그의 향리인 월등면과 황전면을 잇는 4km의 도로를 확장시켜 통행의 편리를 도모하기도 하였다. 그는 여기에 드는 모든 공사 비용과 토지를 부담하였다. 나아가 소작 농민의 자작농화를 추진하는 한편, 농민들의 권업과 저축을 장려함으로써 농촌의 빈곤을 추방하기 위한 일에도 앞장섰다. 이러한 일들을 기획하고 추진하는 기관으로서의 농장이 바로 대평농장이었던 것이다. 동생 종필 역시 순천에 순흥농장을 세워 방대한 소작지를 관리하고 경영하였음은 물론이다. 요컨대, 김종익 형제는 순천에 각기 근대적인 체제를 갖춘 농장을 설립하여 마치 수레의 두 바퀴처럼 합리적으로 운영한 셈이다.

그런데 김종익은 농장 경영에 전념할 형편은 아니었다. 그가 목표하는 조선의 경제를 부흥시키기 위해서는 무엇보다도 토지자본을 산업자본으로 전환시키는 것이 급선무라고 판단하였기 때문이다. 그는 서울에 올라와 투자할만한 가치가 있는 사업을 물색하였다. 이러한 생각을 정리하는 과정에서 경영난에 빠진 조선제사(朝鮮製絲)가 눈에 띄었다. 그는 1933년 6월에 이 회사를 인수하여 자본금 1백만원의 명실상부한 대기업으로 회생시켜 당시 조선의 산업계를 깜짝 놀라게 하였다. 당시 조선제사에는 그가 일본 유학시절 함께 교유하였던 김양수 · 옥선진 · 이인 · 김도연 등이 주도적으로 참여하여 민족경제를 회생시키려는 의지를 불태웠다.

나아가 그는 김도연과 함께 증권회사의 설립을 추진하였다. 만약 그의 이러한 계획이 추진되었더라면 그는 최초로 증권회사를 설립한 조선인으로서 역사의 한 장을 차지하였을 것이다. 그러나 그는 1937년 5월 갑작스레 찾아든 병마에 쓰러져 일어나지 못함으로서 그의 원대한 포부는 꽃을 피우지도 못한 채 무너지고 말았다. 결국, 민족자본의 형성을 통해 독립을 꿈꾸던 김종익의 경제구국의 희망이 좌절되는 순간이었다.

育英과社會事業에
百七十五萬圓喜捨
가족친저를불너유서작성
金鍾翊氏臨終壯擧

올타고생각만하면
긔어실행하는분
그장거에오직감사할뿐이다
漢城銀行會長 鄭求忠氏談

육영사업에 175만원을 희사한 김종익에 관한 매일신보 기사(1937.5.8)

육영에 심은 영혼

김종익의 사망은 경제계로서는 크나큰 손실이었으나, 교육계에는 엄청난 선물을 안겨주었다. 그가 임종직전에 자신의 재산의 절반인 175만원을 육영사업을 비롯한 사회사업에 희사하였기 때문이다. 그가 죽음을 눈앞에 두고서 유언을 남기는 광경을 조선일보 1937년 5월 7일자 「임종일각전 유언으로 175만원 제공」이라는 기사에서 아래와 같이 밝히고 있다.

문화기관과 사회시설의 빈약한 조선사회에 병마와 싸우다 못해 임종의 최후일각을 앗기어가며 175만원이란 거대한 사재(私財)를 교육사업을 비롯하여 사회사업에 기부하라는 엄숙한 유언을 남기고 간 근래에 듣기 드문 독지가의 쾌소식이 있다. 그는 조선제사주식회사 사장으로 전남 순천읍에 고향을 두고 현재 부내 동숭정 129번지에 거주하는 김종익(52)씨로 지난 4월 26일이래 급한 병을 얻어 대학병원에 입원치료중 6일 오후 9시15분 드디어 별세 (중략) 허약한 기운에 최후의 힘을 모두어 더듬는 말로 다음과 같은 내용의 유언서의 작성을 마치자 얼굴에 미소를 띄우며 이 세상을 떠난 것이다. 1. 부내 관철동 140번지 경성여자의학강습소를 여자의전으로 승격시키는 기성회에 30만원, 1. 동여자의전부속사업으로 결핵요양원신설비로 35만원, 1. 순천읍중등학교설립기성회에 20만원, 1. 순천사회에 공공사업으로 10만원, 1. 동숭정에 있는 주택 낙산장을 팔아가지고 20만원을 경성시내에서 사회사업에 쓸 것 등으로 총액 175만원에 달하는 거액으로, 유언서에는 결핵요양원을 평수기념요양원이라고 하여달라고 부기하였다.

그는 세상을 하직하면서 175만원이라는 거금을 육영사업을 비롯한 사회사업에 내놓음으로써 조선 전체를 발칵 뒤집어 놓았다. 이 돈은 그의 전 재산의 절반에 해당되었다.

그는 자신이 경제구국의 계획을 실현할 수 없는 상황에서 차라리 후진 양성을 위한 육영사업과 사회사업에 재산을 기부하는 것을 도리라고 판단한 듯하다. 이러한 그의 생각은 즉흥적인 결정이라기보다 오랜동안 계획하였던 자신의 의지를 마지막에 펼친 것으로 생각된다. 위의 인용문 말미 일부를 소개하면 다음과 같다.

유족가운데서 그의 계씨 김종필씨 부인 유영준씨는 애통한 빛에 잠겨 다음과 같이 말한다. "그는 거대한 유산을 상속한 후에도 한푼 헛되이 쓰지 않았을 뿐 아니라 가정의 살림에는 극도의 절약을 한분이올시다. 그리고 사재라고 해서 개인의 사치 호사에 쓰는 것을 당연한 체 하는 사람은 재산이 무엇인지 사회가 어떠한 것인가를 전혀 모르는 사람으로 가장 비천한 사람이라고 할 수밖에 없다고 항상 말씀하여 왔으며 기회만 있으면 사회사업에 사재를 던지는 것을 신조로 하여 왔습니다.

그는 평상시에도 개인 재산의 사회환원에 대하여 관심이 깊었으며, 자신이나 가족들에게 절약을 강조한 인물이었다. 그가 생전에 육영사업을 비롯한 사회공익사업에 헌신적으로 참여한 것은 이러한 그의 신념에서 비롯된 것이라 할 수 있다.

생전에 김종익은 육영사업을 전개해온 터였다. 예컨대, 그는 전남육영회(全南育英會)와 보성전문학교에 거액의 기부금을 낸 바 있었다. 전남육영회는 1926년 4월에 재단법인으로 인가되었는데, 김종익이 기부한 1만8천원의 기금이 계기가 되어 발족되었다. 그리고 1934년 5월에 김종익은 보성전문학교에 1만2천원을 기부하였다. 당시 보성전문학교는 창립 30주년 기념사업회를 발족하여 30만원을 목표로 대대적인 모금운동을 펼치고 있었다. 그는 동 사업회의 실행위원 57인 가운데 한 사람이었으며, 그의 동생 종필과 함께 발기인으로 참여하였다.

이제 유언으로 남긴 175만원의 쓰임새를 한번쯤 눈여겨 보아야 하지 않을까 한다. 워낙 큰 돈이었기 때문에 당시 신문에서는 유언내용과 그 추진상황 등이 주요 기사로 취급되거나, 사설에도 여러 차례 등장할 정도였다. 175만원의 사용내역은 경성여자의학전문학교 설립에 30만원, 경성여의전의 부속병원 건립에 35만원, 순천의 중등학교 설립기금으로 20만원, 순천 소재의 묵초육영재단 신설 기금으로 60만원, 순천의 공공사업에 10만원, 서울의 사회사업에 20만원 등이다.

그가 굳이 여자의학전문학교과 부속병원의 설립에 거금을 기부한 것은 그의 딸의 죽음과 관계가 깊었다. 즉, 그가 가장 아끼던 딸 평수를(1923~1936) 잃었던 것이 직접적인 계기로 작용하였다고 생각된다. 평수는 1936년 열세살의 어린 나이에 결핵에 걸려 세상을 떠났던 것이다. 따라서 그는 조선 사회에 근대적인 의학의 발전과 특히 여자를 치료할 여의사의 양성이 무엇보다도 절실하다는 사실을 잘 알고 있었다. 그리하여 경성여자의학전문학교는 1938년 5월에 개교하였다.

한편, 김종익의 유언에 따라 묵초육영회도 설립되었다. 묵초육영회는 처음 60만원의 기금으로 설립될 예정이었으나, 경성여의전의 설립기금에 10만원을 충당한 관계로 47만원의 재단법인으로 설립되었다. 묵초육영회는 당시로서는 전혀 새로운 발상인 서울에 "학료(學寮)" 즉, 기숙사를 지어 숙식을 제공하는 장학재단으로서 계획되었음은 매우 주목할만한 사실이라 하겠다. 묵초장학금으로 학업을 계속하여 각계의 원로로 활동하는 분이 많았는데, 이는 김종익이 뿌려 거둔 숭고한 열매라 말할 수 있다.

김종익의 기부금에 의해 고향인 순천에 세워진 학교로는 순천농업학교(1935 : 현 순천대학교)와 순천고등보통학교(1938) 그리고 순천여자고등보통학교(1940) 등을 들 수 있다. 이 밖에도 김종익은 민족음악을 진흥하기 위해 조선성악연구회(朝鮮聲樂研究會)를 물심양면으로 후원하였다. 또한 조선나병예방협회에도 1만2천원이나 기부한 사실 등에서 그의 육영과 사회사업에 대한 깊은 신뢰를 확인할 수 있다.

이러한 그를 우리는 어떻게 평가해야 할까. 이를 위해 그가 심영섭에게 '지금은 지하운동해서는 안되네. 우리 민족은 교육을 시켜야 하네. 그러자면 근검절약하며 근검저축하여 경제적으로 자립해야 되네.'라고 하였다는 말을 참고할 만하다. 그는 우리 민족이 나아갈 길을 교육과 경제발전에 두고 있었으며, 그것을 그는 평생동안 실천에 옮긴 진정한 육영사업가이자 민족자본가라 할 수 있을 것이다. 이를 위해 그는 평생동안 축적한 자본을 육영사업을 통해 민족의 동량(棟梁)을 양성하는데 매진하였다. 특히 조선의 화급한 사회문제로 떠오른 여성을 위한 의학교육과 각종 질환에 시달리는 환자의 치료를 위해 그의 재산을 아낌없이 희사하였다. 따라서 그의 경제활동과 육영을 비롯한 사회사업은 민족운동의 일환으로 이해할 수 있지 않을까.(홍영기)

〈참고문헌〉

[고정주]

『춘강집(春崗集)』, 綠泉亭, 潭陽, 1975.

『호남학보(湖南學報)』 1 - 5, 1908.

『고하 송진우 선생전(古下 宋鎭禹 先生傳)』, 동아일보사, 1965.

인촌기념회 편, 『인촌 김성수전(仁村 金性洙傳)』, 1976.

김학준, 『가인 김병로평전(街人 金炳魯評傳)』, 민음사, 1988.

김학준, 『고하 송진우 평전(古下 宋鎭禹 評傳)』, 동아일보사, 1990.

이재의, 「호남 근대교육의 선구자」, 『藝鄕』 1993년 3월호.

[김종익]

동아일보 · 조선일보 · 매일신보

심영섭, 「우석선생소전」(프린트본), 1967.

김도연, 『나의 인생백서』, 강우출판사, 1967.

염천각태랑, 『조선사정지』 하, 1930 ; 경인문화사, 1989.

지역개발연구소 편, 『자료로 본 우석 김종익』, 순천대, 1994.

14. 안규홍

– 평민 의병대장

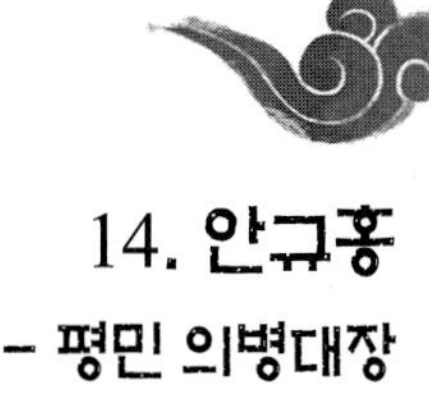

14. 안규홍
– 평민 의병대장

남한 폭도 대토벌 작전

1907년 대한제국 군대 해산 이후, 해산된 군인들이 의병에 합류하면서 의병투쟁은 전국적으로 확대되었다. 1908년에서 1909년까지 의병의 대(對) 일본군 전투횟수는 무려 3천 7백 회나 되었다. 참가 의병들 숫자만도 약 14만여 명에 이를 정도로 전국적으로 의병투쟁이 격렬하게 전개된 시기이다. 1908년 1,976회의 의병전투 횟수 중 4분의 1, 그리고 1909년의 1,738회 중 2분의 1이 전라도에서 일어났다. 전라도 의병의 투쟁은 일제의 조선강점에 커다란 장애요인이었다.

일제는 1909년 9월 1일부터 10월 30일까지 약 2개월 동안 항일의병이 격렬한 전라남도 지역에 대한 대대적인 토벌작전을 수립한다. 이것이 '남한폭도대토벌작전(南韓 暴徒大討伐作戰)'이다. '남한'이란 전북 서남부 지방 일부와 전남을 가리킨다. 이 토벌작전 결과 103명의 의병장이 체포되어 사살되거나 전사했고 이름없는 3천여 명의 의병이 체포당하는 수난을 겪었다.

토벌작전 이후 사살된 대표적인 의병장으로는 전라남도 장성·영광·나주를 비롯한 서부지역에서 활약한 '나는 호랑이'로 이름을 떨친 전해산(全海山, 1879~1910), 강진·장흥·해남·함평 등 남부지역에서 '신출귀몰 심남일'의 주인공 심남일(沈南一, 1871~1910), 그리고 보성·순천 등 동부지역에서 활동했던 머슴 출신인 안규홍(安圭洪)이 특히 유명하였다. 전해산, 심남일 등이 유생 의병장이었던 점에 비추어보면, 여기서 소개하고자 하는 머슴출신 안규홍 의병장은 한말 의병사에서 매우 특이한 존재라 할 수 있다.

안규홍의 출생과 성장

안규홍(安圭洪, 1879.4.10~1911.5.5)은 전라남도 보성군 보성읍 우산리 택촌에서 아버지 달환(達煥)과 어머니 정(鄭)씨 사이에서 태어났다. 그는 문강공(文康公) 안방준(安邦俊) 10대손이다. 본관은 죽산(竹山), 호는 담산(澹山), 이명으로는 계홍(桂洪) 이다.

안규홍의 집안은 오래전에 쇠락했기 때문에 태어났을 당시의 경제력은 매우 궁핍한 상태였다. 특히 4살 때 부친이 세상을 떠나자 어머니 정씨는 봉덕면(현 보성군 문덕면) 법화마을 박제현(朴霽鉉, 1871~1934)의 집에 의탁하였다. 박제현은 상당한 재력가로 안규홍과는 고종척간이었다.

규홍은 이곳에서 성장하면서 어린 나이에 머슴살이를 시작하여 약 20여년 머슴살이를 생활하였다. 규홍을 사람들이 안담산(安澹山)이라 불렀는데, '담살'이란 전남지방의 방언으로 나이 어린 머슴을 일컫는다. 규홍은 어려운 형편으로 교육의 기회를 박탈당했지만, 모친을 공양하고 나라의 장래를 근심하는 강직한 성품을 지녔으며 의협심도 남달랐다. 규홍의 의병 활동을 기록한 『담산실기(澹山實記)』에는 의협적인 행동을 짐작할 수 있는 글이 있다.

당산은 어려서부터 남의 집에서 머슴살이를 하였다. 어느 날 세금을 걷는 관리가 동네와 와서 갖은 횡포를 부렸으나 감히 말리는 사람이 없었다. 공이 마침 나무를 지고 산에서 내려오다가 이 꼴을 보자 즉시 마을 장정들과 그 자를 결박하고서 말하기를 "세금을 독촉하는 것이 너의 직책이라고는 하나 어찌하여 횡포를 자행하는가. 너는 혼찌검을 당해야 마땅하다. 너는 이 마을에 사람이 없는 줄 아느냐?" 하였다. 稅吏가 애원하여 겨우 풀려났는데, 이후에는 다시 그러한 폐단이 없었다.

안규홍이 나이가 어리고 체구가 작았음에도 불구하고, 의병장에 추대될 수 있었던 것은 강직한 성격과 용기 있는 행동 때문이었을 것이다.

안규홍 의병부대 조직을, 규홍의 성격만으로 설명할 수는 없다. 당시 일제는 을사늑약과 군대 해산, 고종 퇴위 등을 강요함으로써 조선의 정치적 예속화에 박차를 가하였다. 경제적으로도 일제 상품 대량 유입과 금융시장 지배를 위한 계획이 진행 중에 있었다. 다른 한편으로는 토지 침탈과 수산자원 확보를 위한 일본 농어민의 대량 이주가 적극적으로 추진되고 있었다. 특히 일제 농어민들의 대량 이주는 농촌에서 생활하던 이들에게 피부에 와 닿는 침략의 실상이었다.

안규홍은 동지들에게 "지금 시국은 날로 글러가고 나라도 반드시 없어질 것이니, 구차하게 살아 봐도 더럽기만 하고 억지로 목숨을 유지한 대도 도리어 욕만 당할 뿐이니, 차라리 죽을 자리에 죽는다면 이것은 영구히 살아 있는 것이나 마찬가지가 아니겠는가? 그러나 이제 담 밖이나 담 안 할 것 없이 세력을 저 사람들이 잡고 있으니, 만일 일도 제대로 해 보지 못하고 탄로된다면 이것은 한갓 웃음거리만 되고 말 것이다"면서 거사를 도모하였다.

농민 중심의 의병 조직

1907년을 전후하여 전라도 곳곳에서는 의병이 크게 일어나고 있었다. 더불어 의병을 가장한 도적들의 피해 또한 적지 않았다. 이에 민간에서는 도적을 예방하기 위한 방도단(防盜團)조직을 운영하였는데 규홍이 중심이 된 방도조직이 보성 법화마을에서도 결성되었다.

안규홍은 이 방도조직을 모체로 무신년(戊申, 1908) 2월에 의병을 일으키려 하였다. 그러나 규홍을 따르는 자의 대부분이 머슴이나 가난한 농민들로서 그들이 가진 것은 호미나 괭이, 나무작대기가 고작이었다. 이에 규홍은 자신의 거사 계획을 사류(士類)들에게 알려 경제적 도움을 청하였지만 사류들은 규홍이 무식하고 중망(重望)이 없다 하여 함께하는 것을 거절하였다.

다른 방법을 모색하던 안규홍은 관동인 의병장 강성인(姜性仁, 이명 姜龍彦)에게 투신하여 부장(副將)이 되었다. 강성인은 강원도에서 의병활동을 하다가 일제의 진압을 피하여, 1908년 2월 초순경 순천 조계산 향로암에 근거지를 구축하고 수십 명의 의병을 데리고 활동 중이었다.

강성인이 안규홍을 부장에 임명한 것은 현지 지리와 상황에 어두웠던 약점을 토착 의병이 해결해 주었고, 또 이 지역 농민들과의 원만한 관계 유지에도 큰 도움이 되었기 때문이다. 그런데 강성인의 관동 의병은 규홍이 듣던 바와는 달리 주민들에게 적잖은 피해를 주고 있었다. 『담산실기』 기록을 보면,

> 피고 손덕오·염인서는 동년(1908년) 4월 6일경에 위 수괴 안계홍이가 다른 폭도 수괴 강사문(일명 용언)은 양민에게 재물을 겁취한 자라 하여 동인을 모살하려는 정을 알면서…안계홍의 부하 30여 명과 동도 순천군 문전면 고부기 산중에서 포박하여…동인을 총살하였고

위의 인용문에서 보듯이, 규홍은 1908년 4월에 부하들과 강성인이 양민의 재물을 겁취한 자라고 하여 총살하였다. 강성인을 제거한 토착 의병 염재보·손덕호·정기찬 등 50여 명이 규홍을 의병대장으로 추대하였다. 안규홍이 의병대장이 되었지만, 독자적으로 활동하기에는 부족한 점이 적지 않았다. 무엇보다도 전투경험이나 풍부하고 전술에 뛰어난 전략가가 필요하였다. 그리고 수적 열세를 극복하기 위한 더 많은 의병 확보도 시급하였다.

안규홍은 전남지방 시장을 순회하면서 농어민과 상인에게 국가의 위급한 상황을 적극적으로 설명하고 설득하여 의병에 가담시켰다. 이러한 의병 모집방법은 기존의 양반 유생들이 학연이나 지연을 중심으로 방을 내걸거나 통문을 돌려 의병을 모집했던 방법과는 대조적이다.

이즈음에 안규홍 의병부대에 새로운 사람이 합류하였다. 해산군인이었던 오주일(吳周一)의 가담이 그것이다. 오주일은 서울에서 활동했던 해산군인으로 병법에도 밝았고 장사였다. 오주일은 규홍을 대장 재목으로 알아보고 협력을 약속했다.

안규홍 의병부대는 동향 출신의 머슴과 빈농을 근간으로 하여 인근 지방의 농어민 그리고 관동의병과 해산군인 등을 받아들이면서 조직이 확대·개편되었다. 안규홍 의병부대는 항일투쟁에 유리한 조건을 두루 갖추게 되었다. 토착 농어민 출신의 의병은 지리에 밝았으며 지역 주민과 밀접한 연고를 맺고 있었다. 관동의병은 전투 경험이 풍부하였으며, 해산군인이었던 오주일 등은 전략 전술의 이론과 실제를 갖추고 있었다.

안규홍의 이른바 '안담살이 의병'은 1908년 음력 3월경에 동소산(東巢山)에서 거병하였다. 안담살이 의병부대의 주요 구성원은 의병장에 안규홍, 부장에 염재보, 이관회를 선봉장에, 임병국·손덕호·정기찬·장재모·송경회를 선·후·좌·우·중군장, 안택환, 소휘천을 난후장, 오주일, 나창

운을 참모장, 임정현을 서기, 그리고 박제현을 운량관으로 삼아 부대의 조직을 정비하였다. 안규홍 의병부대는 부장, 선봉장, 좌우익장 등의 지휘를 담당하는 계통과 참모, 서기 등의 의병장을 보좌하는 계통으로 나뉘어 조직되었음을 알 수 있다.

안규홍 의병의 구성원은 관동의병이나 서울에서 내려온 오주일 일행, 1909년 4월 시기에 가담한 임창모·임모·오모 등은 유생 등 다양한 계층이 참여하고 있었지만 스스로 농민이라 내세웠던 토착 농민이 중심이 된 전형적인 평민의병 부대였다. 1909년 4월경 '안담살이 의병'은 매우 적극적으로 항일투쟁을 전개하고 있었다. 이때부터는 신분적인 갈등보다는 항일투쟁이 우선시되었음을 알 수 있다. 이는 항일투쟁을 위해서라면 모든 계층이 서로 협력하는 상황으로 전환되었음을 의미한다.

안담살이 의병의 활동

'안담살이 의병'의 애국구민활동 목표와 방향, 재원확보와 일제의 대응책 등은 어떠했는가? 『담산실기』 [부장 염재보 행록]에 의하면, "우리는 본래 농촌의 백성으로 勞苦를 견디지 못해 萬死를 무릅쓰고 일어났다.… 헛되이 먹기만 일삼고 백성들의 목숨을 구하지 않는다면 어찌 국가를 사랑하고 백성을 구하며 원수의 복수를 갚는 의리라 하겠는가"라고 하면서 거병의 이유를 밝히고 있다. 그러면서 군사들에게 의병의 활동방향에 관한 규정을 명령하였다.

1. 의병으로서 민간을 침폭하는 것을 금한다.
2. 민간인이 밖으로 곡식을 파는 행위를 금지시킨다.
3. 여러 명목으로 파견된 관원이 민간에 해를 끼치면 모두 잡아들인다.
4. 마을에서 공공연히 주구(誅求)를 행하는 자를 금지시킨다.

5. 일본세력을 이끌어 들이는 자부터 먼저 죽여 우익(羽翼)을 없앤다.
6. 왜구를 죽여 그 새떼같은 무리를 제거함으로써 우리나라의 근본을 보호하고 우리나라의 명맥을 길이 보존한다.

안담살이 의병부대의 활동 방향은 크게 세 가지로 정리할 수 있다. 첫째, 가렴주구를 일삼는 관리와 탐학한 토호의 제거에 앞장섰다. 특히 농어민에게 큰 피해를 주던 세금 징수원에 대한 공격은 농민들의 큰 환영을 받았다. 이들 관리에 대한 공격뿐만 아니라 탐학한 토호의 소작료를 빼앗아 그 일부를 농민에게 나누어주는 데도 앞장섰다. 이러한 활동으로 안담살이 의병부대는 농민대중의 전폭적인 지지를 받았을 뿐만 아니라 의병활동에 부족한 재원을 보충하는 데에도 적지 않은 보탬이 되었다.

둘째, 친일세력의 제거에 진력하였다. 주된 공격 대상은 일진회원이었다. 이들이 정찰대를 조직하여 의병 토벌대에 참가하고, 일본 헌병대의 앞잡이가 되어 의병의 동향을 밀고하거나 양민들의 재물을 함부로 빼앗는 등 친일 매국 활동의 선봉 노릇을 하였기 때문이었다.

셋째, 가장 궁극적인 목표는 반일 세력의 구축활동이었다. 안담살이 의병부대는 1908년 4월 직후부터 1909년 10월까지 약 1년 6개월 동안 수십 차례의 항일투쟁을 전개하였다. 주요 공격 대상은 일본군 헌병대.수비대.순사대.토벌대 등이었는데, 일본에서 이주해 온 농어민들도 포함되어 있었다. 이들도 한국 침략의 첨병으로 간주하였기 때문이었다.

안담살이 의병부대는 주민들의 커다란 지지를 받았다. 특히 앞서 인용한 강성인 의병부대와는 달리 민폐를 끼치지 않도록 군율을 엄히 하여 민간인 침폭 행위를 일절 금지했던 활동은 주민의 지지와 신망을 크게 얻을 수 있었다.

이러한 안담살이 의병부대의 애국 구민 활동 중 가장 큰 고충은 활동자금의 확보였다. 안담살이 의병부대는 운량관이던 지주 박제현과 같은 숨은 후원자들의 도움을 받았으며, 세금 징수원들을 공격하여 빼앗은 공금을 군자금으로 사용하기도 했다. 또한 횡포한 지주의 소작료나 재산 일부를 징발하여 군자금으로 충당하기도 하였다. 그리고 농민들의 자발적인 도움을 받기도 하였다. 그러나 이것만으로는 부족하여 활동 지역 내의 각 면장에게 일정액의 군자금을 할당하여 징수하기도 하였다.

안담살이 의병부대의 활동지역은 보성.순천을 중심으로 하는 전라남도 동부지역과 순창·남원 등의 전라북도 남동부지역까지 달했다. 그중에서도 보성이 중심 무대였다. 최초로 의병을 일으킨 동소산, 일본군의 기습을 받아 크게 패했던 서봉산, 그리고 재기했던 석호산이 모두 보성에 위치한 사실을 보아도 알 수 있다. 보성의 근거지가 일제에 노출되자 나중에는 광양 백운산으로 근거지를 옮기기도 했다.

안담살이 의병부대에서 거병 초기에 사용한 무기는 자체 제작의 군도나 창 혹은 화승총 등 보잘것없었다. 그러나 항일투쟁이 거듭되는 과정에서 노획한 대포나 30년식 보병총과 양식총, 그리고 화승총을 개조한 천보총, 대포 등을 보유하게 되었다. 새로운 신무기의 확보는 안담살이 의병부대의 화력이 만만치 않음을 보여준다. 만만치 않은 화력, 지형지물에 익숙한 이점을 이용한 상황에 따른 적절한 전술의 운용, 엄격한 군율을 유지함으로써 일제에 커다란 타격을 가하였다.

일제도 다양한 진압책으로 안담살이 의병부대를 타격하였다. 이를테면 의병 진무책(일명 유화책)과 전담 토벌대 조직, 그리고 변장정찰대 운용 등이 그것이다. 일제는 진무책으로 대규모 토목공사를 실시하였으나 주민들의 외면으로 거의 효과를 거두지 못하였다. 이에 일제는 1909년 4월 안담살이의 의병부대를 진압할 목적으로 광주의 2개 수비대대와 남원 1개 수비대대를 차출하여 토벌작전을 개시하였다. 일제의 토벌작전은 실패로 돌아갔지만, 이와 같은 적극적인 의병 진압책은 전남지역 의병부대에 심각한 위기의식을 불러일으켰다.

날로 증대하는 일제의 위협을 꺾기 위하여 1909년 음력 3월에는 유생 의병장 전해산.심남일 부대와 안담살이 부대를 중심으로 호남 의병이 연합하여 항일투쟁을 전개하였다. 이 연합작전으로 일본군 수십 명을 살상하고, 일본 화물선을 소각하는 전과를 거두기도 하였다.

일제는 1909년 6월에 이르러 주요 의병부대의 소재와 근거지를 파악하기 위한 변장정찰대를 편성하였다. 변장정찰대의 편성은 안규홍을 비롯하여 전해산.심남일 등의 근거지를 찾는데 주목적이 있었다. 의병의 근거지가 어느 정도 파악되자 일제는 전라도 의병운동에 대한 대대적인 토벌 계획을 수립하였다. 이것이 바로 '남한폭도대토벌작전'이었다. 이 작전에는 보병 2개 연대, 공병 1개 소대, 기선 1척, 기정 약간, 그리고 해군 11함대 등 대규모의 병력이 투입되었다. 육지는 물론 해상에 이르기까지 완벽한 포위선을 구축한 '토끼몰이식'으로 전라도 의병을 토벌하기 시작하였다.

1909년 9월 1일부터 10월 말까지 전개된 토벌작전으로 강고한 반일투쟁을 전개해 왔던 안담살이 의병부대도 동요하였다. 결국, 9월 18~19일 사이에 부장을 포함한 약 60여 명의 부하 의병들이 투항하자, 안규홍은 해산명령을 내리지 않을 수 없었다. 그 얼마 뒤 안규홍은 부장 염재보.정기찬 등과 함께 보성 법화촌에서 일제에 체포되었다. 규홍은 광주 감옥에 수감되었다가 대구 감옥으로 옮겨졌다. 규홍은 이곳에서 1911년 5월 5일 교수형을 받고 형장의 이슬로 순국하였다.

안규홍 승첩비

안담살이 의병부대의 해산과 안규홍의 체포는 곧 남한폭도대토벌작전의 종료를 의미하였다. 이 작전이 끝난 후 안규홍을 체포한 보병 제2연대 8중대가 가장 뛰어난 전과를 올린 부대로 표창을 받았다. 이 사실은 안담살이 의병부대가 얼마만큼 치열한 항일 투쟁을 전개했는지를 잘 보여주는 실례라 하겠다.

전국적으로 확대된 1907년 7월 이후는 전라도가 의병항쟁의 중심이 되면서 각계각층의 평민이 중심이 된 의병활동이 전개되었다. 농민·군인·상민·광부·노동자, ·포수 등이 의병부대를 이끌게 되었다. 이들 평민의병은 소규모 부대로 편성되었으며 지리적 이점을 이용한 적절한 전술로 일제에 막대한 타격을 입혔다. 일제의 '남한폭도대토벌작전'과 대규모 정규군이 동원되었음을 통해서도 알 수 있다. 대표적인 의병부대 중의 하나가 머슴 출신인 안규홍이 이끌었던 평민의병 부대였다.

그럼에도 불구하고 현행 국사 교과서에서는 양반 중심의 활동 지역만이 표시되어 있을 뿐 안규홍 의병장 등 전라도 103명 의병장의 활동에 대해서는 한 구절의 설명도 없다. 더구나 전라도 의병장들의 활약이나 민중의 지지가 뛰어났음에도 불구하고 평민의병장으로 유일하게 경상도 출신 신돌석만이 언급되고 있음은 유감이 아닐 수 없다.(주철희)

〈참고문헌〉

박성수, 「1907-10연대의 의병전쟁에 대하여」, 『한국사연구』 1, 1968.

홍순권, 「을사조약 이후 호남지역 의병운동의 발전과 의병장들의 성격」, 『한국학보』 57, 1989.

홍순권, 「한말 호남지역 의병운동 연구」, 서울대학교 대학원 박사학위논문, 1991.

홍영기, 「안규홍 의병의 조직과 그 활동」, 『한국학보』 49, 1987.

홍영기, 『대한제국 호남의병 연구』, 일조각, 2004.

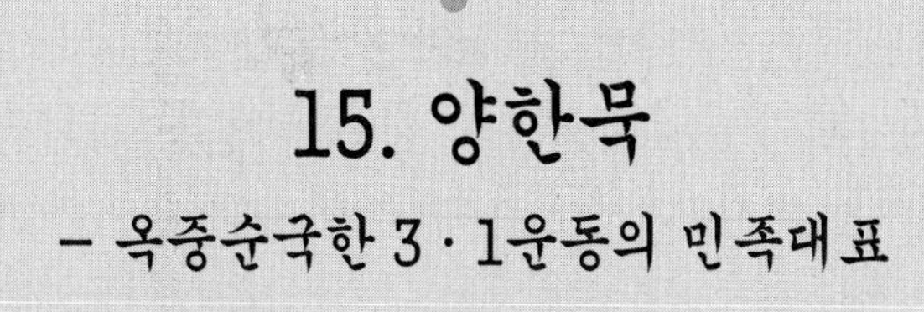

15. 양한묵

– 옥중순국한 3·1운동의 민족대표

15. 양한묵

- 옥중순국한 3・1운동의 민족대표

학문편력에 쏟은 청년기의 삶

양한묵은 남녘땅 해남의 물 좋은 고장, 옥천면 영계리에서 태어났다. 그의 10대조 할아버지가 능주에서 해남으로 이거한 후, 그의 집안은 어언 300여 년을 해남땅에 터박아 살아왔다. 그의 조부는 영암 양사재(養士齋)를 분관(分館)하여 교육사업에 진력하는 한편, 수리사업을 적극 전개하여 인근 농민들의 칭송이 자자하였다. 아버지인 양상태(梁相泰) 역시 학행이 뛰어날 뿐만 아니라 자선심도 남달랐다. 즉, 1886년 전국에 걸쳐 콜레라가 만연하자, 그는 여러 비법을 사용하여 다수의 인명을 구한 바 있었다.

어머니인 낭주최씨(朗州崔氏)에게는 특별한 일화가 전해 내려온다. 그녀의 나이 19세때인 1857년에 대대로 전해내려 오던 집안의 노비들을 해방시켰다는 것이다. 이 때는 링컨이 노예를 해방하기 6년 전, 그리고 신분제를 폐지한 갑오개혁 37년 전에 해당된다. 가히 혁명적인 조치라 아니할 수 없다. 아마도 당시 농민과 노비들의 원성이 높다는 사실을 직감한 그녀의 사려깊은 조치가 아니었을까 한다.

그후 5년이 지난 임술년, 즉 농민항쟁이 남도를 휩쓸 무렵 최씨는 양한묵을 낳았다. 양한묵의 집안은 일찍부터 일반 농민들이나 노비들에게 우호적이었던 관계로 전혀 피해를 입지 않았다. 그는 다섯 살 때부터 어머니로부터 천자문을 배우기 시작하여 여느 유생과 마찬가지로 본격적인 글공부에 들어갔다. 여덟 살에 양사재에 들어가 스승의 지도를 받기 시작하여 15,6세에는 이미 유학과 관계된 중요서적을 독파하였다. 그가 가장 즐겨 읽었던 책은 상서(尙書)와 춘추(春秋)였다고 한다.

그의 부모는 양한묵의 나이 19세에 능주로 이사했는데, 그 이유는 잘 알 수 없다. 다만, 이로 말미암아 그는 스스로 능주출신이라 말해 왔다. 아마도 그것은 자신의 윗대 조상들이 일찍부터 대대로 살아온 곳이 바로 능주였기 때문일 것이다. 그는 열여덟살때부터 불교와 도교, 선서(仙書)뿐만 아니라 천주교 서적에도 관심을 기울이기 시작하였다. 심지어 음양술(陰陽術) 서적에도 그의 눈길이 미쳤음은 물론이다. 이와 같이 그는 이미 10대의 나이에 전통적인 유학 외에도 천주교와 같은 외래사상 등 여러 분야의 학문을 체험하였다. 이로써 그는 다양한 사고와 폭넓은 학문의 세계를 비교할 수 있는 능력을 축적할 수 있었다.

그는 20세에 풍산홍씨와 혼인하여 나주군 남평면 송촌으로 이주하였다. 결혼 후에도 우주의 근본과 인간의 본질에 관한 그의 관심은 더욱 깊어졌으며, 그러한 과정에서 당시 사회에 만연된 부패상의 원인에도 자연히 그의 깊은 생각이 미치지 않을 수 없었다. 그는 좀더 넓은 세계와 인심의 동향을 파악하기 위해 결혼 1년 남짓하여 사랑하는 부인을 뒤로 하고서 집을 나섰다. 우선 동쪽의 금강산, 서쪽으로는 구월산, 남쪽의 지리산, 북쪽으로는 묘향산 등 명산대찰을 순례하며 벗을 사귀기도 하고, 다양한 풍물들을 접하였다. 이러한 과정에서 그는 진정 세상을 구하고 국민을 편하게 해줄 수 있는 민족지도자를 찾는 한편, 자신 역시 지도자로서의 자질을 갖추는데 심혈을 기울였다. 그러던 중 어머니의 갑작스런 부음을 전해 듣자 1년여 만에 향리에 돌아왔다. 삼년상을 치른 다음 그는 무등산 증심사에서 생각을 가다듬으며 세월을 보내었다.

동학입교(東學入敎)와 애국계몽활동

그후 서른살에 계룡산 유람을 끝으로 그는 세상에 얼굴을 드러내었다. 그는 서울에 올라가 늦은 나이인 31세에 관직에 입문하였다. 2년 후 그는 탁지부 주사에 임명되어 능주세무관으로 부임하여 조세업무를 담당하였다. 바로 이때 동학농민전쟁의 불길이 치솟아 전라도 전역은 물론 전국 각지가 농민군의 거센 함성으로 들썩였다. 그러나 들불처럼 일어섰던 농민군은 일제의 간섭으로 처참한 희생을 치르며 실패를 맛보아야 했다.

그는 고향이나 다름없는 능주에서 농민전쟁의 전말을 지켜보았다. 세무관리인 그의 눈으로도 농민군이 표방한 [척왜양창의(斥倭洋倡義)]나 폐정개혁안(弊政改革案)은 그른 일로 보이지 않았다. 정부의 잘못과 부패한 관리들의 잘못이 훨씬 컸음에도 불구하고 오히려 농민군에게 모든 허물이 씌워졌음을 목도한 것이다. 그는 체포된 농민군들을 힘이 닿는 한 구출해 주었다. 그의 애민의식의 일면을 엿볼 수 있는 대목이다.

당시 위정자들은 백성은 안중에도 없고 치부와 영달에만 눈이 멀어 있었다. 양한묵은 자신이 지방의 말단 관리에 지나지 않다는 점에 대해 회의하지 않을 수 없었다. 결국 그는 1897년 관직을 그만두고 중국으로 향하였다. 국제정세의 파악과 자신의 견문을 넓히기 위해서였다. 북경과 천진 그리고 산동 등지를 여행하다가 그 이듬해에 서울을 거쳐 일본에 들어갔다. 갈수록 세력을 확장하는 일본의 문물을 살피려는 것이었다.

그러던 중 한국에서 망명한 권동진(權東鎭) · 오세창(吳世昌) 등의 소개로 손병희(孫秉熙)와 만나게 되었다. 당시 손병희 역시 일본에 체류하며 이상헌(李祥憲) 또는 이소소(李笑笑)라는 이름으로 활동중이었다. 하지만 그는 엄연한 동학의 제3대 교주로서, 일본 내의 조선인들에게 상당한 영향력을 발휘할 뿐만 아니라 조선내의 동학교도들과도 긴밀한 접촉을 유지하고 있었다. 이들이 만난 곳은 일본의 고도(古都) 나라(奈良), 때는 1902년의 따스한 봄날이었다. 국내외 정세와 자신들의 시국관을 스스럼없이 건네며 담소를 즐기는 과정에서 이들은 서로에게 매혹되어 갔다. 서로의 만남이 너무 늦었다며 아쉬워할 정도였던 것이다. 이들은 즉석에서 죽음을 건 맹약을 맺었다. 동학농민전쟁 당시 농민군을 구출한 바 있던 양한묵과 농민군에 참여하였다가 현재는 동학의 교주인 손병희가 정식으로 인연을 맺게 된 것이다.

일본 체류중 손병희와의 만남을 통해 양한묵의 활동은 전혀 새로운 방향으로 전개되었다. 그간의 방황을 접고서 새로운 활동을 전개하는 전기가 된 것이다. 그것은 두말할 필요도 없이 동학과의 만남에서 비롯된 것이었다. 손병희의 인물됨과 동학이 갖는 민중지향적인 사상에 감복하여 그도 동학에 입교하였다. 그는 1903년 손병희를 대신하여 내정의 혁신과 정국 대처방안을 담은 구국상소문을 지어 정부에 보내었으나, 정부에서는 전혀 반응을 보이지 않았다. 결국 손병희는 그를 비롯한 측근인물인 권동진·오세창 등과 함께 동학교도를 중심으로 한 혁신운동을 전개하기로 결정하였다. 이른바 갑진혁신운동이 그것이다. 이로써 볼 때, 그는 동학에 입문한지 얼마 안되어 손병희의 핵심측근으로 자리잡았음을 알 수 있다.

1904년에 시작된 갑진혁신운동은 먼저 동학교인의 단발과 의복개선에서 출발하였다. 이 운동은 진보회(進步會)라는 이름아래 4대강령을 내세워 진행되었다. 주된 내용은, 첫째 황실의 존중과 독립의 기초를 공고히 할 것, 둘째 정부를 개선할 것, 셋째 군정과 재정을 정리할 것, 넷째 인민의 재산을 보호할 것 등이었다. 이와 같은 슬로건을 내세워 전국의 수십만 동학교도들이 일제히 활동을 전개하자, 가장 당황한 것은 다름 아닌 대한제국 정부였다. 불과 10여 년 전에 그처럼 참혹하게 탄압을 당하였음에도 불구하고 끈질긴 생명력을 유지할 뿐만 아니라 오히려 더욱 확장되어가는 교세에 놀라지 않을 수 없었던 것이다.

이에 정부에서는 진보회를 이끌고 있던 이용구(李容九)를 회유하는 한편, 군대와 경찰을 동원하여 동학세력을 탄압하였다. 정부의 유혹에 넘어간 이용구는 1904년 8월 송병준(宋秉畯) 등과 손을 잡고 일진회(一進會)를 결성하였다. 손병희를 비롯한 동학 수뇌부는 이용구와 송병준의 변절을 더 이상 좌시할 수 없었다. 누군가 국내에 들어가 저간의 사정을 파악해서 일진회와의 관계를 정리하지 않으면 안되었다.

그런데 손병희나 권동진 등은 아직도 귀국이 불가능한 망명객의 처지였다. 그로 인해 양한묵은 1904년 말 귀국하였다. 먼저 그는 일진회에 대항하여 그해 12월에 결성된 공진회(共進會)의 회원으로 참여하였다. 예전의 독립협회 회원들과 보부상들이 공진회의 주요 구성원으로 참여했는데, 주로 회원의 계몽과 정부에 시정의 개선을 요구하는 계몽운동단체였다.

1905년 2월에 정부의 탄압으로 공진회가 해산되자, 양한묵은 윤효정(尹孝定)·이준(李儁) 등과 함께 그해 5월에 헌정연구회(憲政硏究會)를 조직하였다. 이 단체 역시 일진회의 친일활동에 반발하여 조직된 것이었다. 따라서 일진회에 대항하는 동학교인들이 참여하여 일진회의 활동을 견제하였다. 이 단체는 주로 입헌군주제의 실시와 관련된 국민계몽활동을 전개하였다. 이 외에도 그는 헌정연구회의 발기인과 평의원으로 참여하는 등 적극적인 계몽활동을 전개하였다.

양한묵은 동학의 조직을 일진회로부터 보호하는 한편, 국권을 수호하기 위한 활동에도 게을리 하지 않았다. 이를테면, 그는 1907년 6월 네덜란드

헤이그의 만국평화회의에 참석하러 가는 이준•이상설•이위종 등의 여비를 주선해 주었다. 천도교의 기밀비에서 그것을 보조한 것이다.

한편, 그는 그해 7월에 발기된 호남학회에도 참여하였다. 호남학회는 서울에서 활동하는 호남출신 인사들이 신학문의 교육을 표방한 단체였다. 고정주(高鼎柱) · 강엽(姜曄) · 백인기(白寅基) 등의 계몽적인 개신유학자들과 전직 관료들이 적극 참여하였다. 나중에 나인영과 윤주찬, 이기 등도 참여했는데, 이들은 1907년 초 자신회(自新會)라는 5적암살단을 조직하여 이완용을 비롯한 매국노들을 응징하는 의열투쟁을 감행한 애국지사들이었다. 물론 호남학회에서는 신문물 수용에서 한발 뒤진 호남 출신의 자제들에게 근대교육을 실시할 목적으로 활동하였다. 그리하여 격동과 변혁의 사회를 이끌어갈 인재를 양성함으로써 조선의 국권을 수호하려는 것이었다.

한편, 양한묵은 1909년 12월 말 일제의 경찰에 의해 전격 체포되었다. 이재명 등이 매국노 이완용을 저격하려다가 미수에 그친 사건에 연루된 것이다. 그는 약 3개월 동안 감옥에 갇혀 있다가, 증거불충분으로 1910년 3월에 풀려났다. 그가 수많은 애국지사들과 교유하면서 국권수호운동에 헌신해왔기 때문에, 일제가 그를 요주의 인물로 낙인찍은 산물이었다.

천도교를 통한 민족구원에 온몸을 사르다

동학은 수운 최제우(崔濟愚)에 의해 창시되었다. 그후 제2대 교주 해월 최시형(崔時亨)에 이르러 교단 조직이 정비됨으로써 발전에 발전을 거듭하였다. 의암 손병희가 제3대 교주를 맡은 이후로도 동학세력은 더욱 확대되었다. 그러나 동학의 포교에 어려움이 없었던 것은 아니었다. 외래종교인 천주교와 기독교의 희생보다 훨씬 크고 깊은 난관이 있었음은 물론이다. 1 · 2대 교주가 모두 처형되었고, 동학농민전쟁을 주도한 농민군 지도자들 역시 형장의 이슬로 사라졌다. 또한 그들을 따르는 수많은 신도들도 아까운 피를 흘려야 했다. 하지만 동학은 수많은 희생과 온갖 역경을 극복하면서 다시 수십만의 신도를 가진 민족 · 민중종교로 우뚝 서게 된 것이다.

이는 당시 동학의 교리가 민중들의 강력한 희망을 반영하고 있었기 때문에 가능하였으리라 생각된다. 즉, '사람을 하늘처럼 섬기라(事人如天)'라든가, 부부의 동등한 권리 등과 같은 평등사상의 제시 그리고 소박한 종교의식과 같은 대중성 등이 그것이다. 요컨대, 동학의 교리가 민중지향적인 요소를 포함하고 있었기 때문에, 동학은 날로 교세를 확장시킬 수 있었다. 어쩌면 이는 죽음을 각오하면서도 동학을 추종한 민중의 승리라고 함이 옳을 것이다.

그런데 일본에 망명한 손병희를 대신하여 이용구(李容九)가 국내의 동학 조직을 관리하고 있었다. 이용구는 진보회 활동 중에 일제와 친일파에 포섭되었음은 이미 언급한 바 있다. 그후 그는 일진회와 시천교를 조직하여 전통적인 동학 조직에서 이탈하여 노골적인 친일행각을 벌였다. 이로 인해 동학은 친일세력으로 매도되었다.

이에 손병희 등은 일진회와는 전혀 다른 정통의 동학조직임을 표방하지 않으면 안되었다. 그리하여 1905년 12월 1일 동학을 천도교(天道教)로 개칭하고, 교단조직도 대폭 정비하는 등 획기적인 조치를 단행하였다. 이듬해 1월 손병희가 귀국함으로써 천도교는 드디어 교주의 직접적인 관할아래 발전할 수 있는 기틀을 마련하였다. 1906년 2월에는 국가의 헌법과 같은 기능의 천도교 대헌(大憲)이 내외에 공표되었고, 교단을 책임지는 조직책 인선도 병행되었다. 이로써 천도교는 근대적인 종교의 면모를 갖추게 되었다.

이 과정에서 양한묵의 활약이 돋보였음은 물론이다. 그는 교주 손병희의 측근으로서의 역할을 다하였다. 이를테면, 그는 천도교 대헌의 작성,

천도교 신자의 다섯가지 의무(侍日 · 祝文 · 清水 · 誠米 · 祈禱 등)의 제정, 신도 자제를 위한 교리강습소와 사범강습소의 설치, 『천도교회월보(天道教會月報)』의 간행 그리고 보성중(普成中) • 보성전문(普成專門) • 동덕여학교(同德女學校) 등의 학교를 열어 인재의 양성 등에 온힘을 쏟았다.

특히, 그는 천도교 교리의 제정이나 교리의 해설에 탁월한 솜씨를 발휘하였다. 앞에서 말한 바와 같이, 천도교의 헌법인 대헌을 작성하였으며, '사람이 곧 하늘이다(人乃天)'라는 천도교 교리의 핵심 사상 역시 그의 아이디어에서 나온 것으로 추측된다. 당시 그는 『천도교회월보』의 교리부(教理部) 난에 천도교의 교리 해설을 자주 게재하여 일반인의 이해를 도왔다. 예컨대, 천도교가 유 · 불 · 선 삼교를 합일(合一)한 종교라는 점을 구체적으로 밝힌 바 있으며, 성미에 대해서도 매우 이해하기 쉽게 그 제정의 의의를 설명하고 있다. 그리고 『동경연의(東經演義)』와 『무체법경(无體法經)』이라는 교리서를 1910년대 초반에 간행하기도 하였다.

한편, 그는 교리강습소와 사범강습소를 개설하여 신도의 자제 교육에도 심혈을 기울였다. 교리의 강습 역시 그의 몫이었음은 물론이다. 이러한 사실로 보건대, 그는 천도교의 가장 대표적인 이론가라 할 수 있을 것이다. 그가 천도교 교단에서 맡았던 직책을 살펴 보아도 이론가로서의 체취를 느낄 수 있다. 예를 들면, 1906년에 집강(執綱) · 진리과장겸우봉도(眞理課長兼右奉道), 1908~9년에 현기사장(玄機司長) · 법도사(法道師), 1910년에는 진리관장(眞理觀長) 그리고 그 이듬해에는 직무도사(職務道師)를 지내다가 3 · 1운동을 주도하였다. 이와 같이 그가 천도교의 이론가로서 드날릴 수 있었던 데에는 무엇보다도 10대 무렵부터 다양한 사상과 학문을 편력한 소산이 아닐까 한다.

제1차 세계대전이 1917년에 종식되자, 세계는 바야흐로 화해와 평화의 분위기가 무르익고 있었다. 1918년에는 종전(終戰)과 관련하여 세계의 열강들은 협상을 추진하였다. 하지만 조선에는 변화의 조짐이라곤 찾아보기 어려웠다. 일제의 압제와 질곡 속에 우리 민족의 눈과 귀는 철저히 가려 있었기 때문이다. 일본 내에서는 지금도 1910년대를 "다이쇼 데모크라시(大正年間의 민주주의)"라고 평하지만, 당시 조선의 하늘은 민주주의와는 전혀 거리가 먼 어둠의 세계였던 것이다. 일본과의 병합을 반겼던 일부의 인사들조차 10년간의 경험을 통해 일제의 무단통치에 혐오감을 드러낼 정도였다. 당시 조선인 차별정책 · 헌병의 통제와 감시 체제 · 경제적 침탈 등과 같은 일본의 제국주의 속성이 적나라하게 드러남으로써 전 국민의 불만이 고조되었음은 물론이다.

바로 이때 바다 저편에서 희망을 실은 반가운 소식이 날아들었다. 다름 아닌 미국의 윌슨대통령이 제창한 민족자결주의가 그것이다. 1918년 1월 윌슨의 연두교서에 언급된 14개 조항중 5조와 14조에는 약소민족에게 광명과 같은 내용이 들어 있었다. 그 요지는, 각 민족의 정치적 운명은 스스로 결정할 권리가 있으며, 타 민족의 간섭이 허용되어서는 안된다는 내용이었다. 이른바 민족자결원칙이 천명된 것이다.

이러한 사실은 조선에 즉각 알려지지 않았으나, 1918년 11월에야 일본의 신문을 통하여 조금씩 국내로 전파되었다. 일본에서 간행되는 신문을 구독하는 소수의 사람들이 전해준 것이다. 그 중에는 권동진과 오세창 등도 끼여 있었다. 이들은 이 기사에서 독립의 희망을 느낄 수 있었다. 특히, 1919년에 개최될 파리강화회의에서 약소민족의 문제가 거론될 예정이며, 머지않아 국제연맹도 창설되리라 기대되었기 때문이다. 조선에서도 여론을 조성하기 위한 적극적인 움직임이 필요하다는데 인식을 같이 하였다.

기대에 부푼 이들은 우선 손병희를 찾아 독립할 수 있는 절호의 기회가 찾아왔다고 알렸다. 이들은 손병희의 집에서 조선독립의 구상을 논의하였다. 회의 결과, 일제의 탄압에 신음하는 온 국민들에게 독립을 선언한 사실을 알려야 할 뿐만 아니라 세계 여론을 불러일으키기 위한 내용도 병행해서 추진한다는 내용으로 압축되었다. 이 때가 1918년 11월 하순이었다. 이러한 문제를 토의하는 천도교의 수뇌부 가운데에 양한묵도 포함되었음은 당연하다 할 것이다. 처음에는 천도교의 이름으로 추진하다가 전 민족의 힘을 결집하기 위해 기독교 · 불교 지도부와 연합하기로 하였다. 이즈음 동경의 조선 유학생들이 독립을 선언하였다는 소식도 들려와 이들을 더욱 고무시켰다. 또한 고종(高宗)의 의문사를 계기로 온 국민들은 일제에 의구심을 떨치지 못하는 불안한 상황에서 장례 준비가 진행되고 있었다.

독립선언서에 서명할 사람은 33인으로 결정되었으며, 이 가운데 양한묵도 천도교 대표 15명의 한 사람으로 참여하였다. 독립선언서는 3월 1일 오후 2시 탑골공원에서 33인의 참석아래 낭독될 예정이었으며, 이러한 내용은 민족자결을 제창한 윌슨대통령과 파리강화회의에 보내져 세계의 관심을 불러일으키고, 일제의 총독부와 귀족원(貴族院), 중의원(衆議院)에도 통고하기로 계획되었다.

各地騷擾事件

조선총독부 기관지 매일신보의 3.1운동 기사(1919.3.7)

미리 선정된 민족대표들은 3월 1일 오후 2시에 태화관에 모여 선언서를 낭독한 후 만세삼창을 끝으로 일제 경찰에 의해 체포되었다. 이들의 함성은 물결처럼 메아리치며 전국 고을고을 마을마을에 울리지 않은 곳이 없었다. 일제의 야만적인 통치에 대한 우리 민족의 한을 한꺼번에 토해낸 것이다. 비록 종이 한장의 선언서만으로는 독립을 쟁취할 수 없었지만, 당시 우리 민족은 10년만에 처음으로 희망과 기쁨을 체험하였다. 일제의 야만적인 경찰에 의해 팔이 잘리운 채로도 기쁨의 미소를 머금은 얼굴을 당시의 사진을 통해 확인할 수 있다. 그것이 바탕이 되어 우리 민족은 독립에 대한 자신감과 일제에 대한 열패감을 떨쳐버릴 수 있었다. 물론 3 · 1운동이 임시정부 탄생에 결정적인 계기가 되었음은 삼척동자라도 다 아는 사실이다.

한편, 손병희 양한묵 등 민족대표 33인은 모두 감옥에 갇히어 엄중한 감시아래 혹독한 고문을 감내하며 일제의 취조에 응해야 했다. 어느 사이에 쉰여덟의 이순(耳順)을 바라보며 양한묵은 옥중생활을 근근이 지탱하고 있었다. 이따금 면회오는 아들 편에 자신을 걱정하지 말라며 '몸과 마음이 편안하니 너는 걱정하지 말라(心和氣和 汝勿憂)'는 쪽지를 적어 보내기도 하였다. 가족의 걱정을 덜기 위한 그의 세심한 배려였다고 할 수 있다. 그러나 그는 예심(豫審)을 받던 5월 26일 한줌 빛도 들지 않은 옥중에서 숨가쁘게 살아온 생애를 마감하였다. 고문의 후유증으로 인해 돌아올 수 없는 길을 떠난 것이다. 33인중 유일한 전남출신의 양한묵은 33인 가운데 유일하게 옥중순국자가 되었다. 그 역시 동학 교단의 초기 지도자들처럼 외세의 폭력에 희생되고 말았던 것이다.

이러한 그를 동학의 교주인 수운(水雲)과 해월(海月) 선생, 그리고 녹두장군과 김개남(金開南), 손화중(孫化中) 등이 반갑게 맞이하였으리라. 그는 천도교의 발전과 조국의 독립을 위해 온몸을 불사른 불사조가 되었

다. 즉, 그는 영생을 얻었으니 우리의 가슴에는 그의 온화한 얼굴과 행적이 살아 있기 때문이다.(홍영기)

〈참고문헌〉

『호남학보』, 1908.

『无體法經』, 1912.

이돈화, 『천도교창건사』, 천도교중앙총부, 1933.

오재식, 『민족대표 33인전』, 1959.

『한민족독립운동사자료집』 11 · 12(삼일운동편 1 · 2), 국사편찬위원회, 1990.

최기영, 「구한말 『만세보』에 관한 일고찰」, 『한국사연구』 61 · 62, 1988.

----, 「한말 천도교와 양한묵」, 『역사학보』 147, 1995.

홍영기, 「지강 양한묵의 생애와 활동」, 『오세창교수회갑기념 한국근현대사논총』, 1995.

조규태, 「전남지역 천도교인의 3 • 1운동」, 『동학연구』 17, 2004.

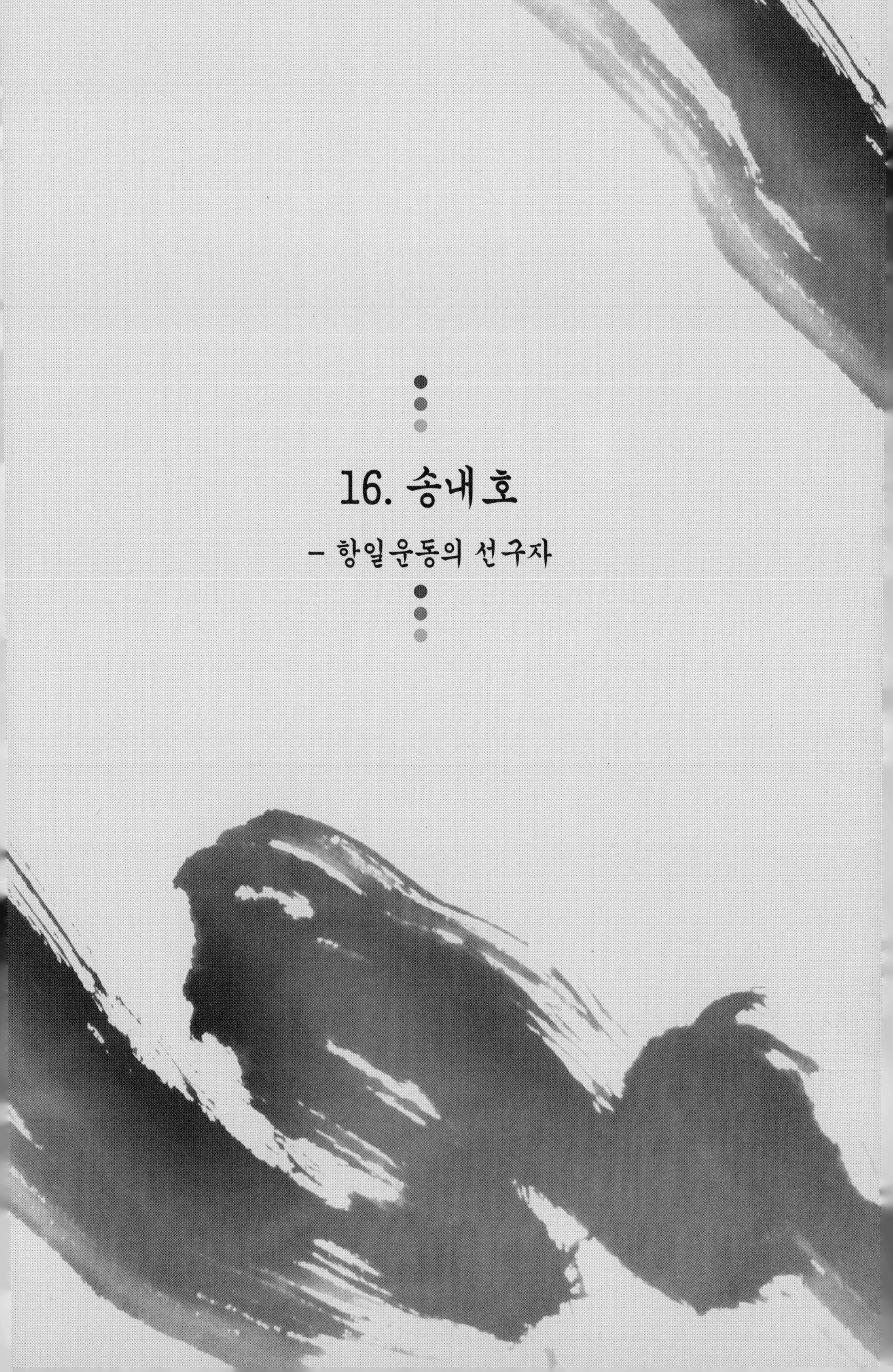

16. 송내호

– 항일운동의 선구자

16. 송내호
– 항일운동의 선구자

해방의 섬 '소안도'

소안도(所安島)는 완도의 남쪽으로 20.8km 떨어져 있는 섬이다. 동쪽으로는 청산도가 있고, 서쪽은 노화도와 보길도가 인접해 있으며, 남쪽은 멀리 제주도를 바라보고 있다. 소안도는 일제치하에서 섬 주민 8,000명 중 800명이 불령선인(不逞鮮人)으로 감시를 받았다. 소안도 사람들은 이웃이 감옥에 가면 그들을 생각하며 겨울에도 요를 깔지 않고 잤다. 손가락을 베어 투쟁의지를 다진 사람도 여럿이었다.

송내호의 동판

20명의 독립유공자를 비롯해 88명의 애국지사를 배출한 소안도. 민족해방운동으로 항일투쟁에 앞장섰던 해방의 섬 '소안도'. 소안도 항일운동의 시작에는 송내호가 있었다. 송내호, 그는 누구인가?

송내호의 출생과 학창시절

해도(解濤) 송내호(宋乃浩, 1895~1928)는 전남 완도군 소안도에서 태어났다. 그는 여산 송씨(礪山 宋氏) 종중(鍾重)의 4남 2녀 중 둘째 아들이었다. 소안도 송내호의 묘소 비문에는 "송윤삼씨의 장남으로 태어났다"고 기록되어 있다. 윤삼(胤三)은 종중의 자(字)이다. 종중은 첫째 부인 金씨와 사이에 아들이 하나 있었고, 둘째 부인 밀양 朴씨와 사이에서 송내호는 장남으로 태어났다.

송종중은 참봉(參奉)으로 불렸으며 소안면의 면수(현, 면장)로 있었다. 그러나 일제에 의해 나라가 강탈되자 그는 면수를 그만두고 비자리 항구에서 여각(旅閣, 현 낙양여인숙 자리)을 운영하며 생활하였다. 당시 비자리 항구는 제주·목포·부산 및 일본을 연결하는 항로였기 때문에 종중은 사회의 급격한 변화를 알았고, 세 아들을 각각 서울·광주·일본으로 유학을 보내 신학문을 배우게 하였다.

고향 침벽재(沈碧齋)에서 한학을 공부하였던 송내호는 완도읍에 있는 사립 육영학원을 거쳐 서울 중앙학교(현 중앙중 고등학교의 전신)에 진학하였다. 서울 중앙학교는 교육계몽운동의 하나로 기호흥학회가 세운 기호학교와 유길준(俞吉濬) 오세창(吳世昌) 등이 세운 융희학교가 합해져서 1910년 개교한 민족학교였다. 내호는 이 학교에서 근대적 신학문을 수학하고 민족의식을 고양하는 한편, 재경완산학우회를 결성하여 학생운동에 노력하였다. 이러한 서울의 유학생활은 이후 중앙과 지방에서 민족해방운동을 전개하는 데 큰 도움을 주었다.

수의위친계와 일심단

소안도는 해상교통의 요로에 있으면서 반농반어(半農半漁)의 생활을 하는 여느 섬과 크게 다르지 않았다. 다만, 궁방전이던 소안도의 토지를 1905년 을사늑약 체결 이후 고종의 5촌 조카 이기용(李埼鎔, 1889년~1961년) 자작이 강탈해 사유화하였다. 소안도 주민은 토지를 되찾기 위해 1909년부터 「전면 토지소유권 반환청구소송」을 제기하면서 친일지주에 대한 투쟁심과 더불어 배움에 대한 열망이 고조되고 있었다.

1914년 사립 중앙학교를 졸업한 송내호는 고향에 돌아와 사립 중화학원(中和學院)의 교사로 있으면서 인재 양성을 위한 교육계몽운동에 주력하였다. 내호는 소안도의 중화학원을 학교로 발전시키고 1916년 인근 노화도에 사립 영흥학원을 설립하는데 기여했다. 이후에도 동생 송기호(宋琪浩, 1900~1928)와 더불어 인근의 신지도·금당도 뿐만 아니라 멀리 함평 등에까지 학교를 설립하기 위해 노력하였다.

송내호가 설립한 학교에서는 법률을 다루는 법학, 정치경제 중심의 경제학, 세계의 인문환경에 관한 세계지리 등의 과목과, 중국에서 발간된 신문인 익세보(益世報) 등을 통해 세계정세와 신지식을 교육하였다. 또 국사·국어·한문 등의 국학, 회의진행법 및 웅변술, 애국가·독립군가를 비롯한 애국 창가, 체력 단련 및 교련 등의 교육을 통해 학생들에게 민족의식을 일깨웠다.

송내호는 1918년 상경하였으나, 이듬해 3·1운동이 일어나자 귀향하여 3월 15일 소안도에서 만세시위운동을 주도하였다. 동생 송기호도 광주에서 3 · 1운동에 참가하게 하는 등 적극적으로 활동하였다.

이후 다시 상경한 송내호는 1920년 대한독립단에 가담하였다. 대한독립단은 1919년 4월 중 봉천성 유하현 심원보에서 평북 의병대장 출신 박장호(朴長浩)를 도총재로 하여 조직한 무장독립운동단체였다. 1919년 말부터 대한독립단은 독립단원 및 군자금 조달, 통신연락, 독립군의 국내 진입 때 호응 및 병참 수송, 국내 독립운동상황 보고 등을 목적으로 국내의 각 지역에 지단을 설치하였다. 송내호는 전라도지단 결성의 책임자로 활동하였다.

송내호는 직접 중국에 가서 독립군 단체에 군자금을 전해 주고 권총을 들여와 동서 정남국과 동생 송기호를 통해 전라도·경상도에 전달했으며, 독립군 요원을 간도 용정 등에 파견하였다. 하지만 대한독립단원의 일부가 검거됨으로써 송내호 역시 검거되어 1921년 9월 징역 1년을 선고받았다.

1922년 가을에 출옥한 송내호는 고향 소안도에서 전통적인 위친계 조직을 가장하여 정치적 비밀결사인 수의위친계(守義爲親契)를 조직하였다. 내호는 이 비밀조직을 소안도에서부터 시작하여 이후 완도의 여러 지역과 광주·담양·구례·영광·무안·영암·나주·장성·목포 등 전남지역, 또 태인·고창·이리 등 전북지역과 동래·상주 등 경상도 일원까지 확장하였다. 이것은 전남지역에서 가장 먼저 나타났던 조직운동으로서 여기에는 강석봉(姜錫奉)·김정상(金正詳)·장병준(張柄俊)·조극환(曹克煥)·이항발(李恒發)·김시중(金時中)·조문환(曹文煥) 등을 비롯하여 민족해방운동사에서 주목할 많은 인물이 참가하였다. 내호는 이 조직을 통해 서울·전라도·경상도 등을 왕래하면서 정보교환은 물론 사립학교 설립 및 교육계몽, 해외 군자금 송출 및 독립군 파견, 사회운동 등을 전개하였다.

한편 1927년 1월 10일 소안도에서 조직된 청년비밀결사로서 '일심단(一心團)'이 있다. 일심단은 수의위친계의 청년조직의 성격을 띠었다. 일심단은 "우리들의 몸은 조국독립을 위하여 바쳐버리고 개인의 것이 아니라는 확신으로 조국광복까지 싸우되 조선, 일본, 중국 등 동양 3국을 무대로 하여 투쟁할 것"을 결의하였다. 일심단의 정회원은 송내호·이월송·위경영(량)·주채도·김장안·김홍기·신용균 등이었으며, 후원단원으로 이평존·이형인·이재수·김광재 등이었다.

일심단은 중국 광동 황포군관학교 김홍기를 책임자로 김광재·김재수를 파견하였고, 일본 동경에는 김장안·위경영·이수산·이월송 5~6명, 오사카에 정창남 등 7~8명을 파견하여 노동조합과 야학운동 등을 하였다. 이를 통해 보면 내호는 국외의 독립운동조직과 연락을 하고 있었음을 알 수 있다. 군관학교에 입교한 조선인들이 대체로 사회주의적 성향을 지니고 있었던 것으로 보아 내호도 그러한 성격의 국외 운동조직과 연결되어 있었다고 볼 수 있다.

청년운동 배달청년회

소안도에는 수의위친계가 조직되기 전에 이미 배달청년회(倍達靑年會)가 조직되어 있었다. 배달청년회는 1920년 소안도의 유지·청년들에 의해 智·德·體를 기르는 것을 목적으로 창립되었다. 배달청년회는 1923년경 면장과 연장자가 탈퇴하고 진보적인 청년 중심으로 개편되었는데, 송내호가 주도하였다. 이는 전국적으로 청년회 혁신운동과 맥을 같이하고 있다. 배달청년회는 1923년 3월 서울에서 열린 전조선청년당대회에 강정태·신동희·신우승을 파견하였다. 전조선청년당대회 안건토의에는 "전조선 청년단체는 다수자인 무산계급 및 노동계급 해방의 선구가 되어 민중을 위한 활동을 전개할 것"이 포함되어 있었다.

배달청년회원들이 전조선청년당대회에 참석했다는 것은 이 회의 성격과 활동방향에 큰 영향을 미치게 되었음을 짐작할 수 있다. 이후 청년회 핵심은 소안면에서도 노동운동을 일으키기로 하여 각 리에 노동단체를 조직하고 이를 연합하여 약 7백 명을 포용하는 '소안노농연합대성회'를 조직하였다. 그리고 1923년 8월에는 당시 완도군내에 있던 7개의 청년회와 8개의 노동단체를 연합하여 완도청년연합회 및 완도노농연합회를 조직하였다. 이들은 서울의 조선청년총동맹과 조선노농총동맹, 그리고 광주의 전남청년연합회와 전남노농연맹 등과 연계하여 활동하였다.

배달청년회의 활동을 살펴보면, 농민·청년·여성·소년 운동 등을 지도 또는 지원에 중점하였으며, 운동회·문예회·강좌 등을 통하여 청년층에게 민족의식과 사회의식을 고취하고자 노력하였다. 이들은 회원 교양 등의 자체 사업 이외에도 대외적 지원에도 힘을 쏟았다. 도초도 소작쟁의에 동정금을 모금하여 보냈으며, 무안군 자은면 소작쟁의에 격려전문, 노화면 청년운동 적극 지원 등이 그것이다.

배달청년회와 수의위친계의 관계는 어떠했을까. 수의위친계는 1922년에 조직되었고, 배달청년회는 1920년에 조직되어 1923년에 혁신되었다. 수의위친계의 핵심 회원이 1923년 혁신된 배달청년회의 핵심 회원이었다. 이는 비밀결사로서 조직되었던 수의위친계가 합법적이고 표면적인 활동을 위해 배달청년회에 참여했다고 볼 수 있다.

배달청년회는 1927년 8월 28일 완도청년동맹의 결의에 따라 11월 26일 해체 총회를 개최하였다. 배달청년회는 중앙의 신간회 창립 이후 조선청년총동맹이 지방의 각 府君에 하나의 청년동맹을 두고 그 아래 각 면에 지부, 리에 반을 조직하는 방향으로 청년운동조직을 개편한다는 방침에 따라 완도청년동맹 소안지부로 개편되었다.

그런데 배달청년회 해체총회에서 송내호를 비롯한 간부 13명이 체포되어 보안법위반과 치안유지법위반으로 기소되었다. 배달청년회 회원이었던 와세다대 학생 이정동(李廷東)이 하계휴가로 소안도에 와 있었다. 배달청년회 해체와 관련된 글을 주문받은 이정동은 〈선언〉이라는 발전적 해체의 취지를 담은 선언문을 작성하였는데, 일제가 선언문을 문제 삼은 것이다. 그 일부를 살펴보면,

一. 완동청년동맹 소안지부를 설치하자.
一. 반대단체를 박멸하자.
一. 소안사립학교 복교동맹을 후원하자.
一. 민족해방운동의 선구대가 되자.

一. XXXX(조선총독) 폭압정치를 대중앞에 여지없이 폭로하자.
一. 대중의 정치적 의식을 각성시키자

일제는 이 선언문이 "정치의 변혁을 목적으로 하여 안녕질서를 방해하였다"는 구실로 '배달청년회사건'을 일으켰다. 무려 1년 가까운 기간에 광주지방법원 장흥지청 검사국에서 예심을 받았던 이들은 1928년 8월 15일 목포지청 합의부의 공판에 넘겨져 목포형무소에 이감되었다.

당시 신간회 본부 상무간사였던 송내호의 병세가 크게 악화하자 일제도 내호를 병원으로 옮기지 않을 수 없었다. 당시 내호는 수차례 옥고로 폐결핵에 걸려 있었다. 내호는 목포 죽동 삼산의원에서 1개월 동안 치료를 받았으나 병세가 더욱 악화되자 10월 20일경 서울 세브란스병원에서 치료를 받던 중 12월 20일 세상을 떠나고 말았다. 이때 송내호 나이 34세였다. 송내호와 함께 활동했던 영원한 동지이자 동생인 송기호가 수차의 옥고로 1928년 4월 29세의 젊은 나이로 운명한 그해였다.

송내호 죽음은 당시 조선일보·동아일보에 보도되었다. 신간회에서는 장례식을 사회단체연합장으로 결정하였으나, 일제의 방해로 약식으로 치러졌다.

노농연합대성회와 살자회

송내호는 서울청년회 등과 더불어 서울에서 전조선청년단대회를 주최하는 등 청년운동에 진력하였다. 그뿐만 아니라, 1924년 3월 3일 소안면에 소안노농연합대성회(이하 노농회로 약칭)를 조직하였다. 배달청년회를 중심으로 결성된 노농회는 약 700여 명의 회원을 확보하여 경찰 배척·악질지주 배격·미신타파·식민제도의 반대 등의 운동을 전개하여 소안도를 해방의 땅으로 만들어 갔다.

노농회가 결성되고 얼마 되지 않은 1924년 10월 간부 12명이 집무방해죄·협박죄·예배소에 관한 죄·보안법위반죄 등으로 체포되었다. 1925년 4월 3일 광주지방법원에서 열린 공판에서 송내호 징역 1년, 최형천·신주희·정남국 징역 6개월 등을 선고받았다.

노농회 사건의 형기가 끝나 출옥한 후에도 송내호는 계속 서울과 지방을 오르내리며 활동하였다. 내호는 1926년 6월 13일 소안도에서 살자회(會)를 조직하였다. 당시 살자회는 강령으로 ① 우리들은 상호부조와 정의에 희생할 정신함양을 도모함. ② 우리들은 신사회건설의 속성을 도모함 등을 채택하였다. 배달청년회를 보다 발전시킨 형태인 살자회는 농민·노동·청년·여성 형평운동을 주도하고 사회주의 의식을 고취하여 신사회를 빨리 건설하는 것을 목표로 한 사상단체였다. 살자회의 이런 운동은 1927년 신간회 창립 이후 당시 진보적 민족해방운동진영의 민족통일전선론, 그리고 노동·농민운동의 대중운동론에 입각한 것이었다.

송내호는 사회주의운동에 참여하였지만, 운동의 통일을 위해 좌우세력의 합작에 노력하였다. 이러한 노력의 결실이 조선민흥회의 결성으로 나타났다. 조선민흥회는 1926년 7월 서울청년회계의 전진회(前進會)와 조선물산장려회의 결합으로 발의되었다. 이 단체는 우리 민족의 공동이익과 대동단결을 도모하자는 의미로 좌우합작을 시도하였다. 이경호(李京鎬) 등 사회주의자와 명제세(明濟世) 조만식(曺晩植) 등 물산장려회계통의 민족주의자가 중심이 된 이 모임의 발기총회에서 송내호는 사회를 맡아 회의를 주재하고, 이어 창립준비위원 겸 상무위원으로 활약하였다.

송내호의 좌우합작 추진은 신간회의 창립으로 나타났다. 1927년 1월 신간회의 창립이 발기됨에 따라 조선민흥회는 신간회에 참여하기로 하였다. 내호는 조선민흥회측 교섭위원으로서 신간회 발기인측 대표 권동진(權東鎭)·홍명희(洪命憙)·신석우(申錫雨) 등과 회합하여 양측이 결합하는데 기여하였다. 내호는 신간회 규칙심사위원, 대회준비위원회 의안작성부 부장(이때 부원이 신석우·안재홍이었음), 중앙 상무간사 직책을 맡는 등 중요한 위치에서 활약하였다. 또한 그의 동생 송기호와 함께 신간회 전라도 지회 등 지회 조직에 진력하였다.

민족해방의 빛으로 우뚝 솟다

송내호가 생애를 바쳐 투쟁한 민족해방운동은 민족해방운동사에서 중요한 의미가 있다. 1910년대 사립학교 설립 및 교육계몽운동, 독립군 요원 파견 및 군자금 조달 활동 등은 실력양성과 독립군기지 건설을 종합적으로 추구하는 것이었다. 1920년대 중앙과 지방의 조직 활동, 국외와 국내의 연결, 그리고 조선민흥회의 결성이나 신간회의 창립 같은 좌우합작운동 등은 민족협동전선을 지향하는 것이었다. 이처럼 중앙과 지방, 국내와 국외 체계적인 활동과 좌우의 협동전선을 지향하는 노선은 일제로부터 민족해방을 달성하는데 가장 적절한 운동이었다고 평가된다.

송내호는 일제의 폭압 아래, 쓰러져 갔지만, 그의 가족과 동지와 제자들을 통해 그가 지핀 독립운동의 불은 사그라지지 않았다. 송내호의 여동생 송금애(宋今愛)는 오빠들의 뒤를 이어 활동하다가 해방 직후 조직된 조선부녀총동맹의 중앙위원으로 활약하였다. 동서이자 민족해방운동의 동지였던 정남국은 수차에 걸친 투옥과 10년간의 감옥생활을 거치며 재일본조선노농총연맹 중앙위원장으로 활약하는 등 국내외적으로 활동하다가 해방을 맞았다. 그리고 이들과 더불어 활동하였던 많은 동지가 있었으니, 소안도 출신만 하더라도 신준희(申晙熙)·강정태(姜正泰)·최평산(崔平山)·최형천(崔亨天)·신광희(申光熙)·김남두(金南斗)·김통안(金通安)·김홍기(金洪基)·신동희(申洞熙)·백형기(白亨奇)·이갑준(李甲俊)·박기숙(朴起淑) 등을 비롯한 인물이 그들이다.

송내호의 세 차례에 투옥과 죽음, 그의 공적은 뚜렷이 남아 1963년 독립운동유공자로 표창되었으며, 1990년 건국훈장 애족장이 추서되었다. 송내호가 서거한 지 40주년이 되는 1968년에 완도에서는 유족 송주산(宋柱山: 송기호의 아들)과 군민들이 참석한 가운데 추도회가 열렸다.

소안도에는 송내호를 비롯한 소안도 출신의 항일운동가를 기리는 소안항일운동기념탑이 건립되었으며, 소안항일운동기념사업회가 결성되었다. '해방의 섬 소안도'에는 일제의 폭압 아래서 민족을 위해 목숨을 바쳤던 민족운동가들의 혼이 살아 숨 쉬고 있다.(주철희)

〈참고문헌〉

나승만·이소라, 「일제하 소안도 민족해방운동가의 수용가 전승」, 『비교민속학』26, 2004.

박찬승, 「일제하 소안도의 항일민족운동」, 『도서문화』11, 1993.

소안항일운동사료편찬위원회, 『소안항일운동사료집』, 1990.

손형부, 「식민지시대 송내호·기호 형제의 민족해방운동」, 『국사관논총』 40, 1992.

이균영, 「해방의 땅 소안도(소안도)」, 『사회와 사상』, 1989년 9월호.

이병곤, 「소안도를 항일 기지로 만든 교육운동가 해도 송내호」, 『초등우리교육』 52, 1994.

정병호, 「항일운동의 성지, 소안도를 가다」, 『민족지성』, 1989년 9월호.

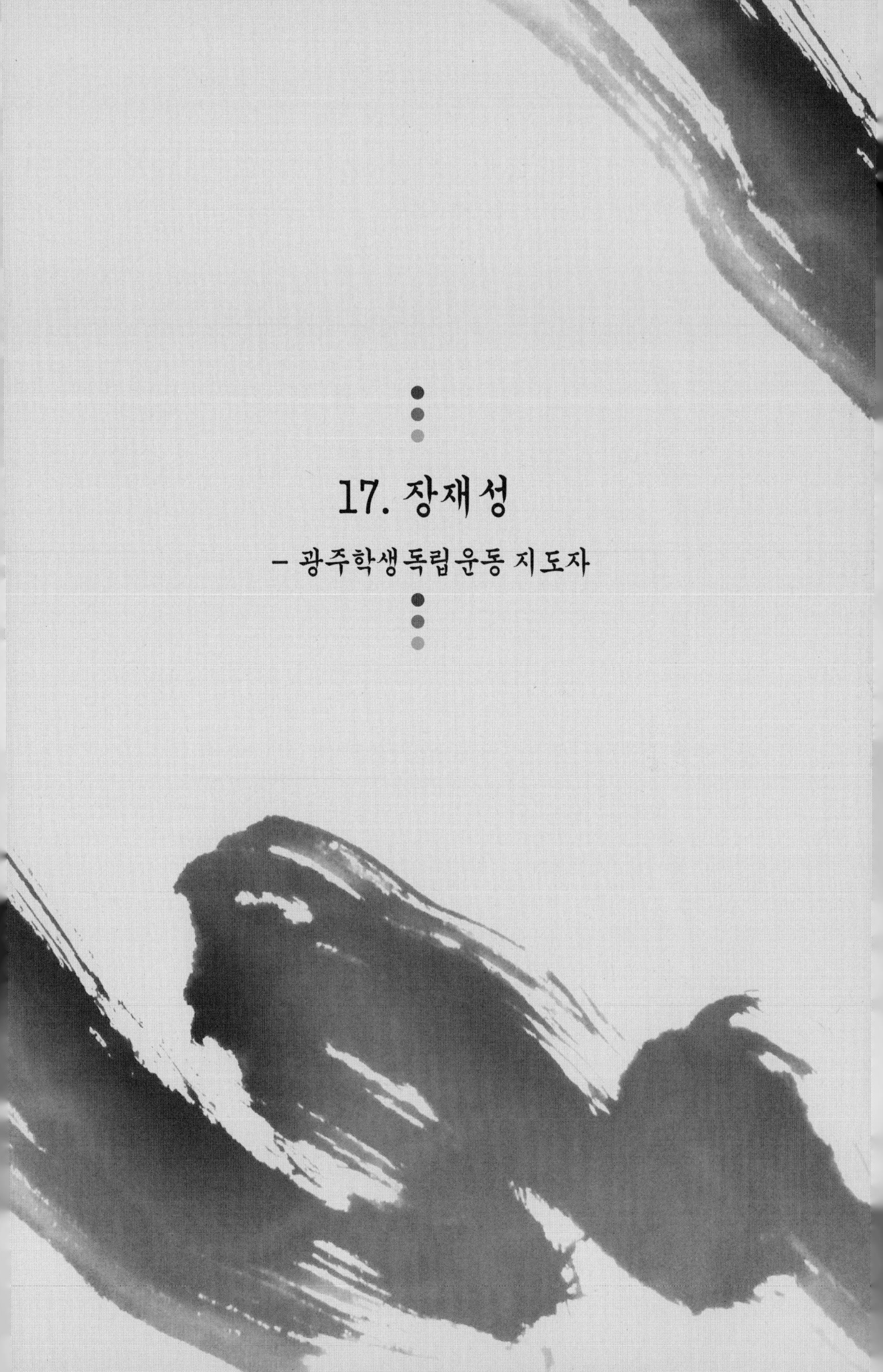

17. 장재성

– 광주학생독립운동 지도자

17. 장재성

- 광주학생독립운동 지도자

1929년 11월 3일 광주의 학생들은 전 민족을 향해 항일독립투쟁에 나설 것을 촉구하며 일어섰다. 투쟁의 불길은 전국 방방곡곡으로 번졌고 해외에까지 확대되어 일제의 식민통치에 충격을 주었으며 이후 항일 투쟁을 줄기차게 전개할 수 있는 해방의 신념을 민족의 가슴에 심어 주었다.

광주학생독립운동은 자연발생적으로 일어난 사건이 아니다. 당시 운동의 주체였던 학생들의 헌신적이고 자발적인 노력과 청년 운동가들의 지도력이 결합되어 조직적으로 전개된 운동이었다. 광주지역에서는 그 이전부터 성진회와 그 후신인 독서회 중앙본부 등의 학생 비밀 조직이 결성되어, 학생들의 사회의식을 높이는 한편 조직적인 지도력도 갖추고 있었다. 이러한 준비 단계부터 광주학생독립운동 당시까지 주도적인 역할을 수행한 인물이 장재성이다.

성진회와 독서회

장재성은 1908년 전남 광주군 광주면 금계리 56번지(현 광주시 금동 옛 광주시청 부근)에서 아버지 정원영과 어머니 최예언 사이에 1남1녀 중 첫째로 태어났다. 그보다 4살 아래로 광주학생운동 당시에 '소녀회' 활동을 주도하다 함께 구속되었던 여동생 장매성과는 남매간이다. 아버지는 광주면의 말단 회계공무원으로서 큰 부자는 아니었지만 그렇다고 어렵지도 않았다. 광주서석국민학교를 졸업한 장재성은 광주고보에 진학하였다. "키가 훤출한 데다 미남형이던 그는 광주고보 재학시절엔 학교의 정구 대표선수로 발탁될 만큼 운동에도 재질이 있었고, 매사에 정열적이며 어떤 일이든지 한 번 뛰어들면 물불을 안가리는 성격이었다."고 여동생 장매성씨는 말한다. 그의 이러한 성격이 뒷날 학생운동을 주도적으로 이끌어가는 한 요인이 될 수도 있지 않았을까 짐작해 본다.

광주학생독립운동의 전개과정에서 그의 역할은 절대적이엇다. 1920년대 후반 광주지역 학생운동을 역동적으로 이끌어 나가던 독서회 중앙본부의 책임자였고, 독서회의 모태였던 성진회를 주도적으로 결성하였으며, 광주학생운동 당시에는 학생투쟁지도본부를 설치하여 학생운동을 조직적으로 지도하였다.

1926년 11월 3일 당시 광주고보 4학년이었던 장재성은 동료들과 성진회(醒進會)라는 학생비밀단체를 조직한다. 왕재일을 비롯한 광주고보 학생 9명과 정남균, 정동수가 포함된 광주농업학교 학생 6명 등 15명이 최초의 구성원이었다. 이들은 매월 3차례 만나 사회과학이론을 공부하면서 지역의 청년들과 교류하였다. 성진회는 '조선민족의 해방, 일제의 식민지 교육정책 반대, 언론.출판.집회.결사의 자유 쟁취'라는 3개항의 강령을 내건 정치적 성격이 분명한 학생비밀결사 조직이었다. 1927년 3월에 비밀이 노출되자 명칭을 독서회 등으로 변경하면서 광주 지역의 학생운동을 배후에서 지속적으로 지도하였다.

당시 장재성은 흥학관(옛 광주시청터 소재)을 중심으로 활발한 활동을 전개하고 있던 여러 사회단체 인사들과 성진회를 연결하는 핵심적인 역할을 수행하였다. 1927년 3월 광주고보를 졸업한 장재성은 도쿄 중앙대학 예과에 입학하였다. 일본 유학 시절에도 그는 사회과학에 관심을 갖고 신흥과학연구회에 가입하여 활동하면서 국내 독서회원들과 연계를 갖고 있었으며, 방학 때에는 광주에 돌아와 일본에서 입수한 새로운 사회과학 서적들을 후배들에게 나눠주며 읽게 했다. 1928년 6월 광주에서는 광주고보학생 5학년 이경채가 '일본타도'라는 유인물을 만들어 뿌렸다가 제적 당하는 사건이 발생하는데, 이에 반발한 광주학생들은 동맹휴학을 결의하고 투쟁을 벌였다. 방학중 광주에 있던 장재성은 직접 맹휴중앙본부를 맡아 광주고보와 광주농업학교 학생들의 맹휴투쟁을 3개월간 지도하였다. 사회에 진출한 옛 성진회원들에게는 자금을 지원하도록 하고 비밀리에 유인물을 만들어 배포하는 등 각 학교 독서회 지도부들과 긴밀한 연락을 유지하며 맹휴투쟁을 주도적으로 지도하였다. 이 사건이 발각되어 그는 학생선동 혐의로 검거되었으나 1주일 만에 석방되어 다시 일본으로 돌아가 학업에 전념하게 된다.

1929년에 들어 연초부터 크고 작은 맹휴가 잇따랐고 이러한 상황 속에서 각 학교 독서회 조직의 통일적 지도가 절실하게 되었다. 장재성은 동경유학을 왔던 유치오에게 광주 사정을 듣고, 광주학생운동을 통일적으로 지도해야 한다는 선배들의 뜻을 흔쾌히 받아들여 6월 중순에 귀국하였다. 그는 성진회부터 이어져 온 각 학교 독서회의 지도부 학생들을 모아 독서회 중앙본부를 결성하고 조직을 정비하였다.

독서회 중앙본부는 책임비서, 조사선전부, 조직교양부, 출판부, 재정부의 부서를 두었고, 장재성은 자신이 직접 책임비서를 맡아 이 조직을 이끌었다. 중앙본부는 각 학교에 독서회를 조직하여 연락 체계를 유지하고 학교별 결사원에게는 중앙부의 존재를 절대 비밀로 할 것을 결의하였다. 이에 따라 6월 하순 광주고보학생 약 20명이 독서회를 조직하여 김상환이 대표를 맡았고, 같은 시기에 농업학교, 9월 중순에 광주사범학교에서도 독서회가 조직되었으며, 광주여자고등보통학교에서도 장재성의 누이인 장매성이 중심이 되어 11월 소녀회라는 독서회가 조직되었다. 후에 장매성은 소녀회의 주모자로 2년의 옥고를 치렀다.

이때 장재성은 "학생운동은 정치운동으로 전환되어야 한다"는 내용의 유인물을 작성하여 배포하는 등 본격적인 선전활동을 벌여나갔다. 뿐만 아니라 독서회원간의 친목과 단결을 도모하고 운영자금을 마련하기 위해 소비조합을 결성하였고, 9월 초순에 금남로 구한국은행 광주지점 부근에 장재성은 빵집을 내고 김기권은 소비조합을 만들어 학용품 등을 팔았다. 이곳은 비밀모임장소로 활용되었다. 이렇듯 광주학생독립운동은 장재성을 중심으로 준비가 이루어진 후 발생하게 된 것이다.

광주의 불꽃이 삼천리 방방곡곡으로

광주학생독립운동이 일어나기 직전인 10월 26일 장재성은 결혼을 하였다. 부인은 여동생 장매성과 서석초등학교 동창인 박옥희씨였다. 4일 후인 10월 30일 오후 4시경 광주학생독립운동의 도화선이 된, 일본인 학생의 조선 여학생 희롱사건이 나주역에서 발생하였다. 이튿날 한국.일본 통학생들은 열차 내에서, 11월 1일은 광주역에서 집단 충돌하게 되었는데, 이 과정에서 일본순사와 차장들의 편파적인 처사에 한국 학생들은 분노하였다. 11월 3일에는 광주고보 학생들과 일본인 광주중학교 학생들 사이에 격렬한 몸싸움이 벌어지는 대규모 충돌이 발생하면서 1차 시위가 일어났다. 11월 3일은 우리 민족으로서는 개천절이고 독서회 학생들에게는 성진회 창립 3주년이 되는 날이다. 일본인들로서는 명치왕의 생일을 기념하는 명치절이면서, 전남산 누에고치 6백만석 돌파 축하회가 예정된 날이기도 하여 많은 시민들이 시내에 모여 있었다. 일제는 이 날이 일요일이었음에도 불구하고 명치왕의 생일을 기념하기 위해 학생들을 소집하였다. 광주고보 학생들은 일본국가 부르기와 신사 참배를 거부하고 거리로 나와 한일학생 충돌사건을 편향 보도한 일본인 경영의 광주일보에 몰려가 항의하며 윤전기에 모래를 뿌려버렸다.

한편, 이날 광주중학교 일본인 학생들은 체육 교사와 유도교사의 인솔하에 야구방망이와 죽창, 검도용 죽도, 단도를 휘두르며 광주역에서 귀가중인 광주고보 학생들을 폭행하여 일대 유혈사태가 발생하였다. 광주고보생은 광주역과 시내로 진출하여 일본인 학생들과 싸웠고 유혈사태는 점차 광주 전역으로 확대되어 갔다. 광주고보생들은 분산된 인원을 집결하여 광주중학교를 습격하기 위해 동문교 쪽으로 진출하자 광주중학교생들도 반대편에 집결하여 동문교를 사이에 두고 양교생 4백여명씩이 대치하였다. 그러나 충돌 직전 경찰과 소방대, 교사들이 출동하여 사태는 일시 진정되었다. 이날 싸움으로 광주중학교 일본인 학생 16명, 광주고보 조선인 학생 10명이 부상을 당했다.

이와 같은 학생들의 민족 감정에 의한 자생적인 충돌이 일본 제국주의에 대한 항일시위로 발전하게 되었던 것은 독서회 중앙본부가 지도력을 발휘하게 되면서부터였다. 그날 오전 11시경 시내에서 싸움이 벌어지자 독서회 중앙본부 책임비서 장재성은 옛 성진회원인 장석천, 나승규 등과 협의하여, 투쟁의 대상을 광주중학교 학생이 아닌 일본제국주의로 돌릴 것. 광주고보 학생들을 해산시키지 말고 광주고보에 집결시켜 적개심에 불타는 학생들을 식민지 강압정책 반대시위 운동으로 돌릴 것. 장재성이 시위운동을 직접 지도할 것. 타 동지와 연락하여 다음 투쟁을 준비할 것 등의 투쟁방침을 결정하였다.

장재성의 지시에 따라 광주고보 학생 4백여명은 해산하지 않고 전원이 광주고보 강당에 다시 모였다. 그리고 5학년 급장 김용대를 의장으로 내세워 앞으로의 행동대책을 토의하고 일제의 식민지 노예정책에 대한 투쟁방침을 결의하였다. 학생들은 각자 운동기구와 곤봉을 들고 대여섯명씩 스크럼을 짜고 격렬한 항일 구호를 외치며 시내로 진출하였다. 경찰 저지선을 10여차례의 몸싸움 시도 끝에 돌파한 학생들은 시내 중심가를 지나서 지금의 전남대병원 앞을 통과 광주천변으로 우회하여 다시 학교로 돌아와 무사히 해산하였다.

11월 3일 시위가 계획대로 성공한 후, 옛 성진회 핵심 인물들은 광주의 투쟁을 전국으로 확산시키는 문제와 지속적인 투쟁 방안에 대해 논의하고 학생투쟁 지도본부를 설치하였다. 여기서 장재성은 광주지역 학생투쟁 지도를 담당한다. 11월 7일에는 서울에서 내려온 조선학생과학연구회의 권유근, 박일 등과 협의하여 운동의 전국 확산 방침을 논의하는 한편 10일에는 장재성이 작성한 격문을 승인하고 제2차 투쟁을 준비하였다.

장재성은 광주고보 오쾌일 등 3명, 사범학교 이신형 등 2명, 농업학교 조길룡 등 2명과 연락을 취하며 시위를 지시하였다. 오쾌일에 의해 인쇄된 격문은 11일 밤 약 2천매가 학생들에게 살포되었다.

〈격문 1〉

장엄한 학생 대중이여!

최후까지 우리의 슬로건을 지지하라!

그리하여 궐기하라!

싸우자! 굳세게 싸우자!

- 검거자를 즉시 우리 손으로 탈환하자.
- 교내에 경찰의 출입을 절대 반대한다.
- 언론, 출판, 집회, 결사, 시위의 자유를 획득하자.
- 조선인 본위의 교육제도를 확립하라.
- 식민지적 노예교육제도를 철폐하라.
- 사회과학연구의 자유를 획득하자.

〈격문 2〉
- 조선민중아 궐기하자!
- 청년대중아 죽음을 초월하고 싸우자!
- 만행의 광주중학을 폐쇄하자!
- 일본제국주를 타도하자!
- 피압박 민족해방 만세!

12일 오전 9시 각학교동원책임자의 신호에 의해 각학교의 학생들이 일제히 거리로 뛰쳐 나가 항일 구호를 외치면서 2차 시위가 시작되었다. 각학교 독서회원들은 격문 5천장을 시가지 전역에 뿌렸고, 광주고보생 4백여명과 광주농업학교생 1백 50명은 스크럼을 짜고 거리시위를 진행하였다. 경찰은 강력하게 저지하였으나 광주고보생들은 지금의 동명동까지 진출하였고, 농업학교생들은 누문동까지 진출하였다가 경찰에 포위되어 전원 검거되었다. 광주여고보와 광주사범학교에서는 학생들을 교실 가두고 문에 못질을 하여 강제로 막자 교실 안에서 구호를 외치고 만세를 불렀다. 이 과정에서 총지도를 담당한 것은 물론 독서회 중앙본부의 장재성이었다. 그동안 교육개선의 요구와 맹휴 등으로 전개되었던 학생운동이 성진회 출신의 청년운동세력 및 그 후신인 독서회 중앙본부의 지도력과 결합하여 조직적인 항일시위로 발전하였던 것이다.

광주에서 시작된 학생독립운동은 한 알의 불씨가 광야를 불사르듯 전국적으로 확산되었다. 11월 3일부터 이듬해 3월까지 계속된 독립운동에 무려 1백 49개 학교. 5만 4천여명의 학생들이 참가하였다. 당시 조선인 학생숫자가 58만명이었으니 열 명에 한명은 참여한 셈이다.

험난한 민족운동가의 길

2차 시위를 성공리에 마친 장재성은 오랜 만에 집에 들렀다가 잠복해 있던 일본 경찰에게 체포되었다. 2백 60여명의 학생들과 함께 구속된 그는 대구 복심법원에서 징역 4년형을 선고 받았는데 이것은 당시 학생운동 관련자 중 가장 무거운 형량이었다.

1932년 11월 6일자 동아일보에는 '광주학생사건이 3년이 되는 지난 3일 학생사건의 주모자 장재성의 부인 박옥희 여사와 강해석 외 7명의 청년남녀를 검거 학생사건이 일어난 지 3주년이 됨으로 예비검속"이라고 보도되었다. 광주학생운동의 여파가 이때까지도 이어지면서 신혼의 단꿈도 꾸어보지 못한 부인도 탄압을 받았다.

4년간의 옥고를 치르고 1934년 초에 출소한 장재성은 부모의 권유로 학업을 위해 다시 일본 유학길에 올라 중앙대학 상경과를 졸업하였다. 이때 남편의 권유에 따라 부인 박씨도 일본에서 2년제 기예학교를 마쳤고 여동생 장매성도 역시 일본에서 고등상업학교를 마쳤다. 일본에서 항상 경찰의 감시를 받으면서도 그는 사회과학서적을 탐독했고, 일본의 사회주의자들과는 교류를 하면서 신흥과학연구회를 중심으로 활동을 계속하였다. 1937년 무렵 그는 신흥과학연구회사건과 관련하여 구속되어 경남 왜관으로 이송된 후 미결인 채로 3년간이나 감옥생활을 하였다.

이후 1940년초 조선일보 광주지국을 운영하였으나 곧 그만 두었다. 식민통치 말기의 전시체제라는 엄혹한 상황에서 그는 적극적인 활동은 하지 못하고 정보교환 정도의 '서클 수준'의 활동을 하였다고 한다. 1943년 제2차 광주학생사건 관련자인 유몽룡 등 광주고보 후배들이 독서회를 만들겠다고 장재성을 찾아와 독서회의 명칭을 물었다. 장재성은 후배들에게 "지금은 어려운 시기인 만큼 경찰의 주시를 받지 않을 무난한 이름으로 무등회가 좋겠다"고 일러줬다. 소위 무등회사건도 바로 그와 관련을 맺고 있는 것이다.

1943년부터 해방까지 2년 남짓 장재성은 일제가 회유책으로 알선해 준 장성군 진원면 양조장 사업을 하였는데, 이때도 장성지역 마을청년회를 만들어 함경도 장진까지 20~30명의 청년들을 데리고 봉사활동에 나서는 등의 활동을 벌였다. 그 무렵 일제는 사상범들에 대한 감시와 통제를 강화하기 위해 소위 전향제도를 시행하였다. 장재성도 역시 보호관찰자로 지목되어 끊임없는 감시와 회유의 손길이 뻗쳤다. 험난하고 숨가쁜 생활 속에서 35세가 되던 해 그는 첫 아들을 얻었다. 부인과 친척들은 그가 항상 "가정생활에 충실하고자 했으며 부인과도 다툰 적이 한 번도 없었을 뿐 아니라 매우 가정적인 분"이라고 회상한다.

비극적인 최후

어둠의 시절을 헤쳐오던 그에게도 불현 듯 해방은 찾아왔다. 해방정국에서 그에 관한 최초의 기록은 1945년 9월 1일 광주에서 제 1차 개편을 단행한 전남건국준비위원회 조직부장으로 나타났다. 그 다음 1945년 12월 2일자 광주민보에 의하면 "광주에 청년동맹결성, 오늘 대회 개최, 광주청년들은 공화극장에서 의장은 장재성씨로 하여 발기안에 대하여 열렬한 토론을 하였다"는 기사가 있어 당시 행적을 추적할 수 있다.

1946년 2월 15일 장재성은 서울에서 열린 전국 민주주의 민족전선 결성대회에 전남대표 14인 가운데 한 명으로 뽑혀 이 대회에 참가하였다. 곧이어 3월 5일 열린 전남 민전준비위원회에서는 총무부 소속이었으나 3월 9일 민전의 주요부서 선임 때 그는 갑자기 배제되었다. 박헌영 계열이 새롭게 조선공산당 전남도당조직을 장악한 상황 때문이 아닌가 여겨진다.

1948년 5월 10일 유엔의 감시 아래 단독정부수립을 위한 남한만의 총선거가 실시되자 평양에서는 6월 29일부터 7일간 남조선 제정당사회단체지도자협의회를 개최하였다. 이 자리에서 단독정부수립을 반대하는 모든 민족세력이 모여 '인민대표자대회'를 가질 것을 결의하였고, 이에 따라 그해 8월 21일부터 황해도 해주에서 인민대표자대회가 열렸다. 이때 장재성은 입북하여 이 대회에 참가하였다. 그리고 얼마 후 일본을 경유하여 돌아온 장재성은 이 사건으로 수배되었고, 피신생활을 하다 1949년 7월 2일 서울에서 체포되었다. 그 날은 비가 내리고 있었다고 그의 부인은 기억하고 있다. 그는 징역 7년을 언도받고 광주형무소에 수감되었다.

1950년 6.25전쟁이 일어나자 경찰은 후퇴하면서 광주형무소에 수감되어 있던 사상범들을 집단 처형했는데, 장재성은 1차로 총살당한 1백 20명 가운데 섞여 있었다. 광주 지산동 형무소 뒤 연초제조창이 있었던 화장터 부근에서 아무런 재판절차도 없이 진행된 집단학살극에서 어처구니 없이 희생당한 것이다. 일제하 3대 국내민족운동 중의 하나로 꼽힌 광주학생독립운동의 지도자 장재성의 최후는 이렇듯 비참했다. 그때 그의 나이 43세. 가족들은 그의 시체조차 찾지 못했고, 한동안 장재성의 이름을 거론하는 것조차 불온시 되었다. 4.19 혁명 직후 한 때 그에 대한 복권 움직임이 있었으나 5.16군사쿠데타가 일어나면서 들어선 군사정권은 이를 기각해 버렸다. 1962년 3월 1일자 한국일보는 "건국공로훈장 대상자 장재성 포상취소. 알고보니 공산당. 내각 사무처는 건국공로훈장을 받게 될 2백 8명중 장재성에 대한 단장(單章) 시상을 취소한다고 발표"라고 적고 있다. 장재성의 비극적인 최후는 우리 현대사의 비극과 모순을 적나라하게 보여주고 있다.(박태선)

〈참고문헌〉

무등역사연구회 지음, 변혁기의 인물과 역사, 사회문화원, 1996.

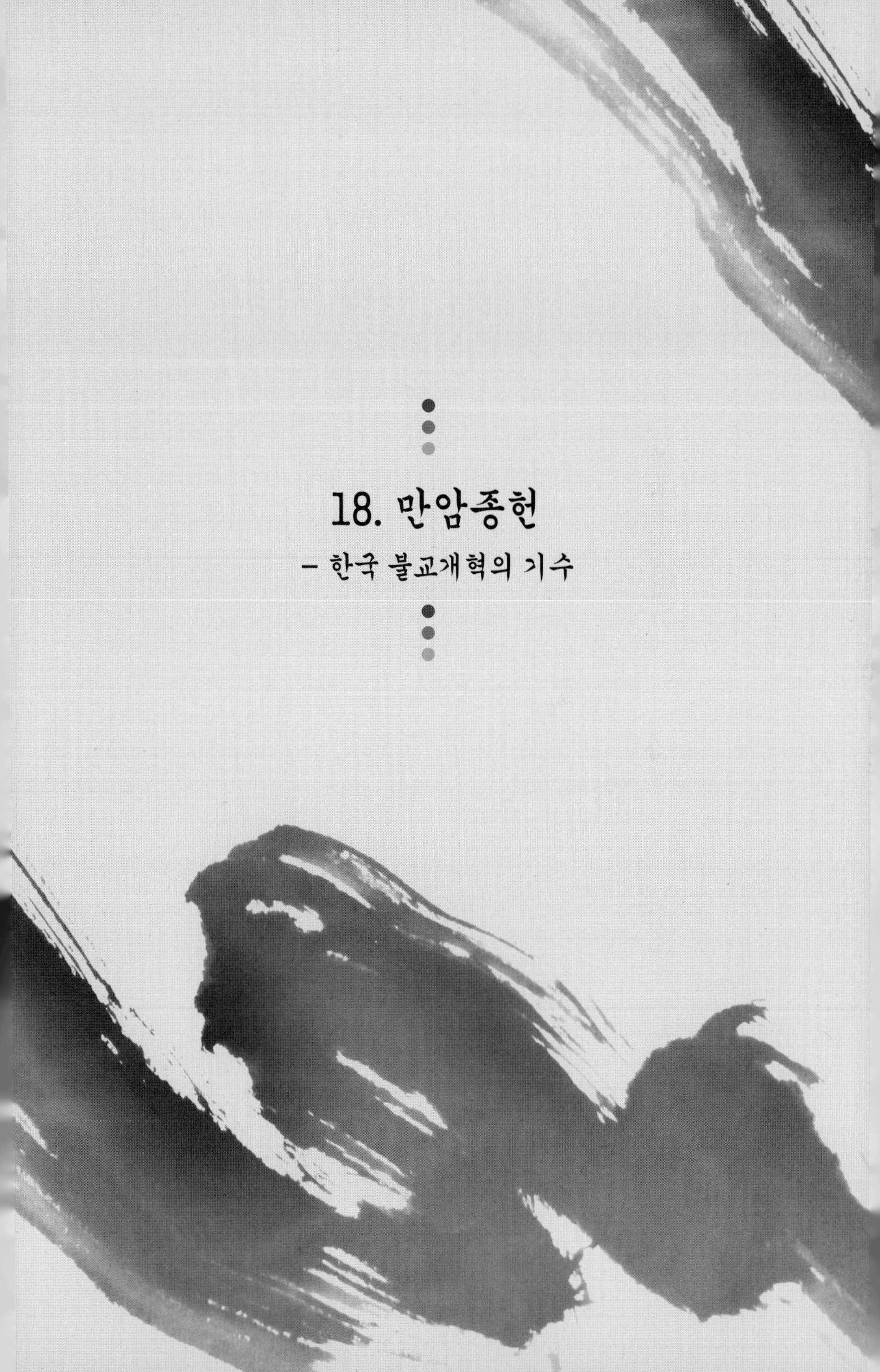

18. 만암종헌

– 한국 불교개혁의 기수

18. 만암종헌

- 한국 불교개혁의 기수

"우선 중이 되라. 중이 되기 전에 부처를 말하지 말라."이것은 대한불교 조계종 종정을 지낸 바 있는 백양사 출신 송만암(宋曼庵, 1876-1957)스님의 말씀이다. 이 얼마나 무서운 말인가. 머리를 깎았다고 다 스님이 아니요, 먹물 옷을 입었다고 모두 승려일 수 없다. 겉껍데기만의 승려는 아무런 가치가 없다는 의미일 것이다. 완전한 인격을 갖추어 속알맹이가 승려가 되어야 비로소 명실상부한 스님이라는 것이다.

송만암은 일제 식민지시기와 해방, 한국전쟁과 불교분규사태의 격동기에 한국불교 최고지도자의 한사람이었다. 그는 숨막히게 돌아가는 현실 속에서 수행위주의 산중불교 본래의 면목을 되찾으려는 노력과 함께 대중 속으로 뛰어들어 그들을 계몽하려는 교육사상을 지닌 참다운 보살정신의 실천가였다.

만암종헌스님

송만암은 법휘가 종헌(宗憲), 호가 만암(曼庵)으로 고종 13년(1876) 정월 17일 전북 고창군 고창읍 중거리에서 아버지 송의환(宋義煥)과 어머니 김씨 사이에서 3남으로 태어났다. 그가 태어나 성장한 시기는 나라가 안팎으로 소용돌이에 휩싸여가던 어려운 때였다. 이러한 시대적 격동기에 만암은 개인적으로도 커다란 어려움을 당하게 되었다. 그는 4살 때 아버지를 여의고 홀어머니 밑에서 자라게 되었는데 어머니마저 11살때 돌아가셔서 고아의 신세가 된 것이다.

그가 절에 들어간 것은 11살 때였다. 그의 허약한 몸과 수명이 짧을 것이라는 어느 스님의 관상담에 걱정이 된 어머니가 그를 백양사에 맡긴 것이다. 그는 백양사 취운선사를 은사로 머리를 깎게 되었다. 16세에 이르러 순창 구암사의 불교전문강원에 들어가 당대의 대강백 박한영 스님 문하에서 경문을 배우기 시작했다. 그후 백양사에 돌아와 운문강원에서 환응 강백에게도 수학하여 일대교학을 두루 섭렵했다.

이러한 이력으로 25세에 환응 스님으로부터 강석을 물려받아 이로부터 강사에 종사하게 되었다. 특히 합천 해인사에서의 특강은 그 이름이 전국에 널리 알려져 많은 학인스님들이 일부러 해인사를 찾기도 하였다. 1910년 8월 29일 한일합병이 단행되어 조선왕조가 역사의 막을 내리게 되자, 낙심한 만암은 음울한 심정으로 다시 백양사로 돌아와 사찰에서 대중교육을 실시하였다.

승려의 몸으로 항일운동에 나서다.

일제하의 한국불교는 크게 두 흐름으로 나뉘어진다. 그중 하나는 일본불교를 적극적으로 수용함으로써 현실에 적응하자는 것이었고, 다른 하나는 전통불교를 수호하기 위한 호법투쟁과 함께 항일민족운동을 전개하려는 것이었다.

한일합병이 이루어지던 무렵 시세를 재빠르게 간파한 이회광(당시 해인사 주지)과 그의 일파들은 조선불교의 장래를 위해서는 일본불교와 연합해야 된다고 주장하였다. 더욱이 당시는 왜색불교의 영향이 이미 침투하여 승려들 중에는 긴 머리에 양복을 입고 개화장을 짚으며 여자와 동거하는 등의 행동을 하는 사람이 나오기 시작했다. 이에 일부 승려들이 이회광의 주장은 조선불교를 일본에 팔아넘기는 행위이며, 태고보우 이래 임제계통의 법맥을 뒤바꾸는 반종교적 행위라고 하면서 반대하게 된다. 당시 호법을 주장하는 세력에는 선암사의 장금봉, 김학산과 화엄사의 진진응, 범어사의 오성월, 만해 한용운 등과 함께 만암의 스승인 박한영이 포함되어 있었다.

한편 조선총독부는 1911년 6월 3일 조선사찰령 7개조를 제정하고 동년 7월 8일 사찰령시행규칙 8조를 반포하였다. 이리하여 조선불교는 선.교양종 30본산제로 바뀌게 되었다. 전남에서는 최초 장성 백양사, 순천 송광사, 선암사, 해남의 대흥사에 본산이 설치되었고, 그 뒤 구례의 화엄사가 추가되어 5본산이 설치되었다.

이러한 시기에 만암은 불교가 시대적 조류에 부응하기 위해서는 교학진흥과 교육이 중요하다는 신념을 갖고 백양사내 청류암에 광성의숙을 설립했다. 청류암은 1894년 갑오농민전쟁시기에 전봉준이 하룻밤 묶어가기도 하였고, 구한말 항일의병 활동기에는 의병들이 드나들기도 하는 등 백양사내 사회운동의 거점이 되었던 곳이다. 이곳에 의숙을 개설한 송만암은 50명 내지 1백명 단위로 학인스님을 모아 선 · 교 · 율(禪 · 敎 · 律)의 겸수와 함께 외전(外典)도 가르쳤다. 이때 외전으로는 구한말의 역사와 지리, 측량법 등을 가르쳤는데, 이것이 민족주의적이라고 일제 관헌의 감시를 받기도 하였다.

이러한 교육에 대한 열정은 이후 그의 전 생애에 걸쳐서 일관되게 나타난다. 그는 승가교육에 대한 원력으로 1928년부터 3년간 불교계에서 세워 운영하는 중앙불교전문학교(현재의 동국대학교 전신)의 초대 교장을 맡았으며, 1947년에 광산구 소촌동에 정광중학교를 설립하여 7년간 교장을 맡아 정광학원을.운영하기도 하였다.

'반선반농(半禪半農)'의 수행도량을 열다.

이와 함께 만암은 중창불사의 가람수호에도 지대한 공헌을 하였다. 일제치하에서 퇴락한 백양사의 중건에 주도적인 역할을 담당하였던 것이다. 그는 1917년에 백양사 중건을 위한 모금에 들어가, 그 이후 40여 년간 이곳에 주석하면서 무려 6차례의 중건불사를 일으켰다. 그의 사찰 중건불사는 당시 다른 사찰의 불사와 사뭇 달랐다고 한다. 그는 늘 사찰의 자급자족을 주장하였는데 그 방편으로 양봉을 강습하여 꿀을 제조하였고, 짚신을 만들었으며, 죽물(竹物)을 제작하기도 하였다. 그리고 그 수익을 모두 중창불사에 보태게 하였던 것이다. 뒷날 문도들이 이것을 '반선반농(半禪半農)'이라고 불렀다.

사찰의 도량불사나 대중생활을 통해 보여준 만암의 수행하는 자세는 오늘날까지 백양사에 이어져 내려온다. 그는 늘 운력이나 공양은 대중과 더불어 했다. '반선반농'으로 표현된 대중노동은 그에게는 수행의 한 부분이었던 것이다. 또한 조석예불과 함께 뒤이어 참선을 하도록 한 백양사의 전통도 그로부터 비롯된 것이다. 그 외에도 일반적으로 새벽에만 하는 도량석을 저녁까지 하도록 한 것도 그에게서 비롯된 백양사의 전통으로 오늘에까지 이어지고 있다.

한편 만암은 1947년 부처님 성도일에 호남 일대 20여개의 사찰, 암자, 포교당을 규합하여 백양사에 한국불교 최초로 호남고불총림(湖南古佛叢林)이라는 종합적인 수행도량을 결성했다. 그는 엄격한 계율과 법식을 되찾아 변질된 한국불교를 바로 회복하여 불타의 위대한 광명과 고승들의 뜻을 계승하고자 하는 취지에서 고불회(古佛會)를 조직하였는데, 이는 호남권을 중심으로 광범위한 호응을 받게 되었다.

만암대종사 고불총림도량비(이뭣고비)

불교정화의 온건파 기수

8 · 15 해방 이후 한국불교계도 새로운 사회변화의 추세 속에서 좌 · 우익의 대립으로 점차 복잡한 양상으로 전개되고 있었다. 이런 분위기에서 1948년 당시 교정(敎正)이던 박한영스님이 입적하게 되자 뒤를 이어 만암이 교정(지금의 종정)에 취임하게 되었다. 당시 한국불교는 왜색불교의 잔재로 말미암아 많은 문제와 과제를 안은 채 개혁의 손길을 기다리고 있었다. 그는 우선 종명을 조계종으로 환원하고 '교헌(敎憲)'을 '종헌(宗憲)'으로 바꾸었다. 종헌의 내용도 대폭적으로 개정하였다. 그의 평소의 소신대로 승가를 교화승(대처승)과 수행승(비구승)으로 구별하는 과감한 조치를 취한 것이다. 이러한 조치는 비구승 측의 다소의 긍정적인 반응이 있었으나 대처승 측의 반발은 거셌다. 그리하여 양측이 모인 가운데 1952년 통도사에서 이 문제를 가지고 회의를 갖게 되었다.

만암은 이 회의에서 "그동안 사찰에서 소외되었던 수행승에게 일부 사찰의 운영을 맡기자"고 제의하며 "적어도 3보사찰(해인사, 통도사, 송광사)만이라도 비구 측에 넘겨주자"고 주장했다. 그러나 이러한 제의는 비구승 측의 환영과 대처승 측의 거부로 합의점에 이르지는 못하였다. 그

뒤 불국사에서 또 한 차례 회의를 가졌으나 결과는 마찬가지였다. 이런 와중인 1954년 5월 당시 이승만대통령의 "불교정화" 유시는 비구승 측에게 결정적인 계기를 마련해 주었다. 비구승 측은 이를 계기로 "불교정화"의 기치를 높이 들고 연일 대회를 갖게 되었다.

그리하여 선학원에서 같은 해 9월 28-29일 전국비구승대표자회의가 열려 종정에 송만암, 부종정에 하동산, 도총섭에 이청담, 총무원장에 박성하를 선출하였다. 그런데 당시 이들은 '정화방법'을 둘러싸고 다소간 갈등을 일으키고 있었다. 즉 만암과 효봉 스님 등은 '정화'는 비구승들이 수도할 수 있는 수행도량을 얻는데 그 목적이 있으므로 점진적으로 이 일을 추진해야 한다고 주장한 반면, 청담스님 등은 이와 같은 좋은 기회는 다시 없으므로 강경하게 이끌고 나가야 된다는 주장을 폈다.

양측은 점차 극단적인 대립양상을 보이기 시작하였다. 이러한 시기에 조계종의 종조(宗祖)문제가 제기되었는데 이것은 불속에 기름을 부은 셈이 되어버렸다. 이불화, 이종익을 앞세운 비구승 측이 조계종 종조를 보조국사로 해야 된다고 주장한 것이다. 이들의 주장에 의하면 정화운동은 단순히 대처승 측의 절 몇 개를 할애받거나 또 이들을 절에서 물러나도록 하는 것에 그칠 것이 아니라 잘못된 종통을 바로잡아야 한다는 것이었다. 이 주장은 조계종조는 고려의 보조국사 지눌이며 태고보우 법통은 조선 중기의 중관해안이 위조하였다는 것이다. 이에 이효봉, 하동산, 이청담 등이 보조국사 종조설을 지지하고 나서버렸다. 당시 총무원장 이청담은 이에 대해 성명까지 발표하여 보조 종조설을 강력하게 주장하였다.

전통적인 태고보우 법통설을 따르는 만암 스님은 "이것은 환부역조(換父易祖)"라면서 정화운동에서 손을 떼겠다고 선언하고 백양사로 내려와 버렸다. 그리하여 같은 해 11월 비구승 측은 스님의 반대에도 불구하고 하동산을 종정으로 선출했다. 비구승 측과 결별한 만암은 그 후 백양사에 주석하면서 후학들을 가르치며 보냈다.

그러던 1957년 1월 10일(음력 56년 12월 15일) 세수 81세, 법랍 71세로 만암은 열반에 들었다. 떠나시기 7일전에 문도에게 후사를 당부하였다. 입적하던 날 작설차를 마시고 손발을 씻고 새 옷을 갈아입고 11시 30분 "눈이 많이 내려 올해는 풍년이다."라는 마지막 말을 남기고 떠나가셨다. 다비 후에 사리 8과가 출현하자 이를 거두어 백양사와 제주도에 봉안하였다.

만암현판사진

조선시대에는 국가의 억불책 속에서 민간에서만 전파되던 불교, 조선왕조의 멸망과 함께 닥쳐온 이민족의 지배 속에서 스스로를 재정립해야만 했던 불교, 해방 직후 혼란의 와중에서 스스로도 혼란과 대립에 빠져들었던 불교, 그 모든 시기에 만암은 소용돌이의 중심에 있었으며 수행승의 자세를 견지하고 있었다. "(불교가 발전하려면) 이판(理判 : 수행승)과 사판(事判 : 교화승)을 분명히 하고 이판은 선리(禪理)를 탐구하고 사판은 교화활동에 힘써야 한다."고 한 그의 말은 오늘날의 불교계에서도 되새겨 볼 만한 말일 것이다.(이계표)

〈참고문헌〉

백양사 편, 『만암전집』, 대성출판사, 1967.

19. 윤상원
– 임을 위한 행진곡

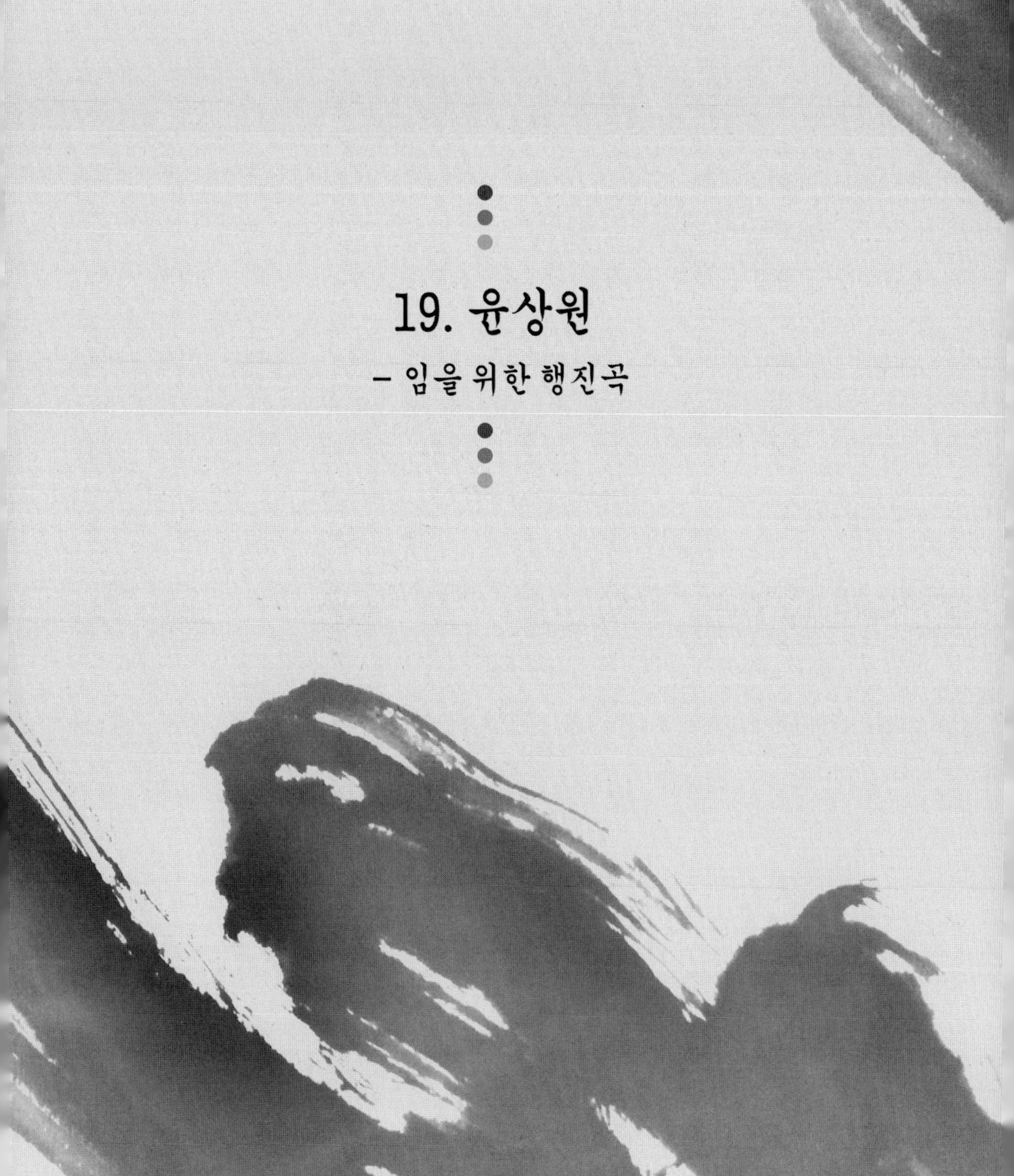

19. 윤상원
- 임을 위한 행진곡

광주민중항쟁의 서막

박정희의 18년 기나긴 독재정권이 궁정동의 총성으로 막을 내리자 민주화의 열망이 뜨겁게 분출하였다. 하지만 12 · 12사태로 실권을 장악한 신군부 전두환의 권력야욕은 '서울의 봄'을 그대로 두지 않았다. 1980년 4월 이후 학생들의 민주화 투쟁과 노동자들의 생존권 투쟁은 전국적으로 확산되었다.

5월 15일에 '계엄철폐'와 '유신잔당 퇴진'을 요구하는 서울시내 30개 대학 7만여 명의 가두시위가 절정을 이루었다. 계엄사령부는 당시 대통령 최규하를 앞세워 5월 18일 0시에 지역계엄을 전국계엄으로 확대하고 계엄포고령 제10호를 발표하고, 모든 정치활동의 중지 및 옥내외 집회 · 시위의 금지, 언론 · 출판 · 보도 및 방송의 사전검열, 각 대학의 휴교령, 직장이탈 및 태업 · 파업의 금지 등의 조처를 하였다.

5 · 17 비상계엄확대조치와 정치인 연행 · 구금조치는 보안사령관 겸 합동수사본부장인 전두환이 주도하였다. 계엄확대는 헌법에 규정된 국회 통

보절차를 밟지 않은 채 계엄군을 동원, 국회를 무력으로 봉쇄한 가운데 취해진 불법적 조치였다.

5월 18일 특전사 7공수여단이 광주에 진주하고, 전남대학교 정문을 막아섰다. 오전 9시경 학생들은 '계엄 해제하라', '휴교령 철폐하라'는 구호를 외치며 무력시위를 펼쳤다. "돌격 앞으로!"란 외마디 명령과 함께 공수부대원의 무자비한 곤봉 세례에 대학생들은 피투성이가 되었다. 총칼로 무장된 공수부대원의 '화려한 휴가'는 잔인한 학살의 서막이었다.

윤상원은 누구인가?

윤상원

1980년 5월 25일(일요일), 최규하 대통령은 소준열 전남·북 계엄분소장과 장형태 전남지사에게서 광주 상황을 보고받았다. 도시는 시민군이 완전히 장악한 상태였다. 최 대통령은 "친애하는 광주 시민 여러분, 내가 우리나라의 대통령 최규하올시다.…냉정과 이성을 되찾아 슬기롭게 이 불행한 사태를 수습해 나가도록 할 것을 간곡히 당부한다"는 광주 시민에게 고하는 특별 담화를 발표했다.

담화는 밤 9시, 10시, 10시 30분 세 차례 KBS라디오로 광주 시내에 방송되었다. 밤 10시 45분에는 전국에 TV로 방영되었다. 전남도청 2층 민원실 등에 포진해 있던 시민군은 "신군부에 휘둘리는 허수아비 대통령이, 즉각적 민주화와 시위 강경진압 사과를 주장하는 우리 요구를 들어줄 리 없다"며 불만을 표출했다. 당시 시민군 사이에서는 "무기를 회수하고 대화로 사태를 해결하자"던 온건파와 "민주화를 앞당기고 그간 투쟁의 의미를 희석시키지 않으려면 무기를 들고 끝까지 싸우자"는 강경파의 미묘한 차이가 있었다. 최 대통령의 담화 이후 강경파의 주장이 우세한 분위기로 돌아섰다.

5월 26일 오후 5시경. 도청 내무국장실에서 시민학생 투쟁위원회 윤상원 대변인이 내외신 기자회견을 열었다. 들불야학 대표 신분으로 시민학생투쟁위의 일원이 된 상원은 "지금까지 확인하여 수습한 시체는 161구"라고 발표했다. 그동안 이루어진 계엄군과의 협상 경과, 앞으로의 투쟁 방법과 목표 등에 대한 질문을 받고 그는 대부분 솔직하게 답변을 했다. 무기를 반납한 뒤 정부와 협상을 하는 것은 "스스로 신군부에 굴복하는 것이므로 무기를 들고 끝까지 싸운다는 입장"을 밝혔다.

윤상원이란 인물이 처음 세상에 얼굴을 내밀었다. 상원은 1950년 8월 전라남도 광산군 임곡면 신룡리 천동마을에서 아버지 석동과 어머니 김인숙 사이에 3남 4녀 중 장남으로 태어났다. 상원이 태어난 집은 지금도 남아 있다. 광산군이 광주시에 편입돼 지금은 광주시 광산구 신용동 507이다. 상원은 윤개원으로 부르기도 했다.

윤상원의 성장기, 그리고 군 복무 직후까지의 삶에서는 특이한 부분이 발견되지 않는다. 상원은 평범한 소년으로서 임곡국민학교를 졸업하고, 광주로 나와 자취와 하숙을 하며 북성중과 사레지오고등학교를 다녔다. 그리고 두 번의 대학입시 실패 끝에 1971년 전남대 문리대 정치외교학과에 입학했다.

윤상원은 초등학교 4학년 때부터 고등학교를 졸업할 때까지 해마다 한 권 이상씩의 일기를 남겼다. 일기 속에는 대개 그 또래의 학생들이 겪었던 실존적 고민과 일상적 갈등들이 담겨있다. 병으로 돌아가신 할아버지의 병원비, 두 숙부의 교육비, 아버지가 잘못 선 빚보증 때문에 가세가 날로 기울었다. 7남매 중 홀로 광주에서 유학하고 있는 장남이 지녀야 할 책임감이 상원을 압박했지만, 애옥살림과 자신의 미래에 대한 불만이 사춘기 상원의 삶을 다소 일탈적으로 만들기도 했다.

대학에 들어가서도 시위에 열심히 참가하기는 했지만, 당시 '유신' 직전 정치정세의 가파름에 견주어 상원의 정치의식이 특별하지 않았다는 것이 친구들의 회고다. 상원은 연극반에 들어가 연기에 특별한 재능을 보였고, 거기서 벗들을 사귀며 비교적 자유분방한 신입생 시절을 보냈다.

윤상원은 1학년을 마치고 군에 입대해 일반하사로 경북 상주에서 33개월간 복무한 뒤 1975년에 복학했다. 그리고 상원의 삶에 결정적 전환을 가져온 김상윤과의 만남이다. 전남대 선배 김상윤은 1974년 민청학련사건으로 15년형을 선고받고 1975년 2월에 특사로 풀려났다.

김상윤과의 만남을 통해 윤상원은 실존적 고민의 테두리를 벗어나 처음으로 역사와 맞부딪치게 된다. 상원은 김상윤이 주축이 된 독서모임에 가입해 집중적인 학습을 통해 우리 사회의 모순과 해결방법을 모색하였다. 상원은 학습팀의 실질적인 리더였다. 그의 교우관계 또한 학내의 '선진' 학생들로 넓혀졌다.

졸업반 때 상원이 온 힘을 다해 계획한 4 · 19 17주년 시위는 불발로 끝나고, 상원은 현실에 떠밀려 1978년 1월 주택은행에 입사하여 서울 봉천동지점에서 근무했다. 은행원으로서 상원의 서울 생활은 오래가지 않았다. 1978년 6월 27일 전남대 송기숙·명노근·배명남 교수 등 11명이 국민교육헌장을 비판하는 '교육지표사건'으로 인하여 긴급조치 9호 위반으로 중앙정보부에 연행·구속되었다. 연행 교수 석방을 요구하는 시위로 사회인 2명과 전남대 · 조선대 학생 18명이 구속 · 제적, 10명이 무기정학을 당했다. 당시 구속된 송기숙 교수 등은 이 사건이 발생한 지 35년 만에 무죄를 선고받았다.

윤상원은 모교인 전남대 교육지표사건의 자초지종을 듣고 심한 갈등에 빠졌다. "편한 은행원 생활로 일생을 보내느냐, 아니면 민중 가운데 들어가 민주주의를 일으키는 작업을 벌이는 게 옳으냐?"는 근본적 의문이 든 것이었다. 상원은 서울살이를 시작한 지 반년 만에 7월 10일 사표를 냈다.

들불야학 박기순과 만남

윤상원은 광주로 돌아왔다. 상원은 학력을 속이고 광천공단의 한남플라스틱에 일용노동자로 취업하였다. 이른바 '위장취업'이다. 상원은 노동자 생활을 하며 전남대 휴학생 박기순 등이 만든 들불야학에 가담하여 강학(講學)을 하였다.

박기순은 1957년 11월 7일, 전남 보성군 노동면 용호리 죽현마을에서 농부인 아버지 박도주와 어머니 선덕애의 3남 4녀 중 여섯째(막내딸)로 태어났다. 보성에서 노동국민학교, 보성여중을 졸업하고, 전남의 재원들만 모이는 전남여고에 합격했다. 전남여고를 졸업한 기순은 1976년 전남대 사범대 국사교육과에 입학하였다.

박기순은 3학년 때 전남대학교 '교육지표사건'으로 교수들이 중앙정보부에 연행되자 '6·27 양심선언 연행에 대한 전남대 민주학생 선언문'을 통해 연행 교수 석방을 요구하며 6월 29일부터 7월 1일까지 3일간 수업거부·시험거부·단식농성 등 시위협의로 무기정학을 당하면서 강제 휴학하였다.

박기순은 휴학을 당한 뒤 광천공단의 광천동성당 교리실에서 노동자들을 위한 들불야학을 최기혁·전복길·김영철·나상진·임낙평·신영일·이경옥 등과 함께 창립하고, 기순은 수학을 가르쳤다. 그해 10월엔 공단 내 동일강건사에 일당 800원짜리 노동자로 위장 취업해 낮엔 노동자들과 함께 일하고 밤에는 그들을 가르치는 일을 병행했다. 위장 취업한 1세대 학생활동가로 광주지역에서는 기순을 노동자의 누이로 불렀다.

박기순이 사회 비판적인 인식을 할 수 있었던 계기에는 가족의 영향도 컸을 것이다. 작은오빠 박형선, 형부 정환춘(셋째언니(박평순) 남편), 올케언니(윤경자, 박형선의 부인)의 오빠인 윤한봉 등이 1974년 민청학련사건에 연루된 제적생이었다. 특히 기순은 작은오빠 집에서 기거하였기에, 오빠 집을 출입하는 세칭 운동권 오빠들을 통해 사회개혁과 사회정의, 민중운동에 대한 귀동냥을 여고시절부터 일찍 깨우칠 수 있었을 것이다.

박기순은 학내에서 당시 성행하였던 독서회 모임에 가담하고, 봉사단체인 루사(RUSA)에도 참여했다. 1977년에는 사회봉사의 하나로 산수동 변두리에서 '꼬두메야학' 활동도 했다. 꼬두메야학은 얼마 지나지 않아 문을 닫았지만, 들불야학을 창설하겠다는 의지는 꼬두메야학의 경험이 있었기에 가능한 일이었다.

박기순은 관념적이고 구호로서의 운동이 아닌, 민중현실과 노동현실을 정확히 인식하였다. 기순이 들불야학에 진력으로 활동할 무렵 뜻하지 않은 사건이 발생하였다. 1978년 12월 26일 새벽, 기순이 연탄가스 사고로 안타깝게 목숨을 잃었다. 기순의 장례는 12월 28일 광주지역 재야 및 청년 학생운동세력이 참여한 가운데 '학우장'으로 치러졌고, 망월동 시립묘역에 묻혔다. 이날 영결식에 작곡가였던 김민기가 '저들에 푸르른 솔잎을 보라'로 시작되는 『상록수』를 조가로 불러, 사람들의 눈시울을 뜨겁게 했다.

윤상원은 박기순과의 짧은 만남에 대한 애석한 심정을 12월 27일 일기장에 「영원한 노동자의 벗 기순이가 죽던 날」이라는 글을 남겼다. 윤상원과 박기순의 짧은 이별은 또다른 영원한 만남을 준비하고 있었다.

불꽃처럼 살다 간 누이야
왜 말없이 눈을 감았는가?
두 볼에 흐르는 장밋빛
서럽디 서럽도록 아름답고

난 몰라라 무엇이 그대의 죽음을 말하는가를
아무리 쳐다봐도 너는 살아 있었다.
죽을 수 없었다.
흰 솜으로 콧구멍을 막고
흰 솜으로 그대의 열린 입술을 막았을 때
난 속으로 외쳤다.
콧구멍과 입을 막으면 참말로 죽을 거라고.
그대는 정말 죽었는가?
믿어지지 않는 사실을 두고
모든 사람은 섧게 운다.
모닥불이 탄다.
기순의 육신이 탄다.
훨훨 타는 그 불꽃 속에
기순의 넋은 한 송이 꽃이 되어
우리의 가슴 속에서 피어난다.

시민군 윤상원 산화

윤상원은 들불야학을 통해 한 사람의 완숙한 노동운동가로 성장했고, 당국의 탄압을 이겨나갔다. 상원은 광천동 시민아파트의 방 한 칸을 사글세로 살며, 이 지역에서 주민운동을 하던 김영철과의 연대 속에 노동운동의 기초를 닦으며 학생운동을 지원한다. 이듬해 1월 서울의 노동운동가 이태복은 상원에게 전국민주노동자연맹이라 불리게 될 전국적 규모의 노동운동조직에 가담하기를 권유했다. 이를 수락한 상원은 전민노련의 중앙위원이 되었다.

격동기의 '서울의 봄'은 오래가지 않았다. 신군부의 계엄군에 의해 1980년 5월 18일 광주가 점령되었다. 5월 항쟁의 전 과정을 통해 윤상원은 선전 · 선동의 탁월한 기획자 · 실행자로 활동했다. 상원이 초안을 잡고 들불야학 강학들이 19일 오후에 광주시내에 배포한 최초의 호소 전단 '광주시민 민주투쟁회보'를 비롯해 5월 항쟁 기간 시민의 눈과 귀가 돼주었던 『투사회보』를 1호부터 7호까지 편집 · 제작 · 배포를 지휘한 것도 상원이었다. 또한 수습위의 투쟁적 자세를 견지하기 위해 '해방광주'의 도청 앞 광장에서 매일 '민주수호범시민궐기대회'를 주도적으로 조직해냈다.

5월 26일 오후 5시 내외신 기자회견을 마친 시민군은 저녁 7시에 "계엄군이 오늘밤 침공할 가능성이 크다"고 공식 발표하고 어린 학생들과 여성들을 귀가 조처했다. 상원은 학생들에게 "너희들은 이 모든 과정을 지켜보았다. 이제 너희들은 집으로 돌아가라. 우리들이 지금까지 한 항쟁을 잊지 말고, 후세에도 이어가길 바란다. 오늘 우리는 패배할 것이다. 그러나 내일의 역사는 우리를 승리자로 만들 것이다"면서 훗날 역사의 주인공으로 자부심을 갖기를 당부하는 말을 하였다.

5월 27일 새벽 3시, 탱크를 앞세운 계엄군이 시내로 진입하기 시작했다. "계엄군이 쳐들어옵니다. 시민여러분, 우리를 도와주십시오"라는 한 여성(김선옥, 전남대 음악교육과 4학년)의 외침이 광주시내 새벽공기를 갈랐다. 지금껏 길거리 방송의 주인공으로 전옥주·차명숙이 거론되었지만, 이들은 19~21일 항쟁초기 방송을 하였고, 검거돼 마지막 방송을 할 수 없는 상황이었다.

전남도청 민원실 2층 회의실에는 40여 명의 시민군들이 최후의 항전을 기다리고 있었다. 상원도 그들과 함께 그곳에서 계엄군을 맞이했다. 하늘에서는 헬리콥터 소리가 들리고 예광탄의 섬광이 어둠을 뚫고 무등산을 더욱 또렷이 드러냈다. M-16 자동소총의 끔찍스러운 총성이 점점 가까워졌다. 최루가스로 찬 회의실 이곳저곳에서 재채기 소리가 들렸다.

귀를 째는 듯한 M-16 총성이 새벽공기를 가르며 회의실에 박혔다. 상원의 손에 있던 카빈소총이 떨어졌고, 오른손으로 감싼 아랫배와 등에서 새빨간 피가 새어나왔다. 1980년 5월 27일 오전 4시 30분경, 시민군 대변인으로서 5월 항쟁을 이끈 윤상원은 서른 살의 나이로 산화하였다.

영혼결혼식의 진혼곡

1982년 광주는 슬픔과 비장함이 감돌았다. 당시는 수백 명의 5월 항쟁 관련자들이 감옥에 갇혀 있었으며 그 외에도 많은 시민이 수배된 상태로 시국에 관한 이야기는 꺼내지도 못할 상황이었다.

1982년 2월 20일, 광주 망월동 5.18묘지에 한 쌍의 결혼식을 축하하기 위해 소수 사람이 모였다. 윤상원과 박기순의 영혼결혼식이었다. 결혼식장에는 신방에 쓸 이불이며 옷가지는 물론이고 축의금을 받는 사람까지 앉아 있어 살아있는 사람의 결혼식과 다르지 않았다. 하객들이 모두 자리를 잡자 신랑 측에서 초빙한 광산 임곡 출신 무녀가 굿을 한바탕 벌여서 신랑과 신부의 영혼을 불러냈다. 주례인 문병란 시인이 「부활의 노래」를 낭송하여 신랑과 신부가 부부의 인연으로 맺어졌음을 온 세상에 선포하였다.

서슬 퍼런 정국에서 광주 문화운동가들은 상원과 기순의 영혼결혼식이 있었다는 것을 뒤늦게 알았다. 1982년 3월, 당시 광주 문화운동의 사랑방 역할을 하는 황석영의 집에서 영혼결혼식을 축하하는 창작 노래극을 제작하기로 의기투합했다. 창작노래극은 전체 구상과 노랫말은 황석영이 책임지고 작곡은 전남대학교 3학년 김종률(1979년 제3회 MBC대학가요제 은상, 「영랑과 강진」)이 담당하고 전용호는 노래 부를 사람을 물색하고 연락하는 일을 맡았다.

영혼결혼식의 창작노래극 『넋풀이-빛의 결혼식』은 창작곡 7편과 「무녀의 초혼굿 사설」, 영혼결혼식 당시 낭송되었던 문병란의 시 「부활의 노래」를 연작으로 만들어 5월 항쟁 희생자들의 부활을 상징화하였다.

노래극 『넋풀이』의 클라이맥스가 된 「임을 위한 행진곡」은 영혼결혼식의 주인공인 윤상원과 박기순이 용기를 잃고 풀죽어 있는 후배들을 격려하고 산자들의 투쟁을 독려하며 합창하는 행진곡이었다. 노랫말은 황석영이 민중운동가 백기완의 『묏비나리』를 개사했다.

1982년 5월 어느 날, 창작노래극 『넋풀이』의 관객 없는 공연이 있었다. 공연 장소는 운암동 황석영의 자택 2층, 악기는 기타와 장구·북·꽹과리·징 그리고 장비로는 시내에서 빌려온 녹음기가 전부였다. 연주 소리가 외부로 퍼져나가지 않도록 담요로 거실 유리창을 모두 막았다. 그렇게 창작노래극 『넋풀이』의 녹음 작업을 완성하였고, 테이프를 전국에 배포하였다.

「임을 위한 행진곡」은 민중의 애국가였다. 그뿐만 아니라 민주주의를 염원하는 전 세계인의 노래가 되어 목 놓아 불리고 있다.(주철희)

사랑도 명예도 이름도 남김없이
한 평생 나가자던 뜨거운 맹세
동지는 간 데 없고 깃발만 나부껴
새 날이 올 때까지 흔들리지 말자
세월은 흘러가도 산천은 안다
깨어나서 외치는 뜨거운 함성
앞서서 나가니 산 자여 따르라
앞서서 나가니 산 자여 따르라

〈참고문헌〉

박호재·임낙평, 『들불의 초상–윤상원 평전』, 풀빛, 1991.
황석영·전남사회운동협의회, 『5·18 그 삶과 죽음의 기록』, 풀빛, 1996.
전용호, 「윤상원 열사와 님을 위한 행진곡」, 『광주이야기』, 광주문화예술진흥위원회, 2006.
『한국일보』, 2013년 5월 12일.
『한겨레신문』, 2014년 5월 17일.